Sprenger ···> Damit was hängen bleibt!

Für Mutter, Vater, Sande, Linda und Jeff,
die Hüter meiner Kindheitserinnerungen.

Für Evelyn, Ellyn, Carolyn und Jennifer,
die mich daran erinnern, mich zu erinnern.

Für Sally, Gail, Nancy, Jan, Lori, Cindy and Penny,
die mit mir daran arbeiten, mein Wissen und meinen Erfahrungsschatz zu erweitern.

Für Donna, Mary Jane und Betty,
die meinem Gehirn immer neue Nahrung geben und mein Gedächtnis auf die Probe stellen.

Für Scott, Josh und Marnie,
durch die jeder Augenblick meines Lebens unvergesslich ist.

Marilee Sprenger

Damit was hängen bleibt!

Hirnforschung konkret: Wie Sie so unterrichten, dass Ihre Schüler mehr behalten

Aus dem Englischen von Richard Barth

BELTZ

Die Bildungsberaterin Marilee Sprenger hat im Lauf ihrer Karriere Schüler aller Altersstufen unterrichtet, von Vorschulkindern bis hin zu Studenten im Hauptstudium. Sie ist Assistenzprofessorin an der Aurora University in Illinois, wo sie Seminare über das Gedächtnis und gehirnfreundlichen Unterricht gibt. Sie beschäftigt sich seit 15 Jahren mit der Frage, wie man auf Grundlage der Erkenntnisse der Gedächtnisforschung und mithilfe von gehirnfreundlichen Unterrichtsmethoden und Differenzierung die Leistungen von Schülern verbessern kann. Sie berät Schulen in ganz Amerika dabei, Forschungsergebnisse aus dem Bereich der Pädagogik, der Neuro- und der Kognitionswissenschaft in die Praxis umzusetzen, und leitet Fortbildungsseminare auf der ganzen Welt.

Ihre Kontaktdaten sind:
5820 Briarwood Lane,
Peoria, IL 61614
USA
Tel.: 001-309-692-5820
E-Mail: msprenge@aol.com. (Achtung, ohne »r« am Ende!)
Website: www.brainlady.com.

Titel der amerikanischen Originalausgabe:
How to Teach so Students Remember

Lektorat: Michael Kühlen

www.beltz.de
Gesamtherstellung: Beltz Druckpartner, Hemsbach
Umschlaggestaltung: glas ag, Seeheim-Jugenheim
Umschlagabbildungen: glas ag, Seeheim-Jugenheim,
unter Verwendung von Abbildungen von Fotolia und Shutterstock
Printed in Germany

ISBN 978-3-407-62717-9

Inhalt

Einleitung

Mir gegenüber sitzen zwei meiner Schüler. Bobby ist der beste Nachwuchsschachspieler, der mir je begegnet ist, und außerdem ein sehr guter Schüler. Er möchte einmal Arzt werden, wie sein Vater und seine Mutter. Cory dagegen hat für die Schule nicht viel übrig und verbringt den Großteil seiner Zeit auf dem Skateboard. Er ist der beste Skateboarder, den ich je gesehen habe. Ich glaube nicht, dass Cory weiß, was sein Vater beruflich macht und wo er ist. Seine Mutter verdient ihren Lebensunterhalt als Tagesmutter. Im Unterricht bekommt er nicht allzu viel mit, fürchte ich. Ich habe die beiden zu mir bestellt, weil ich herausfinden möchte, wie sie lernen.

»Cory, wie bist du ein so guter Skateboarder geworden?«

»Training«, antwortet er.

»Okay, aber wie kam es, dass du dich dafür interessiert hast?«

»Keine Ahnung.« Cory zuckt mit den Schultern. »Ich glaub, ich hab einfach diesen Typen mit seinem Skateboard gesehen, der jede Menge Tricks auf Lager hatte. Ich fand das cool. Also habe ich meinen Bruder gefragt, ob er mir auch so ein Skateboard besorgen kann.«

»Aha. Also du hast diesen Typen gesehen, ein Skateboard gekauft und geübt?«

»Ja, ich hatte das Gefühl, das liegt mir.«

»Danke, Cory. Wie war's bei dir, Bobby? Wie hast du mit dem Schachspielen angefangen?«

»Ich hab den Film ›Searching for Bobby Fischer‹ gesehen. Ich fand das cool, wie schnell die ihre Züge machten. Mein Dad hat ein Schachbrett in seinem Arbeitszimmer. Ich habe angefangen, Schachbücher zu lesen und zu üben«, sagt Bobby.

»Willst du mal ein zweiter Bobby Fischer werden?«, will ich wissen.

»Vielleicht«, antwortet er schüchtern.

»Okay Jungs, was mich interessiert, ist der Prozess. Ihr habt jemandem zugeschaut, und dann habt ihr geübt, bis ihr gut wart. Richtig?«

Cory nickt. »Wenn du gut werden willst, musst du viel darüber nachdenken und es dir im Kopf vorstellen. Und du musst üben. Eine Menge üben.«

»Woher weiß man, dass man auf dem richtigen Weg ist?«, frage ich.

»Wenn du dir die Knie und Ellbogen nicht aufschlägst und das Handgelenk nicht brichst!«, lacht Cory.

»Beim Schach merkt man es daran, ob man gewinnt oder verliert«, meint Bobby.

»Okay, schauen wir uns die einzelnen Schritte noch einmal an. Man informiert sich, denkt darüber nach und probiert es aus. Man bekommt Feedback, indem man ein Spiel verliert oder sich wehtut. Man übt so lange, bis man es kann. Richtig?«

»Und dann misst man sich mit anderen«, sagt Bobby. Cory nickt.

»Wie bereitet ihr euch auf einen Wettbewerb vor?«, frage ich die beiden Jungs.

»Ich gehe alle meine Spielzüge durch, im Kopf und am Brett«, sagt Bobby.

»Jap. So mach ich's auch«, meint Cory. »Ich gehe meine Sprünge immer wieder durch. Und ich versuche, mir eigene Sprünge einfallen zu lassen. Wenn du beim Boarden gewinnen willst, musst du ziemlich kreativ sein.«

»Beim Schach ist es auch so ähnlich«, fügt Bobby hinzu. »Mein Dad macht manchmal ziemlich unkonventionelle Züge, und dann muss ich mir was einfallen lassen. Manchmal ist es schwerer, gegen einen Amateur zu gewinnen, weil er sich nicht an die üblichen Spielmuster hält.«

»Also man übt, bis man perfekt ist, und dann übt man, mit unerwarteten Situationen umzugehen?«, frage ich.

»Jap. Das ist es. Sonst noch was?« Cory wird langsam unruhig.

»Eines noch. Wenn ihr auf einen Wettbewerb gut vorbereitet seid – gibt es da noch irgendwelche anderen Faktoren, die eure Leistung beeinflussen?«

Bobby antwortet zuerst. »Manchmal werde ich total nervös, und ich hab die Spielzüge nicht mehr richtig im Kopf. Dann muss ich versuchen, mich zu entspannen. Es hilft, wenn ich vorher dort üben kann, wo der Wettbewerb stattfindet. Meistens lässt sich das einrichten.«

»Ja, genau«, unterbricht ihn Cory. »Ich wollte mal einen Hardflip in einem Skatepark in Chicago machen, und ich war dort zum allerersten Mal. Ich hab drei Anläufe gebraucht, bis es geklappt hat. Als ich zum zweiten Mal hingefallen bin, hab ich meinen Bruder angeschaut und noch mal daran gedacht, wie er ihn mir beigebracht hat.«

»Danke, Jungs. Ihr habt mir sehr geholfen. Wir sehen uns morgen im Unterricht.« Ich lächele den beiden hinterher.

Diese Jungs haben mich in das Geheimnis eingeweiht, in das System. Zwei sehr unterschiedliche Menschen, die nach dem gleichen Muster lernten. Obwohl der eine es auf eine physische Fertigkeit anwendete und der andere auf eine geistige, folgten sie den gleichen Schritten. Und das System war perfekt auf die Art und Weise abgestimmt, wie das Gehirn etwas lernt und wieder abruft.

Dies ist kein Lehrbuch über die Biologie des Gehirns. Zu diesem Thema gibt es genügend hervorragende Bücher. Vielmehr beschreibt dieses Buch einen Prozess in sieben Schritten, mit dessen Hilfe wir relevante Informationen so im Langzeitgedächtnis abspeichern können, dass wir sie in möglichst vielen unterschiedlichen Situationen abrufen können. Informationen so abzuspeichern, dass sie leicht zugänglich sind, braucht Zeit.

Für alle, die mit der Terminologie rund um das Gehirn nicht vertraut sind, findet sich in Anhang A ein »Gehirnglossar«. Die meisten Leser werden sich vermutlich eher für die einzelnen Schritte interessieren. Ich möchte Sie ermuntern, auch die Beschreibungen von Gedächtnisprozessen aufmerksam zu lesen. Dann wissen Sie auch, *warum* gilt: Unterricht ist erfolgreicher, wenn er sich an der Funktionsweise des Gehirns orientiert.

Ich bin eine große Anhängerin des Ansatzes von Stephen Covey (2000), »schon am Anfang das Ende im Sinn zu haben«. In seinem Buch »Die sieben Wege zur Effektivität« schreibt er: »Schon am Anfang das Ende im Sinn zu haben bedeutet, mit einem klaren Verständnis des Zieles zu starten. Es bedeutet, zu wissen, wo Sie hingehen, damit Sie besser verstehen, wo Sie jetzt sind, und Ihre Schritte immer in die richtige Richtung lenken.« (Covey 2000, S. 92). Gedächtnisorientierter Unterricht wird erfolgreich sein, wenn Sie eine klare Vorstellung davon haben, was im Gedächtnis ihrer Schüler verankert werden soll. In diesem Buch geht es darum, wie man diesen Prozess möglichst spannend und produktiv gestaltet – unvergesslich eben.

Ich gehe in diesem Buch von einer Reihe von Annahmen aus:

- Ehe ein Lehrer gezielt mit Blick auf Gedächtnis und Transfer unterrichten kann, muss er festlegen, was am Ende geprüft werden soll.
- Daraufhin erstellt der Lehrer die Prüfungsfragen.
- Der Lehrer gibt den Schülern ein klares Ziel vor.
- Der Lehrer versucht Lernerfahrungen und Unterricht so zu planen, dass sie die Schüler sicher zum Ziel führen.
- Der Lehrer vermittelt seinen Schülern wichtige Inhalte, die sie im wirklichen Leben konkret anwenden können.
- Der Lehrer sorgt dafür, dass das Klassenzimmer gehirnfreundlich gestaltet ist.
- Zwar müssen die Schüler manche Lerninhalte auswendig lernen, im Zentrum steht jedoch konzeptuelles Wissen.

Bevor Sie loslegen

Zu Beginn meiner Workshops mache ich mit den Teilnehmern den »Marshmallow-Test«. Nein, nicht den, mit dem an der Stanford University untersucht wurde, wie gut die Impulskontrolle bei Vierjährigen funktioniert. In dieser Studie wurden den Kindern zwei Marshmallows versprochen, wenn sie warten konnten, bis jemand etwas geholt hatte. Wenn sie nicht warten konnten, bekamen sie nur einen Marshmallow, den aber sofort (Goleman 1996).

Mein Test sieht anders aus. Nachdem alle Workshop-Teilnehmer angekommen sind, sich in die Anwesenheitsliste eingetragen und hingesetzt haben, gebe ich jedem einen Marshmallow. Ich bitte sie, ihn nicht zu essen. Sobald jeder einen Marshmallow hat, verkünde ich: »Wir beginnen mit einer ganz leichten Aufgabe. Sie müssen nichts weiter tun, als den Marshmallow in den Eimer zu werfen. Auf die Plätze, fertig, los!«

Niemand rührt sich. Irgendjemand fragt: »In welchen Eimer? Wie sollen wir unseren Marshmallow in den Eimer werfen, wenn weit und breit kein Eimer zu sehen ist?«

Ich lächle und sage: »Ach so, Sie brauchen also ein Ziel?« Alle nicken. Ich zaubere hinter meinem Stuhl einen großen Eimer hervor. Ich halte ihn hoch und laufe damit herum. »Okay, das ist der Eimer. Auf die Plätze, fertig, los!« Einige werfen ihre Marshmallows, aber die meisten bleiben regungslos sitzen.

»Was ist los?«, frage ich.

»Bleiben Sie stehen! Ein bewegliches Ziel zu treffen ist zu schwer!«, sagen einige.

»Sie brauchen also nicht nur ein eindeutiges Ziel, sondern eines, das sich nicht bewegt?«

Alle stimmen zu. Ich stelle den Eimer ab und sage noch einmal: »Auf die Plätze, fertig, los!« Es folgt ein Regen von Marshmallows. Einige landen im Eimer, aber die meisten Würfe gehen daneben.

»Wären Sie damit einverstanden, dass dieses Ergebnis in Ihre Bewertung einfließt?«

Alle sagen Nein. Das wäre nicht fair. Sie hatten ja keine Gelegenheit zum Üben.

Und das ist der Ausgangspunkt der nun folgenden Diskussion über die Notwendigkeit eindeutiger Ziele: Was erwarten wir von unseren Schülern? Außerdem geht es darum, wie viel Zeit zum Üben nötig ist, und darum, dass man unterschiedliche Unterrichtsmethoden verwenden und nicht mit Feedback sparen sollte. Nachdem wir uns mit den Bildungsstandards beschäftigt und einen Tag lang darüber gesprochen haben, wie man Unterricht, Wiederholungsphasen und Prüfungen aufeinander abstimmt, gebe ich den Lehrern, die an meinem Workshop teilnehmen, ihre erste Hausaufgabe mit auf den Weg: Ziele definieren. Sie sollen definieren, welche Konzepte ihre Schüler lernen sollen, und diese den Schülern mitteilen. Das Ziel sollte jeden Tag an der Tafel stehen, sodass Lehrer und Schüler die Erwartungen kennen.

»Mach zwei Schritte nach vorne.« – »Mama, darf ich?« – »Nein, darfst du nicht!«

Wie man diesen Ansatz auch beschreibt, als »Planung vom Ende her« (»backward design«, Wiggins und McTighe 1998), »schon am Anfang das Ende im Sinn haben« (Covey 2000) oder »klare Ziele definieren« (Stiggins 2001) – das Entscheidende ist, dass wir unsere Lehrmethoden und Prüfungen auf die Lernziele abstimmen sollten. Um das zu erreichen, müssen wir die Prüfungsfragen erstellen, *bevor* wir eine neue Unterrichtseinheit beginnen. Auf diese Weise ermöglichen wir unseren Schülern zielgerichtetes Lernen. Wenn Sie die Lernziele klar formulieren, dann wissen die Schüler von Anfang an, worauf es Ihnen ankommt, und können sich darauf einstellen.

Im Folgenden zeige ich Ihnen die Schritte, die nötig sind, *bevor* Sie den ersten Schritt machen. Falls Sie bereits nach einem Schema vorgehen, mit dem Sie gut zurechtkommen – um so besser. Falls nicht, dann probieren Sie es mit dem hier beschriebenen. Damit Sie sich die Schritte leichter merken können, beginnen sie alle mit dem Buchstaben »E«. Sie sollten bei den Erwartungen anfangen und sich dann bis zu den Lernerfahrungen vorarbeiten:

1. **Erwartungen:** Notieren Sie die Ziele, das Niveau oder die Fertigkeiten, die Ihre Schüler erreichen sollen.
2. **Einsichten:** Welche Einsichten sollen Ihre Schüler gewinnen? Was sind Ihre Ziele?
3. **Essenzielle Fragen:** Formulieren Sie die Einsichten in Fragen um, die mit »Warum?« oder »Wie?« beginnen. Solche offenen Fragen ermöglichen ein entdeckendes Lernen.
4. **Erfolgskontrolle:** Wie sollen die Schüler am Ende unter Beweis stellen, dass sie neue Einsichten gewonnen haben?
5. **Evaluation:** Entwickeln Sie Fragen oder andere Formen der Rückmeldung, mit denen sie überprüfen können, ob die Einsichten bei den Schülern angekommen sind.
6. **Einstieg:** Wie können Sie aus diesen »großen« Zielen kleinere ableiten, die bei Ihren Schülern Begeisterung wecken?
7. **Erfahrungen:** Planen Sie Ihren Unterricht so, dass er Ihren Zielen und Prüfungsfragen entspricht. Benutzen Sie dabei die sieben Schritte, die in diesem Buch be-

schrieben werden, damit Ihre Schüler nachhaltig lernen und das Gelernte auch in anderen Zusammenhängen anwenden können.

Beispiel:

Erwartungen: Die Schüler benutzen ein breites Spektrum von Informationsquellen (z. B. Bibliotheken, Datenbanken, Computernetzwerke, Filme), um Informationen zu sammeln und zu bündeln, sich Wissen anzueignen und es anderen mitzuteilen.
Einsicht: Wissen ist Macht.
Essenzielle Frage: Inwiefern verleiht es Macht, wenn man in der Lage ist, sich aus unterschiedlichen Quellen Informationen zu beschaffen?
Erfolgskontrolle: Die Schüler zeigen, dass sie sich Informationen beschaffen können, indem sie einen Projektbericht schreiben. Außerdem stellen sie ihr Wissen über verschiedene Informationsquellen in einer schriftlichen Leistungsüberprüfung unter Beweis.
Evaluation: Der Projektbericht wird zeigen, dass die Schüler Informationen bewerten und bündeln können, um sich Wissen anzueignen und es anderen mitzuteilen. Die schriftliche Leistungsüberprüfung ermöglicht, ihr Wissen über Datenbanken, Netzwerke, Bibliotheken und das Befragen von Experten abzuprüfen.
Einstiege: Wozu sammeln wir Informationen? Wie teilt man sein Wissen mit anderen?
Erfahrungen: Anhand der sieben Lernschritte erfahren die Schüler auf vielfache Weise, dass Wissen Macht ist.

Kleine Schritte

Im Grunde geht es darum, sich die im Lehrplan definierten Erwartungen anzuschauen und sie in ein konkretes Ziel umzuformulieren. Eine bleibende Einsicht ist das Ziel allen Lernens. Sie ist die übergreifende Erkenntnis, die unsere Schüler bei der Beschäftigung mit einem Wissensgebiet verinnerlichen sollen. Eine solche Einsicht wird letztlich nicht gelehrt, sondern im Laufe des Lernprozesses entdeckt.

Als Nächstes müssen Sie Leitfragen für diesen Entdeckungsprozess formulieren. Zum Thema essenzielle Fragen gibt es viele Quellen. Jan Leonard (2004), die auf entdeckendes Lernen spezialisiert ist, hat auf einer Website die wichtigsten Prinzipien zusammengestellt, die man bei dieser Methode beachten sollte. Um essenzielle Fragen zu einer Lerneinheit zu formulieren, empfiehlt Jan Leonard folgende Schritte:

- Legen Sie das Thema der Unterrichtseinheit fest (Beispiel: der Amerikanische Bürgerkrieg)
- Zerlegen Sie das Thema in mehrere Teilgebiete (Beispiele: Anführer, berühmte Schlachten, die »Underground Railroad«, Ursachen und Folgen des Krieges).
- Legen Sie die übergreifenden Inhalte und Begriffe fest, die Ihre Schüler am Ende der Unterrichtseinheit gelernt haben sollen. Diese sind in der Regel im Lehrplan festgelegt (Beispiel: Konflikte um die Freiheit und die Rechte von Einzelnen oder rivalisierenden gesellschaftlichen Gruppen).

- Formulieren Sie diese Inhalte in Fragen um, die mit Wörtern wie *Warum*, *Wie*, *Welche* oder *Inwiefern* beginnen (Beispiel: »Inwiefern hatte der Bürgerkrieg Auswirkungen auf das, was heute auf der Welt passiert?«, oder: »Welche Ereignisse hatten entscheidenden Einfluss auf den Ausgang des Krieges?«).

Wenn Sie die essenziellen Fragen formuliert haben, können Sie entscheiden, wie die Schüler zeigen sollen, dass sie etwas dazugelernt haben. Entwickeln Sie zuerst die Leistungsrückmeldung und entscheiden Sie dann, welche Erfahrungen den Schülern die inhaltlichen und begrifflichen Kenntnisse am besten vermitteln können. Wenn die Schüler die essenziellen Fragen beantworten können, dann wissen Sie, dass sie bleibende Einsichten gewonnen haben. Diesen Prozess sollten Sie unterstützen, indem Sie den Schülern vielfältige Erfahrungen ermöglichen.

Faktoren, die das Lernen unterstützen

Forscher auf dem Gebiet der kognitiven Neurowissenschaften (vgl. Arendal und Mann 2000) haben festgestellt, dass eine Mischung von Faktoren dazu beiträgt, neue Fertigkeiten oder Begriffe zu lernen:

- **Häufigkeit:** Nervenbahnen werden immer besser ausgebaut, wenn sie regelmäßig Lernsituationen ausgesetzt sind. Studien haben gezeigt: Je häufiger jemand liest, umso besser liest er. Es ist wie bei den Muskeln: Wenn Sie nur ab und zu mit Hanteln trainieren, werden davon ihre Muskeln nicht stärker. Wenn Sie dagegen regelmäßig trainieren, werden sie bald den gewünschten Fitnessgrad erreichen.
- **Intensität:** Lernen erfordert intensives Training. Die neuronalen Grundlagen für eine bestimmte Fertigkeit werden schneller aufgebaut, wenn man intensiv trainiert. Bevor meine Tochter am Chicago Marathon teilnehmen konnte, musste sie zum Beispiel ziemlich hart trainieren, um sich auf den 42,195 Kilometer langen Lauf vorzubereiten.
- **Variation:** Gedächtnisorientierter Unterricht setzt gut ausgebaute neuronale Netzwerke voraus, die Verbindungen zu anderen Netzwerken aufbauen können. Deshalb sollte man mit unterschiedlichen Arten von Fähigkeiten und unterschiedlichen Formen von Gedächtnis arbeiten.
- **Flexibilität:** Gedächtnisorientierter Unterricht erfordert, dass der Lehrer den Lernfortschritt der Schüler überwacht und die Lehr-Lern-Situation an ihre Bedürfnisse anpasst. Mit anderen Worten: Der Lehrer muss binnendifferenzieren.
- **Motivation und Aufmerksamkeit:** Diese Faktoren sorgen dafür, dass die Schüler nicht das Interesse am Stoff verlieren. Es gibt verschiedene Strategien, um dafür zu sorgen, dass die Schüler bei der Sache bleiben. Motivation und Aufmerksamkeit sind die Voraussetzung für Häufigkeit und Intensität.

Die sieben Schritte des gedächtnisorientierten Unterrichts, die in diesem Buch beschrieben werden, berücksichtigen neben diesen aus der Neurowissenschaft bekannten Faktoren auch den nicht weniger wichtigen Faktor Zeit. Unser Erinnerungsvermögen ist ein Prozess, der auf immer neuen Wiederholungsschleifen beruht und uns ermöglicht, Vergangenes zu »vergegenwärtigen«. Wie sagte schon Sir James Matthew Barrie: »Gott gab uns ein Gedächtnis, damit wir auch im Dezember Rosen haben.«

Schritt für Schritt

Der erste Schritt, *Erreichen*, sollte ursprünglich »Vermitteln« heißen, aber dann erschienen mir die Schüler bei diesem Wort zu passiv. Unsere Schüler müssen aktiv in den Lernprozess involviert sein. Wenn es zu Lernfortschritten kommen soll, müssen wir Mittel und Wege finden, sie zu erreichen, und sie müssen aktiv mitarbeiten.

Im zweiten Schritt, *Reflektieren*, nehmen sich die Schüler die Information noch einmal vor und beginnen so, Bedeutung zu erzeugen. Der dritte Schritt, *Rekodieren*, gibt den Schülern Gelegenheit, sich die neuen Informationen anzueignen und in ihre eigene Sprache zu übersetzen. Im vierten Schritt, *Verstärken*, sollen die Schüler Feedback bekommen, damit sie wissen, wie weit ihr Lernprozess vorangeschritten ist. Der fünfte Schritt, *Üben*, ermöglicht es den Schülern, den Stoff dauerhaft abzuspeichern. Im sechsten Schritt, *Wiederholen*, wird das Gelernte noch einmal aus anderer Perspektive betrachtet. Der letzte Schritt ist der eigentliche Gedächtnistest: das *Abrufen*, Vergegenwärtigen oder Sicherinnern.

Während sie auf dieser Stufenleiter höhersteigen, wird das Gelernte immer besser verankert, und es kommt zu Denkprozessen auf höherem Abstraktionsniveau (vgl. Abb. 1).

Schauen wir uns die einzelnen Schritte etwas genauer an:

1. **Erreichen:** Schüler werden heute nicht mehr als passive »Wissensempfänger« betrachtet. Studien haben gezeigt, dass wir unsere Schüler aktiv in den Lernprozess einbinden müssen. Das Klassenzimmer muss auf die Bedürfnisse der Schüler ausgerichtet sein, nicht auf die des Lehrers. Entdeckendes Lernen, problemorientiertes Lernen und projektgeleitetes Lernen haben sich an unseren Schulen etabliert. Jede Information, die im Gehirn gespeichert werden soll, muss zunächst Eingang ins sensorische Gedächtnis finden. Daher empfiehlt es sich, Faktoren wie Aufmerksamkeit, Motivation, unterschiedliche Lernstile und Emotionen zu berücksichtigen.
2. **Reflektieren:** Es gibt ja den alten Witz, wonach Unterrichten die Fähigkeit eines Lehrers sei, seine Notizen mithilfe eines Vortrags in Aufzeichnungen seiner Schüler zu verwandeln, ohne dass der Inhalt das Gehirn irgendeines Beteiligten passieren müsse. Ich glaube, dass Schüler mitunter tatsächlich völlig mechanisch mitschreiben, ohne über den Stoff nachzudenken. Gibt man den Schülern Zeit zum »Lernen mit Muße«, können sie leichter Verknüpfungen zwischen Neuem und Bekanntem

herstellen. Im Arbeitsgedächtnis kann es dadurch zu Denkprozessen auf höherem Abstraktionsniveau kommen.

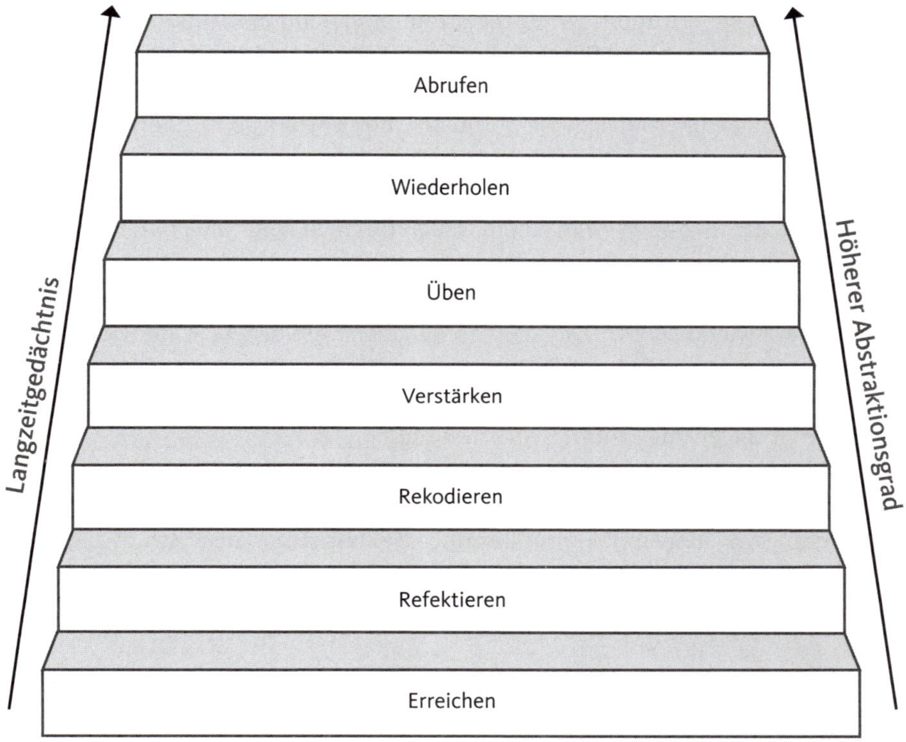

Abb. 1: Die sieben Schritte des Lern- bzw. Gedächtnisprozesses

3. **Rekodieren:** Der Verarbeitung und Reorganisation neuer Informationen auf vielen verschiedenen Ebenen kommt entscheidende Bedeutung zu. Die Schüler müssen sich die Informationen im wahrsten Sinn des Wortes »an-eignen«. Indem der Lernende sein Arbeitsgedächtnis benutzt und auf Wissen aus dem Langzeitgedächtnis zurückgreift, kann er den Stoff in seine eigenen Worte, Bilder, Klänge oder Bewegungen übersetzen. Derart selbst generierte Gedächtnisinhalte lassen sich später leichter abrufen und fördern das konzeptuelle Verständnis.
4. **Verstärken:** Im Rahmen des Rekodierungsprozesses können Lehrer erkennen, ob das, was bei den Schülern angekommen ist, ihren Erwartungen entspricht. Mithilfe von Rückkopplungsschleifen lässt sich das Verständnis von Konzepten und Verfahren weiter optimieren. Dabei kann motivierendes, informierendes oder entwicklungsförderndes Feedback angebracht sein. Im Rahmen dieses Schrittes hat

der Lehrer die Chance, Missverständnisse festzustellen, bevor sie sich im Langzeitgedächtnis festsetzen, wo sie nur schwer zu korrigieren sind.

5. **Üben:** Bei der Verankerung von Informationen im Langzeitgedächtnis spielen sowohl das mechanische als auch das vertiefende Üben eine Rolle. Unterschiedliche Arten des Übens erfordern Denkprozesse auf höherem Abstraktionsniveau wie Anwenden, Analyse und das Entwickeln eigener Ideen.
   Die Variation der Übungen und ihre Verteilung auf einen längeren Zeitraum helfen Lehrern und Schülern dabei, die optimale Übungsstrategie zu finden. Auch Schlaf ist für die Verankerung von Wissen im Langzeitgedächtnis von großer Bedeutung.
6. **Wiederholen:** Sind Informationen durch häufiges Üben im Langzeitgedächtnis verankert, dann können sie in einem weiteren Schritt abgerufen und im Arbeitsgedächtnis verarbeitet werden. Die Ergebnisse dieses Verarbeitungsprozesses können dann wiederum im Langzeitgedächtnis abgespeichert werden. Wenn wir unsere Schüler auf wichtige Prüfungen vorbereiten, dann müssen wir Unterricht, Wiederholungsphasen und Prüfungsfragen so aufeinander abstimmen, dass die Schüler größtmögliche Chancen haben, gute Ergebnisse zu erzielen. Dazu gehören auch gezielte Übungen zur Prüfungsvorbereitung.
7. **Abrufen:** Die Form der Leistungsüberprüfung kann einen Einfluss darauf haben, wie gut die Schüler gespeicherte Informationen abrufen können. Der Zugang zu Gedächtnisinhalten kann von bestimmten Stichwörtern/Anstößen abhängig sein. Auch das Thema Stress spielt in diesem Zusammenhang eine wichtige Rolle, da Stress den Zugang zu Gedächtnisinhalten blockieren kann.

In den folgenden Kapiteln beschreibe ich, wie man diese Schritte ausgestalten kann, wie man abstraktes Denken anregt und wie diese mit der Aktivität des Gehirns und den Erkenntnissen der Hirnforschung zusammenhängen. Schritt für Schritt können wir so unterrichten, wie es dem Gehirn entspricht, von den Ergebnissen der Hirnforscher profitieren und unsere Schüler in die Lage versetzen, ihr Wissen auch unter neuen, unerwarteten Umständen anzuwenden. Gedächtnisorientierter Unterricht ist keine Utopie!

Denkanstöße

Da man nach jedem Schritt zum Reflektieren anregen sollte, beende auch ich jedes Kapitel mit der Rubrik »Denkanstöße«. Wenn Sie noch nicht über das Gelesene nachgedacht haben, dann nutzen Sie jetzt die Gelegenheit dazu. Vielleicht sind Ihnen beim Lesen Fragen gekommen. Denken Sie über diese Fragen nach: Wo werden Sie Antworten darauf finden, und wie stehen sie mit Ihrer aktuellen Situation in Verbindung? Falls Sie sich Notizen gemacht oder bestimmte Stellen angestrichen haben, dann schauen Sie sich diese Stellen noch einmal an und überlegen Sie, warum sie wichtig für Sie sein könnten. Brauchen Sie mehr Informationen? Dann werfen Sie einen Blick ins Literaturverzeichnis – oder lesen Sie einfach weiter!

1. Schritt: Erreichen

Wenn Sie Ihre Schüler nicht erreichen, können Sie als Lehrer nichts erreichen.

> Der Lieblingslehrer war bei den meisten von uns jemand, der uns gefordert und/oder sich wirklich für uns interessiert hat; jemand, der uns ernst genommen hat und auf uns eingegangen ist.
>
> Jonathan Cohen, *Educating minds and hearts*

Wieder einmal stehe ich vor einer schwierigen 8. Klasse mit 29 Schülern. Sie kommen aus sehr unterschiedlichen Familien. Vier sind bereits von anderen Schulen geflogen. Zwei haben ältere Brüder, die Mitglieder in einer Straßengang sind. Siebzehn haben alleinerziehende Mütter oder Väter. Einige leben von Sozialhilfe. Einer hat einen Vater, der im Gefängnis sitzt.

Am ersten Schultag gehe ich die Regeln im Schulbuch durch. Diejenigen, die zuhören, lachen oder lästern – zu leise, als dass ich genau verstehen könnte, was sie sagen. Ich teile die Bücher aus und lasse mir von den Schülern Telefonnummern für Notfälle aufschreiben, dann ist die Stunde endlich zu Ende.

Am zweiten Tag mache ich mit den Schülern einen »Schnelldurchlauf« durch das Sozialkundebuch, weil ich kürzlich gelesen habe, dass Schüler dann einen besseren Zugang zum Stoff haben, wenn wir ihn später durchnehmen. Zwei Schüler zetteln einen Streit zu einem der Themen an, 15 andere mischen sich ein. Mein Unterrichtsraum befindet sich unmittelbar neben dem Büro des Direktors, und ich habe Angst, er könnte den Tumult mitbekommen. Mein Herz rast. Ich schaue auf die Uhr und bete, dass der Gong bald schlägt. Dieses Glück ist mir nicht vergönnt. Warum werden die Lehrer im Fernsehen eigentlich immer »vom Gong gerettet« und ich nie? Ich hole eine Pfeife aus der Schublade meines Pults. Ein kurzer Pfiff, und die Schüler verstummen. Sie sind überrascht, manche wütend, aber immerhin ruhig. Ich beeile mich, ihnen eine Aufgabe zu stellen – sie sollen ein Bild von einem beliebigen historischen Ereignis malen. Ich setze mich hin und warte darauf, dass die Stunde zu Ende ist.

Der Gong ertönt, und ich scheuche die Schüler aus dem Zimmer. Ich laufe einem meiner Kollegen in die Arme – fast buchstäblich. Ich schaue ihm in die Augen und sage: »Ich kann diese Kinder nicht unterrichten!«

Er erwidert meinen Blick und sagt mit vollem Ernst: »Natürlich kannst du das, aber zuerst musst du sie dazu bringen, dass sie dir zuhören. Wenn du das nicht kannst, solltest du dir einen anderen Job suchen.«

Im ersten Moment wusste ich nicht, was ich darauf sagen sollte. Aber ich wusste, dass er recht hatte. Ich hatte jede Menge Unterrichtserfahrung mit Schülern aller Jahrgangsstufen. Ich fragte mich, wie ich diese anderen Klassen erreicht hatte. Das mit der Pfeife hatte nur funktioniert, weil es etwas Neues war, so viel war mir klar. Sollte ich andere Ideen dieser Art sammeln? Was konnte sich sonst noch als nützlich erweisen? Wenn ich meine Schüler erreichen wollte, würde ich dafür sorgen müssen, dass sie mir zuhören. Ich würde eine Beziehung zu ihnen aufbauen müssen. Ich würde mir einen Überblick über ihre Lernstile verschaffen und den Stoff so präsentieren müssen, dass er einen Bezug zu ihrem Leben hätte.

Tagein, tagaus werden wir mit Sinneseindrücken bombardiert. Dem Neurowissenschaftler Michael Gazzaniga (1999) zufolge speichert unser Gehirn gerade einmal ein Prozent dieser Informationen. Wie können wir unseren Schülern dabei helfen, auch nur die Sinneseindrücke im Kopf zu behalten – ganz zu schweigen von den Bedeutungen, die sie sich merken sollen? Ob bestimmte Ereignisse oder Informationen im Gedächtnis gespeichert werden, so Shaun Kerry (2002) vom American Board of Psychiatry and Neurology, sei abhängig von unserem emotionalen Bezug zum Thema und von dessen emotionaler, akustischer und visueller Eindrücklichkeit.

Die Fähigkeit unserer Schüler, den Stoff aufzunehmen, wird von vielen Faktoren beeinflusst. Doch mein Kollege hatte ganz recht: Zuerst musste ich dafür sorgen, dass sie mir ihre Aufmerksamkeit schenkten.

Aufmerksamkeit – was ist das?

Zeit für die Schreibwerkstatt: Die Drittklässler haben sich überall im Unterrichtsraum verteilt. Man hört ein leises Stimmengewirr, da einige Schüler ihre Texte miteinander besprechen. Die Lehrerin spricht gerade mit einem Schüler über seine Arbeit.

Katie sitzt still an ihrem Pult. Sie liest ihren kurzen Aufsatz über ihr Lieblingsbuch noch einmal durch. Zwischendrin macht sie eine Pause, um zu einer Episode aus dem Buch ein Bild zu malen. Jamie geht zu Katies Pult und fragt, ob sie Katies blauen Filzstift ausleihen kann. Katie hört auf zu malen und gibt ihr den Stift. Jamie wirft einen Blick auf Katies Bild und stellt ihr mehrere Fragen zu dem Buch. Katie beschreibt die Personen und die Szene und malt währenddessen das Haus aus, das sie gezeichnet hat. Angelo unterbricht ihr Gespräch und sagt, er brauche ein Buch aus dem Pult, an dem Katie sitzt. Er entschuldigt sich und beginnt, nach dem Buch zu suchen. Katie muss jetzt im Stehen weitermalen, während sie Jamie mehr über das Buch erzählt.

Mit der rechten Hand malt Katie, und mit der linken holt sie das Buch aus dem Pult, das Angelo sucht und das sie soeben entdeckt hat. Er bedankt sich und geht zurück an seinen Platz am Tisch, an dem die Schüler gegenseitig ihre Texte korrigieren. Jamie ist neugierig geworden und fragt Katie, wie die Autorin ihres Lieblingsbuches heißt, zu dem sie den Aufsatz schreibt. Katie hat das Buch an Tiffany verliehen, die auf der anderen Seite des Ganges sitzt. Die Mädchen fragen Tiffany, wer das Buch geschrieben hat, und unterhalten sich weiter, während sie auf eine Antwort warten. Katie hört zu, was Jamie über das Buch sagt, während sie ihr Bild bewundert. Gleichzeit lauscht sie auf Tiffanys Stimme, von der sie den Namen der Autorin zu erfahren hofft. Während Tiffany den Namen der Autorin vorliest und Jamie auf ihren Platz zurückgeht, malt Katie mit einem grünen Filzstift einen großen grünen Baum neben das Haus.

Laut Andreason (2001) ist *Aufmerksamkeit* der kognitive Prozess, mit dessen Hilfe Katie irrelevante Reize ausblenden (das Stimmengewirr im Raum ignorieren), wichtige Reize (ihren Aufsatz, ihr Bild, Jamies Kommentar) wahrnehmen und von einem Reiz auf den anderen umschalten kann (vom Gespräch mit Jamie auf das Bild, das sie malt, oder von der Interaktion mit Angelo auf die Interaktion mit Jamie und Tiffany). Sie beschäftigt sich mit den visuellen Informationen ihres Bildes. Sie wendet sich den akustischen Informationen zu, die von Jamie und Tiffany kommen. Und sie verarbeitet verschiedene taktile Informationen, während sie ihr Bild malt, das Buch für Angelo hervorholt und Jamie den Filzstift gibt.

Andreason (2001) unterscheidet fünf Typen von Aufmerksamkeit: ausdauernde, gerichtete, selektive, geteilte und fokussierte Aufmerksamkeit:

- *Ausdauernde* Aufmerksamkeit wird über einen längeren Zeitraum aufrechterhalten. Diese Art von Aufmerksamkeit ist nötig, um Unterrichtsstunden zu planen oder Prüfungen zu entwerfen.
- Von *gerichteter* Aufmerksamkeit spricht man, wenn wir aus all den Informationen, die auf uns einströmen, bewusst einen ganz bestimmten Reiz auswählen. Ein Beispiel dafür ist, wenn wir unsere Aufmerksamkeit einer Schülerin zuwenden, die gerade den Unterricht stört.
- *Selektive* Aufmerksamkeit bedeutet, dass man sich aus persönlichen, mehr oder weniger vernünftigen Gründen auf einen bestimmten Reiz konzentriert. So kann ein Schüler beschließen, lieber dem Flüstern seines Sitznachbarn zuzuhören als dem Vortrag der Lehrerin.
- Von *geteilter* Aufmerksamkeit spricht man, wenn wir ständig zwischen zwei Dingen hin- und herwechseln. Unsere Schüler arbeiten mit geteilter Aufmerksamkeit, wenn sie ihre Hausaufgaben vor dem Fernseher erledigen.
- Bei der *fokussierten* Aufmerksamkeit wenden wir uns gezielt einem bestimmten Aspekt eines Reizes zu. Beispielsweise können wir unsere Schüler dazu anhalten, sich auf eine zentrale Frage zu konzentrieren, während sie im Internet recherchieren.

Aufmerksamkeit ist eine Grundvoraussetzung des Denkens. Das Gehirn überwacht permanent das Umfeld, filtert die Sinneseindrücke und entscheidet, worauf es seine Aufmerksamkeit richtet. Das Gehirn ist immer wachsam. Nur ist die Aufmerksamkeit unserer Schüler mitunter auf etwas anderes gerichtet, als uns lieb ist. Aufmerksamkeit erfordert dreierlei: einen Reiz wahrzunehmen, sich ihm zuzuwenden, und sich auf ihn zu konzentrieren (Carter 1998).

Über die Menge an Neurotransmittern, die es ausschüttet, steuert das sogenannte »aufsteigende retikuläre Aktivierungssystem« (siehe Anhang A) den Aktivierungsgrad des Gehirns. Die Stimulierung der Frontallappen durch Noradrenalin und Dopamin steigert die elektrische Aktivität des Gehirns und sorgt dafür, dass wir aufmerksam sind. Dadurch wendet sich der Parietallappen vom aktuellen Reiz ab und wendet sich dem neuen Reiz zu. Nun übernimmt der Thalamus die Kontrolle und sorgt dafür, dass wir uns konzentrieren, indem er die neuen Informationen an die Frontallappen weitergibt. Der Thalamus ist in der Lage, andere Sinneswahrnehmungen zu blockieren, damit wir uns besser konzentrieren können. Der vordere Gyrus cinguli ermöglicht uns, die Aufmerksamkeit aufrechtzuerhalten (Carter 1998). Eine wichtige Rolle bei Aufmerksamkeitsprozessen spielt der Hippocampus, weil er zu sehr vielen Gedächtnisinhalten Zugang hat. Reagiert das aufsteigende retikuläre Aktivierungssystem auf einen Sinneseindruck, so kann der Hippocampus ihn mit früheren Erfahrungen vergleichen und entscheiden, wie neuartig er ist (Ratey 2001).

Diese biologischen Informationen sind für Pädagogen sehr wertvoll. Aus ihnen folgt, dass wir den Aufmerksamkeitsprozess durch unseren Unterricht steuern können. Anders ausgedrückt: Der vordere Gyrus cinguli konzentriert sich auf das, worauf wir seine Aufmerksamkeit lenken.

Noah spielt mit seinem Computer. Es ist bereits sieben Uhr, aber er ist so sehr vom Spiel gefesselt, dass er gar nicht merkt, wie schnell die Zeit vergeht. Plötzlich stürzt der Computer ab, und er muss ihn neu starten. Während sein PC wieder hochfährt, wirft er einen Blick auf die Uhr. Er kann kaum glauben, dass es schon so spät ist.

Noahs aufsteigendes retikuläres System rüttelt ihn wach: Er hat noch eine Menge Hausaufgaben zu erledigen und überhaupt nicht gemerkt, wie schnell die Zeit vergeht!

Noah wirft einen Blick auf den Stapel mit den Schulbüchern. Er wird Prioritäten setzen müssen. »Mal sehen ... Englisch kann ich notfalls morgen früh im Bus machen. Mathe muss ich jetzt machen, weil ich vielleicht Mamas Hilfe brauche. Und dann muss ich unbedingt noch die Wörter für den Rechtschreibtest üben.«

Jetzt sorgen Noahs Frontallappen dafür, dass er sich seinen Hausaufgaben zuwendet. Sie helfen ihm dabei, zu planen und Prioritäten zu setzen.

Noah nimmt sein Mathematikbuch vom Stapel, schlägt sein Matheheft auf, und Sekunden später ist er ganz in seine Hausaufgaben vertieft. Er merkt gar nicht, dass seine Mutter die Tür öffnet und nach ihm sieht.

Noahs Thalamus hat sinnliche Reize aussortiert, die ihm bei dem, was im Augenblick im Mittelpunkt seiner Aufmerksamkeit steht – seiner Mathehausaufgabe –, nicht weiterbringen.

Explizites Lernen ist unmöglich, wenn wir uns der eingehenden Informationen nicht bewusst sind.

Wie steht es mit der Motivation?

Jeremy und Joe sind gute Freunde. Sie gehen seit der ersten Klasse gemeinsam in die Schule, ihre Mütter sind im selben Lesezirkel und ihre Väter spielen häufig miteinander Golf.

An diesem sonnigen Samstagnachmittag wollen Jeremy und Joe im Schlagkäfig an ihrer Schlagtechnik feilen. Die Baseballsaison steht unmittelbar bevor, und sie hoffen, in diesem Jahr von der Ersatzmannschaft in die Schulmannschaft aufzusteigen. Sie packen gerade ihre Baseballschläger ein, als Joes Vater hereinkommt.

»Hey Jungs, wie wär's, wenn ihr heute Nachmittag mit zum Golfplatz kommt?«, fragt er. »Wir könnten zwei gute Caddies gebrauchen.«

Jeremy bekommt sofort leuchtende Augen. »Das klingt toll! Ich könnte ein paar gute Tipps brauchen, wie ich beim Golf besser werden kann, und es ist ein herrlicher Tag, um draußen in der Sonne zu sein. Findest du nicht auch, Joe? Du hast doch gemeint, du würdest gerne im Golfteam mitspielen? Du könntest bestimmt auch eine Menge lernen.«

Aber Joe ist noch nicht überzeugt. Als sein Vater seinen skeptischen Blick sieht, sagt er seufzend: »Okay, Joe, wir entschädigen dich für die Mühe.«

Joe nickt. »Also gut, aber es muss mehr als ein Zehner sein. So viel hast du mir beim letzten Mal gegeben – dafür mach ich's nicht noch mal.«

Zwei Jungen, die sich sehr ähnlich sind und vergleichbare Interessen haben, und doch reagieren sie völlig unterschiedlich. Natürlich können in dieser Situation viele Faktoren eine Rolle spielen, aber der Hauptunterschied besteht darin, dass Joe eine *extrinsische* Motivation braucht, während Jeremy aus *intrinsischen* Gründen bereit ist, den Caddie zu spielen.

Warum wir handeln, wie wir handeln

Schlägt man im »Handwörterbuch der deutschen Gegenwartssprache« das Wort »Motiv« nach, so findet man als Definition: »Beweggrund, Anlaß, der jmdn. zu einem bestimmten Handeln, Verhalten veranlaßt od. diesem zugrunde liegt« (Kempcke u.a. 1984, S. 795). Als ich meine Schüler nach ihren Bedürfnissen befragte, hatte ich am Ende eine ziemlich lange Liste. Interessanterweise tauchte auf ihren Listen nie etwas von dem auf, was ich ihnen im Unterricht beizubringen versuchte. Mit anderen Worten: Schüler betrachten Lesen, Rechnen, Erdkunde oder Schreiben einfach nicht als notwendig! Wenn wir unsere Schüler motivieren wollen, müssen wir ihnen vermitteln, wofür sie diese Lerninhalte gebrauchen können und was daran interessant ist.

Die Motivation von Jeremy und Joe ist sehr unterschiedlich. *Intrinsische* Motivation kommt von innen, aus einem Bedürfnis oder einem Wunsch heraus, den das Gehirn als angenehm oder wichtig einstuft. Sind wir intrinsisch motiviert, so werden im Gehirn Neurotransmitter wie Dopamin ausgeschüttet (LeDoux 2003). Das gibt uns den nötigen Elan, um unser Ziel zu erreichen. Dieselben Neurotransmitter werden ausgeschüttet, wenn wir am Ziel sind. Das Glückshormon Dopamin sorgt dafür, dass wir uns neue Ziele setzen, weil wir das Glücksgefühl wieder erleben wollen.

Extrinsische Motivation dagegen wird mit Belohnung und Strafe assoziiert. Einige Forscher wie Alfie Kohn (1993) glauben, dass extrinsische Motivationsfaktoren dafür sorgen, dass unser Gehirn nicht mehr auf das Erreichen des Ziels hinarbeitet, sondern darauf, eine konkrete Belohnung zu erlangen oder eine Strafe zu vermeiden. Die Belohnung führt zur Ausschüttung von Dopamin, und dadurch, so die Befürchtung, wird das Gehirn darauf trainiert, das Glücksgefühl aufgrund der erhaltenen Belohnung zu empfinden anstatt aufgrund der erbrachten Leistung.

In unserem Beispielszenario erhofft sich Jeremy seine Dosis Dopamin davon, dass er neue Erfahrungen macht und etwas dazulernt, während Joe auf die Bezahlung schielt. Viele Forscher gehen davon aus, dass die Belohnung von außen immer größer werden muss, um dasselbe Niveau an Befriedigung zu erzielen. Die zehn Dollar machen Joe also nicht mehr so glücklich wie beim letzten Mal, und deshalb fordert er mehr.

Was Schüler motiviert, kann sehr unterschiedlich sein.

Die maslowsche Bedürfnishierarchie

Der Theorie von Abraham Maslow zufolge müssen bestimmte Bedürfnisse befriedigt sein, ehe das Gehirn sich schulischen Anforderungen zuwenden kann. Seine Bedürfnishierarchie beginnt bei körperlichen Bedürfnissen und geht weiter mit Sicherheitsbedürfnissen, Zugehörigkeit, Anerkennung und schließlich Selbstverwirklichung (Maslow und Lowery 1978). Die Bedürfnisse im Einzelnen:

- **Körperliche Bedürfnisse:** Dazu gehören die grundlegenden Dinge, die Voraussetzung für unser Überleben sind, wie Nahrung, Wasser, Kleidung und ein Dach über dem Kopf. Hat ein Schüler Hunger, so wird das so lange seine oberste Priorität sein, bis der Hunger gestillt ist. Unsere Aufmerksamkeit wird stets von nicht befriedigten Bedürfnissen in Anspruch genommen.
- **Sicherheitsbedürfnis:** Das Gehirn hat ein grundsätzliches Bedürfnis nach Sicherheit. Dies setzt voraus, dass wir körperlich unversehrt, keinen Gefahren ausgesetzt und Herr der Lage sind. Sobald die körperlichen Bedürfnisse befriedigt sind, widmet sich das Gehirn unserem Sicherheitsbedürfnis. Ist auch dieses gestillt, wendet es sich der nächsthöheren Ebene zu. Wenn sich unsere Schüler im Klassenzimmer sicher und geborgen fühlen, steht ihrer Konzentrationsfähigkeit nichts im Wege.
- **Zugehörigkeit und Liebe:** Diese beiden Bedürfnisse sind für das Gehirn ein enorm wichtiger Motivationsfaktor. Sobald unsere körperlichen Bedürfnisse gestillt sind und wir uns sicher fühlen, streben wir danach, unsere Einsamkeit zu überwinden. Die Beziehungen zu unseren Freunden, Ehepartnern und Kindern vermitteln uns ein Gefühl der Zugehörigkeit. Hat ein Schüler ein gutes Verhältnis zum Lehrer und zuden Mitschülern, so werden in seinem Gehirn Neurotransmitter wie Serotonin und Dopamin ausgeschüttet, sodass er sich wohlfühlt und motiviert ist.
- **Anerkennungsbedürfnis:** In diese Kategorie fallen Selbstachtung, Leistung und Erfolg sowie ein guter Ruf. Wenn sie das Gefühl haben, etwas Positives zum Unterricht beizutragen, können Schüler sich besser konzentrieren. Sie strengen sich dann mehr an, vor allem wenn sie spüren, dass sie dem Lehrer wichtig sind.
- **Selbstverwirklichung:** Auf dieser Ebene geht es für das Individuum darum, das zu werden, wofür er oder sie am besten geeignet ist. Diese höchste Ebene der Bedürf-

nishierarchie zu erreichen ist eine unglaubliche Leistung, die wir uns für alle unsere Schüler wünschen. Damit das möglich ist, müssen sie sich selbst achten und sich sicher, zugehörig, wertgeschätzt und von anderen respektiert fühlen.

Wenn wir unsere Schüler erreichen wollen, müssen wir uns dieser Bedürfnisse bewusst sein. Wir müssen alles unternehmen, um dafür zu sorgen, dass die Bedürfnisse unserer Schüler gestillt sind. Erst dann können sie sich auf die Informationen konzentrieren, die sie lernen und abspeichern sollen.

Die Motivationstheorie von William Glasser

William Glasser (1999) definiert fünf gleich wichtige Bedürfnisse: Überleben, Zugehörigkeit und Liebe, Einfluss, Freiheit und Spaß. Im Untertitel seines erfolgreichen Buches »Choice Theory« ist sein Ansatz sehr gut zusammengefasst: »Wie Sie sich für das Leben entscheiden, das Sie leben möchten, und den Menschen nahe bleiben, die Sie brauchen.«

Aus dieser Theorie folgt: Wenn wir unseren Schülern Entscheidungsmöglichkeiten eröffnen (und damit ihrem Bedürfnis nach Einfluss und Freiheit entsprechen), dann haben sie mehr Spaß an der Sache, sind motivierter und aufmerksamer. Der zweite Teil des Untertitels verweist auf das Bedürfnis nach Zugehörigkeit und Liebe: Schüler brauchen die Nähe zu anderen und die Gewissheit, dass sie sich auf ihre Lehrer und ihre Mitschüler verlassen können.

Brophy (1987, S. 41) zufolge handelt es sich bei der Motivation von Schülern um eine erworbene Kompetenz, die zwar auf allgemeinen Erfahrungen beruhe, aber »durch Nachahmung, durch die Kommunikation von Erwartungen sowie durch direkte Unterweisung oder Sozialisierung von signifikanten Anderen stimuliert wird«. Erheblichen Einfluss auf die Motivation und Aufmerksamkeit von Schülern hat demnach das Lernumfeld – wie der Lehrer den Sozialisationsprozess steuert, welche Erwartungen er hat, wie er diese kommuniziert und welches Vorbild er abgibt.

> Das Gehirn kann sich nicht auf das Lernen konzentrieren, solange irgendein Grundbedürfnis nicht gestillt ist.

Wie Lernprozesse von Gefühlen beeinflusst werden

Vanessa stöbert im Materialraum des Kunstsaals nach Materialien für ein Kunstprojekt. Kunst ist alles andere als ihr Lieblingsfach, und was sie bis jetzt zusammengetragen hat, zeugt nicht gerade von Kreativität oder großem Engagement: Papier, Stifte, ein paar Lineale. Sie findet nichts, was sie zu einer genialen Idee inspirieren würde. Das Thema lautet: »Mein Lieblingsort«. Vanessa will möglichst wenig Zeit auf dieses Projekt verwenden, denn sie muss noch zwei andere zu Ende bringen. Während sie so zwischen den Regalen herumstreift, begegnet ihr Jessie. Jessie ist ein echtes Multitalent. Sie nimmt Ballett- und Klavierunterricht, schreibt immer die besten Aufsätze und ist künstlerisch sehr begabt. Bei Projekten wie diesem blüht sie richtig auf. Jessie ist intelligent und hält nicht hinter dem Berg damit.

Vanessa sieht, was Jessie alles zusammengesucht hat. Sie hat beide Arme voll mit Leim, Glitzerstaub, Wolle, Lehm und Ölfarbe. Vanessa will in einem Seitengang verschwinden und Jessie aus dem Weg gehen, die sich diese Gelegenheit, mit ihrem Projekt anzugeben, sicher nicht entgehen lassen wird. Zu spät. Schon steuert Jessie auf Vanessa zu und mustert deren magere Ausbeute. Mit einem Blick auf die Stifte fragt sie: »Du fängst wohl gerade erst an?«

Vanessa fühlt sich völlig unzulänglich. Sie antwortet: »Ja, ich bin eben erst gekommen und hab mir erst mal das Übliche geschnappt. Jetzt hol ich mir die interessanten Sachen.«

»Aha. Und wie sieht dein Projekt aus?«, fragt Jessie. Vanessa kann sich des Verdachts nicht erwehren, dass sie das nur fragt, um sie mit ihrer eigenen fabelhaften Idee zu übertrumpfen.

Vanessa denkt fieberhaft nach und antwortet: »Ach weißt du, mein Lieblingsort ist ein geheimer Ort, an dem ich mich oft mit meinen Freundinnen treffe. Ich muss sie erst fragen, ob sie etwas dagegen haben, wenn ich ihn für dieses Projekt verwende.« Vanessa dachte, damit könne sie Jessie zum Schweigen bringen. Jessie hatte bestimmt keinen Ort, den nur sie und ihre Freundinnen kannten!

»Also, mein Lieblingsort ist Hawaii. Dort fliege ich jedes Jahr für zwei Wochen mit meinen Eltern hin. Auf Hawaii gibt es traumhafte Strände und einen gigantischen Vulkan. Als ich dem Kunstlehrer von meiner Idee erzählt habe, war er sofort begeistert.« Jessie plappert immer so weiter und spricht ständig von Orten und Pflanzen, von denen Vanessa noch nie etwas gehört hat. Vanessa schweift ab, bis sie plötzlich von Jessies letztem Satz aus ihren Gedanken gerissen wird: »Vanessa, wenn du irgendwann mal lernen willst, wie man ein fantastisches Projekt auf die Beine stellt, dann lass es mich wissen.«

Vanessa wird von Zorn und Verlegenheit übermannt. Sie macht den Mund auf, um etwas Originelles zu erwidern, aber es kommt kein Ton heraus. Ihrem Gehirn will einfach keine spitze Bemerkung einfallen! Mit einem gequälten Lächeln dreht sie sich um und geht.

Vanessa schäumt vor Wut. Wie kann Jessie es wagen, so etwas zu ihr zu sagen? »Ich kann mir ganz alleine ein Kunstprojekt ausdenken. Dazu brauche ich die doch nicht«, denkt sie. »Ich hätte ihr einfach ordentlich die Meinung sagen sollen, aber dazu bin ich viel zu fein. Warum ist mir bloß keine spitze Antwort eingefallen? Ich bin doch sonst nicht auf den Mund gefallen. Mir fällt immer was Witziges ein.«

Vanessas Gefühle haben dafür gesorgt, dass sie keinen Ton herausbrachte. Goleman (1996, S. 31) spricht in solchen Fällen von einem »emotionalen Überfall«. Wenn dieses Phänomen auftritt, sind Denkprozesse höherer Ordnung blockiert. Vanessa hing im emotionalen Zentrum ihres Gehirns fest und konnte nicht auf ihr Kreativzentrum zugreifen. Ein paar Stunden später fielen ihr gleich mehrere Antworten ein. Beinahe hätte sie Jessie angerufen, um sie ihr an den Kopf zu werfen!

Gefühle haben einen großen Einfluss darauf, wie wir lernen (Small 2004). Ein Schüler, der ängstlich, bedrückt oder auch wütend ist, kann Informationen nicht effizient aufnehmen. Das Gehirn ist von den Emotionen überwältigt, seine Aufmerksamkeit von ihnen gebannt. Wenn die gesamte Aufmerksamkeit des Gehirns auf Gefühle gerichtet ist, wird das Arbeitsgedächtnis überflutet und kann anstehende Aufgaben nicht effektiv lösen.

Doch das ist nur eine Möglichkeit, wie Emotionen Lernprozesse beeinflussen können. Gefühle können nämlich auch sehr positive Auswirkungen haben.

Starke Gefühle können verhindern, dass Informationen verarbeitet werden.

Schüler über ihre Gefühle erreichen

Was sind Gefühle? Die meisten Forscher unterscheiden sechs Grundgefühle: Freude, Traurigkeit, Angst, Wut, Überraschung und Ekel. Diese sogenannten primären Emotionen findet man bei allen Menschen und in allen Kulturen. Daneben gibt es sekundäre Emotionen, die sozialer Natur sind. Dazu gehören zum Beispiel Eifersucht, Schuld und Scham. Und schließlich gibt es Gefühle, die Damasio (2000) »Hintergrundgefühle« nennt. In diese Kategorie fallen Anspannung und Wohlergehen.

Emotionen entstehen in den subkortikalen Regionen des Gehirns. Diese gehören zu einer Reihe von Strukturen, die körperliche Empfindungen abbilden. Sie entstehen unwillkürlich und unbewusst, und sie haben Auswirkungen auf das Gehirn wie auf den Körper. Gefühle und Gefühlszustände sind Reaktionsmuster, die Verhalten auslösen. Diese Gefühle und das entsprechende Verhalten treten auf, wenn wir Informationen über die Sinne wahrnehmen oder wenn wir bestimmte Erinnerungen wachrufen (Damasio 2000). Die Gefühle, die Vanessa bei ihrer Begegnung mit Jessie empfand, stehen für Sinneswahrnehmungen. Dieselben Gefühle können erneut wachgerufen werden, wenn sie später an die Situation zurückdenkt. Das nächste Mal, wenn Vanessa Jessie über den Weg läuft, können diese Gefühle wieder an die Oberfläche kommen und ihr Verhalten beeinflussen.

Die zentrale Rolle in der Frage der Gefühle und unserer Erinnerungen an sie spielt die Amygdala. Aufgrund ihrer Lage im Gehirn hat die Amygdala Zugang zu eingehenden Informationen und moduliert das explizite Gedächtnis ebenso wie das implizite. Daher erinnern wir uns an eindringliche Ereignisse besser als an langweilige oder neutrale (Bloom, Beal und Kupfer 2003).

»Emotionale Zustände«, so Joseph LeDoux (2003, S. 298 f.), »drücken Aufmerksamkeit, Wahrnehmung, Gedächtnis, Entscheidungsfindung und deren jeweiligen bewussten Begleiterscheinungen ihren Stempel auf« – Hirnaktivitäten werden über emotionale Reize organisiert und koordiniert. In seinem Buch »Aussetzer. Wie wir vergessen und uns erinnern« (2005, S. 258 f.) schreibt Daniel Schacter: »Alltagserfahrungen und Laborstudien zeigen, dass emotional besetzte Ereignisse besser im Gedächtnis bewahrt werden als solche, bei denen Emotionen keine so große Rolle spielen.«

Stephen Hamann von der Emory University verfolgt die emotionalen Reaktionen seiner Testpersonen auf Wörter und Bilder mit dem Hirnscanner (Hamann, Ely, Grafton und Kilts 1999). Auf den Aufnahmen ist zu erkennen, dass die Amygdala aktiviert wird, wenn wir auf etwas Emotionales reagieren. »Wenn die Amygdala Emotionen registriert, dann verstärkt sie die Aktivität in Hirnregionen, in denen Erinnerungen gespeichert werden«, so Hamann. »Dadurch sind diese Erinnerungen plastischer und besser verankert« (S. 292). Teilnehmer an Hamanns Experimenten erinnern sich an doppelt so viele emotionale Wörter wie an neutrale.

Weil Emotionen eine so wichtige Rolle zukommt, können wir Schüler am besten erreichen, wenn wir Emotionen in unseren Unterricht einbauen. Wenn die Hirnaktivität von Emotionen gesteuert wird und Aufmerksamkeit und Wahrnehmung entscheidend von der emotionalen Verfassung beeinflusst werden, dann können wir dafür sorgen, dass alltägliche Erlebnisse im Unterricht sehr viel einprägsamer sind, indem wir unsere Schüler emotional ansprechen.

Vergessen Sie nicht, dass wir immer noch beim ersten Schritt sind, bei dem es darum geht, unsere Schüler zu erreichen. Wenn wir gedächtnisorientiert unterrichten wollen, müssen wir mit der grundsätzlichen Frage anfangen, wie wir die Aufmerksamkeit unserer Schüler fesseln können. Womit können wir ihr Gehirn ansprechen? Das Gehirn ist immer wachsam. Die Frage ist nur, worauf seine Aufmerksamkeit gerichtet ist, und wir wollen, dass es uns als Lehrern höchste Priorität einräumt.

Emotionale Aufhänger

Sie wissen am besten, was Ihre Schüler anspricht. Hier einige Ideen, wie Sie Ihre Schüler emotional in Ihren Unterricht hineinziehen können. Sorgen Sie dafür, dass Ihr Unterricht aufregend ist. Wenn wir begeistert sind, werden stimulierende Neurotransmitter ausgeschüttet. Noradrenalin löst eine chemische Kettenreaktion aus, durch die wir alles intensiver erleben und wahrnehmen.

- Emotionen sind ansteckend (Lewis, Amini und Lannon 2000), also seien Sie selbst begeistert. Was ist spannend an dem, was Sie Ihren Schülern beibringen wollen?
- Tragen Sie Kleidung, mit der sie die Bewunderung oder auch das Missfallen Ihrer Schüler erregen. Auf jeden Fall ziehen Sie so ihre Aufmerksamkeit auf sich!
- Spielen Sie den Schülern Musik vor, die zum Thema passt. Musik löst bei vielen Menschen Emotionen aus.
- Beginnen Sie die Stunde mit einer Geschichte. Das kann ein persönliches Erlebnis sein, von dem Sie zum Thema der Stunde überleiten können, oder eine Geschichte, die Sie irgendwo gelesen haben und die mit dem Thema zu tun hat. Das Gehirn hat eine Vorliebe für Geschichten, denn sie sind eine seiner bevorzugten Methoden, Informationen zu strukturieren (Caine und Caine 1994).
- Bitten Sie die Schüler zu Stundenbeginn, sich zu entscheiden. Wenn das zu behandelnde Thema zwei Seiten hat, dann teilen Sie das Klassenzimmer in zwei Hälften

und lassen Sie die Schüler sich für eine Seite entscheiden. Hängen Sie auf jeder Seite ein Plakat auf, von dem abzulesen ist, welche Überzeugung die jeweilige Seite vertritt.

Gefühle haben Vorrang vor allen anderen Prozessen, die im Gehirn ablaufen.

Mithilfe von Advance Organizern die Aufmerksamkeit steuern

»Oft sehen wir das, was wir zu sehen erwarten« (Marzano u.a. 2001, S. 279). Ein hervorragendes Mittel, um die Aufmerksamkeit unserer Schüler zu steuern, sind sogenannte Advance Organizer – Organisations- und Lernhilfen, die dem eigentlichen Lernmaterial vorangestellt werden. Diese Advance Organizer können sehr unterschiedlich aussehen. Ein Advance Organizer kann zum Beispiel aus einem mündlichen Vortrag bestehen, der in das Thema einführt und Bezüge zum Vorwissen der Schüler herstellt. Am effektivsten ist meiner Erfahrung nach ein *Graphic Organizer*, eine grafische Darstellung, mit der man die Aufmerksamkeit der Schüler gezielt auf die Lerninhalte hinlenken kann, die sie sich merken sollen. Graphic Organizer geben einen Rahmen für den Lernprozess vor und sorgen dafür, dass die Schüler innerhalb dieses vorgegebenen Rahmens bleiben.

Am liebsten benutze ich eine Tabelle mit den Spalten »Stimme zu« und »Stimme nicht zu« (Burke 1999, vgl. Abb. 2). Die Aussagen können den Schülern schriftlich oder mündlich präsentiert werden. Ich verwende meistens eine Tabelle, in die bereits Aussagen eingetragen sind. Die Schüler sollen »Stimme zu« oder »Stimme nicht zu« ankreuzen. Natürlich muss es sich dabei um kontroverse Aussagen handeln, die bei möglichst vielen Schülern eine emotionale Reaktion auslösen. Außerdem sollen sie den Schülern dabei helfen, die für das Thema relevanten Konzepte zu erfassen.

	Stimme zu	Stimme nicht zu
Jüngere Menschen können sich an mehr erinnern als ältere Menschen.		
Gedächtnis hat mit dem Alter nichts zu tun.		
Gedächtnisinhalte werden in einem ganz bestimmten Hirnareal gespeichert.		
Im Kurzzeitgedächtnis hat nicht mehr Platz als eine Telefonnummer.		
Frauen haben ein besseres Gedächtnis als Männer.		
Radfahren verlernt man nie.		

Vergessen ist leichter als sich erinnern.		
Gerüche rufen bestimmte Erinnerungen wach.		

Abb. 2. »Stimme zu«-/»Stimme nicht zu«-Tabelle

Ein solcher Advance Organizer setzt ein gewisses Vorwissen voraus. Wenn das Thema für die Schüler neu ist, können Sie sie auffordern, zu raten. Ist die Unterrichtseinheit abgeschlossen, lasse ich meine Schüler die Aussagen lesen und »Stimme zu« oder »Stimme nicht zu« erneut ankreuzen. Dann lasse ich sie ihre Tabelle mit der vergleichen, die sie zu Beginn ausgefüllt haben. Die einen sind erstaunt, wie viel sie gelernt haben, die anderen klopfen sich auf die Schulter, weil sie vieles schon wussten.

Die meisten Graphic Organizer lassen sich als Advance Organizer einsetzen (einige Beispiele finden Sie in Anhang B). Sie können Ihnen dabei helfen, Ihre Schüler zu erreichen, weil sie ein Raster für den Lernprozess vorgeben. Weitere Beispiele für Graphic Organizer, die Sie ausprobieren können:

- Mengendiagramme helfen Schülern, Gemeinsamkeiten und Unterschiede wahrzunehmen.
- Mindmaps sind sehr nützlich, um neuen Stoff zu gliedern. Neuere Forschungen zeigen, dass das ganz besonders für Legastheniker gilt.
- Ein BLWGA-Diagramm hilft den Schülern, bei der Sache zu bleiben. *B* steht für bereits Bekanntes, *L* für das, was man lernen möchte, *W* dafür, wie man es lernen will, *G* für das, was man gelernt hat, und *A* dafür, wie man es im eigenen Leben anwenden möchte.
- Hierarchiediagramme eignen sich gut für Klassifizierungen.
- Mit einem T-Diagramm, einer Tabellen mit zwei Spalten, lassen sich Inhalte gut strukturieren.
- Fließdiagramme sind ideal für Geschichten oder zur Darstellung des Ablaufs historischer Ereignisse.

Zeigen Sie dem Gehirn, worauf es sich konzentrieren soll.

Schüler über ihren Lernstil erreichen

Schüler lernen auf unterschiedliche Weise. Manche von ihnen sind visuelle Lerner, andere auditive, wieder andere kinästhetische oder haptische Lerner. Diese individuellen Präferenzen und Stärken haben einen Einfluss darauf, worauf unsere Schüler besonders viel Aufmerksamkeit richten (Sprenger 2003):

- **Visuelle Lerner:** Diese Schüler begeistern sich für grafische Darstellungen und Overhead-Folien, vielleicht sogar für ihr Schulbuch. Wenn Sie ein visueller Lehrer sind, fällt es diesen Schülern leichter, sich von den Lerninhalten »ein Bild zu machen«. Ihre besondere Aufmerksamkeit gilt visuellen Informationen, wozu auch Texte gehören. Unsere Schulen sind in der Regel auf diesen Lerntyp ausgerichtet. Um diese Schüler zu erreichen, sollten Sie Bilder in leuchtenden Farben, Filmausschnitte und Arbeitsblätter einsetzen.
- **Auditive Lerner:** Diese Schüler reden gerne und hören gerne zu. Informationen werden für sie greifbar, indem sie darüber sprechen. Ihre Bilder, Overhead-Folien und Arbeitsblätter sind an Schüler dieses Lerntyps möglicherweise verschwendet, aber dafür sind sie für jede Diskussion zu haben. Um diese Schüler anzusprechen, kann Musik oder eine kleine Debatte wertvolle Dienste leisten. Ihr Gedächtnis funktioniert in erster Linie akustisch: was sie hören, bleibt eher bei ihnen hängen als das, was sie sehen oder fühlen.
- **Kinästhetische oder haptische Lerner:** Diese Schüler erkennen Sie daran, dass sie unruhig auf ihrem Stuhl herumrutschen und immer alles anfassen müssen. Sie können gar nicht anders, als sich zu bewegen, also ist es besser, wenn Sie sie zur Bewegung anleiten. Diese Schüler müssen aktiv mit dem Lernstoff umgehen. Um ihre Aufmerksamkeit zu fesseln, bieten sich Aktivitäten an, bei denen sie Rollenspiele machen, ein Konzept entwickeln oder mit technischen Hilfsmitteln arbeiten, zum Beispiel mit dem Computer.

Nehmen wir folgendes Beispiel:

Meine Sechstklässler betreten das Klassenzimmer. Es ist ein heißer, geradezu drückender Tag. Obwohl die Fenster offen sind, gibt es kaum Luftbewegung.

Heute muss ich eine Unterrichtseinheit über den Amerikanischen Bürgerkrieg anfangen – nicht gerade mein Lieblingsthema. Vielleicht liegt es daran, dass meine eigene Geschichtslehrerin das Thema nicht sehr spannend behandelt hat. Bei dieser Hitze habe ich nicht die geringste Lust zu unterrichten, schon gar nicht so ein schwieriges Thema.

»Okay, Leute«, fange ich an. »Ich weiß, dass euch heiß ist. Mir auch. Aber auch wenn es euch schwer fällt – es wird Zeit, dass wir uns mit dem Amerikanischen Bürgerkrieg beschäftigen. Weiß jemand irgendetwas über diesen Krieg?«

Ich könnte aber auch so anfangen:

Im Hintergrund spielt leise Musik. Ich habe »I Wish I Was in Dixie« aufgelegt, die Hymne der Südstaaten. Die Schüler werfen mir skeptische Blicke zu. Jedem, der hereinkommt, gebe ich einen Becher Wasser, und als der Gong ertönt, schalte ich die Musik aus und sage: »Ich möchte, dass ihr im Klassenzimmer herumlauft und euch die Plakate und Erinnerungsstücke aus der Zeit des Bürgerkriegs anschaut. Uns ist heute allen sehr heiß, aber denkt daran, dass die Soldaten, die in diesem Krieg gekämpft haben, schwere Uniformen trugen und ständig der sengenden Sonne ausgesetzt waren.

Wer von euch hat ›Vom Winde verweht‹ gesehen? Ein großartiger Film, nicht zuletzt dank

Rhett Butler. Erinnert ihr euch, wie viel Blutvergießen es darin gab? Ich hoffe, ihr könnt alle Blut sehen. Es war nämlich ein ausgesprochen blutiger Krieg!«

Mit dem zweiten Szenario werde ich sehr viel eher die Aufmerksamkeit der Schüler fesseln können, und zwar aus mehreren Gründen. Erstens löse ich durch die Musik und mit der Erwähnung von Blut und Rhett Butler Emotionen aus. Zweitens spreche ich die Schüler über mehrere Sinne an. Sobald die Schüler das Klassenzimmer betreten, gehen sie umher, hören Musik und schauen sich um. Und schließlich stelle ich eine Verbindung zwischen ihrer aktuellen Erfahrung eines unangenehm heißen Tages und jenen Menschen her, mit denen wir uns auseinandersetzen werden. Indem ich ihnen Wasser gebe, stille ich ein körperliches Bedürfnis und signalisiere, dass ich verstehe, wie sie sich fühlen und dass wir im selben Boot sitzen.

Schüler, die einem bestimmten Lerntyp angehören, erreicht man am besten über ihren bevorzugten Lernstil.

Beziehungen

Ein solches Gemeinschaftsgefühl kann ich als Lehrerin nur herstellen, wenn ich mir Zeit genommen habe, eine Beziehung zu jedem Einzelnen aufzubauen. Darin liegt der Schlüssel zum Lernen, in jeder Situation und mit Menschen jeden Alters. Unsere Beziehungen zueinander bilden den Bezugsrahmen, anhand dessen wir unseren Lernfortschritt feststellen und die Nützlichkeit des Gelernten einschätzen (Goleman, Boyatzis und McKee 2002). Unabhängig vom Kontext spielen beim Aufbau von Beziehungen vier Bereiche der emotionalen Intelligenz eine Rolle: Selbstbewusstsein, Selbstmanagement, soziales Gespür und Beziehungsmanagement. Bei den ersten beiden geht es um Selbstkompetenz, bei den letzten beiden um Sozialkompetenz:

- **Selbstkompetenz:** Nur wer die eigenen Gefühle wahrnehmen kann, kann die anderen Kompetenzen erwerben. Wenn sich unsere Schüler über ihre Gefühle im Klaren sind, dann können sie (unter Anleitung) lernen, mit diesen Gefühlen umzugehen. In der Regel gehen wir davon aus, dass unsere Schüler bei der Einschulung über diese Fähigkeiten verfügen, aber oft ist es ratsam, sie in unser Repertoire aufzunehmen, da sie das Lehren und Lernen deutlich erleichtern.
- **Sozialkompetenz:** Eine entscheidende Kompetenz in diesem Bereich ist die Empathie. Die Fähigkeit, die Gefühle anderer wahrzunehmen, ihre Sichtweise zu verstehen und Anteilnahme zu zeigen, begünstigt den Aufbau tragfähiger Beziehungen zwischen Lehrer und Schülern sowie der Schüler untereinander. Der Bereich Beziehungsmanagement umfasst den Umgang mit Konflikten, die Beeinflussung anderer und die Pflege von Beziehungen.

Das Engagement, mit dem wir unsere Arbeit tun, kommt unmittelbar von Emotionen wie unserer Begeisterung für die Sache, von der Befriedigung, die wir aus dem Gelernten ziehen, oder von der Freude darüber, mit anderen zusammenzuarbeiten. Jeder dieser Motivationsfaktoren aktiviert den linken präfrontalen Kortex, bei dem dadurch viele Neurotransmitter ankommen, die unsere Stimmung heben. Gleichzeitig schwächen die Schaltkreise des präfrontalen Kortex Gefühle der Frustration ab, die sich negativ auf den Lernprozess auswirken könnten (Goleman, Boyatzis und McKee 2002).

Verbindendes entdecken

Um Beziehungen zu Schülern aufzubauen, muss man Dinge finden, die man mit ihnen gemeinsam hat. Je stärker die Schüler das Gefühl haben, dass sie Ihnen und den Mitschülern gleichen, desto einfacher lassen sich Beziehungen aufbauen, die dem Lernen förderlich sind. Eine Methode, die ich zu diesem Zweck häufig einsetze, habe ich von einer Lehrerin in der Mittelstufe abgeschaut.

Finde jemanden, der ...		
einen Hund hat	braune Augen hat	lieber Pepsi als Coke trinkt
MTV guckt	viel liest	gerne Schokoladenkuchen isst
Rot als Lieblingsfarbe hat	Hörbücher mag	M&Ms für gute Schokolade hält
Schach spielen kann	Computer mag	lieber Gold als Silber mag
ein rotes Fahrrad hat	zwei Schwestern hat	Höhenangst hat
viel reist	gerne Musik hört	gerne Joggen geht
Golf spielt	Dame spielt	einen Bruder hat

Abb. 3: Kennenlernspiel

Es handelt sich um ein etwas ungewöhnliches Kennenlernspiel (siehe Abb. 3). Jeder Schüler erhält ein Blatt Papier, das in Kästchen aufgeteilt ist. Diese Kästchen sollen sie von Klassenkameraden unterschreiben lassen, die das jeweilige Kriterium erfüllen. Die Schüler gehen also von einem zum anderen und fragen, wer zum Beispiel gerne Schokoladenkuchen isst oder ein rotes Fahrrad hat. Dabei ist es verboten, die Tabelle irgendjemandem unter die Nase zu halten und zu sagen: »Unterschreib einfach irgendwo.« Sie müssen den Mitschülern konkrete Fragen stellen, die sich aus dem Blatt ergeben. Jeder, der seine Tabelle voll hat, setzt sich auf seinen Platz. Wenn alle sitzen, gehe ich die Liste durch und bitte alle Schüler, auf die eine bestimmte Aussage zutrifft, sich zu melden. Sie können sich also umschauen und sehen, was sie mit anderen Schülern verbindet. Beim ersten Mal enthält die Tabelle ausschließlich Aussagen, die auf mich zutreffen. So sehen die Schüler schnell, was sie mit mir gemeinsam haben. Einige Wochen später, wenn ich mehr über die Schüler weiß, teile ich ein zweites Blatt aus. Dieses Mal sehen die Schüler, wie viele Klassenkameraden etwas mit ihnen gemeinsam haben und ihre Interessen teilen.

Empathie und soziale Kategorien

Giannetti und Sagarese (2001) haben die Cliquenbildung an Schulen erforscht. Sie teilen Schüler in vier soziale Kategorien ein. Die auffälligste stellen vermutlich die *Beliebten* dar, Schüler, die attraktiv oder sportlich sind oder aus wohlhabenden Familien stammen. Sie machen etwa 35 Prozent der Schülerschaft aus und geben als Trendsetter vor, was »in« ist. Emotional bestimmend ist in dieser Gruppe die Tatsache, dass ihre Beliebtheit kein Dauerzustand sein muss. Viele dieser Kinder machen sich Sorgen, wie sie ihren sozialen Status sichern können.

Eine weitere Kategorie, in die ungefähr zehn Prozent der Schüler fallen, bezeichnen Giannetti und Sagarese als *Randgruppe*. Diese Schüler sind manchmal mit den Beliebten anzutreffen, werden aber auch oft ausgeschlossen. Ihre soziale Stellung scheint sie ausreichend zufriedenzustellen, sodass sie damit leben können, nicht immer dabei zu sein. Die Folge ist, dass diese Kinder niemals genau wissen, ob sie nun beliebt sind oder nicht. Sie eifern den Beliebten nach und wissen dabei emotional nicht so recht, wo sie hingehören.

Die dritte Kategorie bilden die *Freundeskreise*. Das sind kleine Gruppen von Schülern, die gute Freunde sind. Ihnen ist bewusst, dass sie nicht beliebt sind, aber sie haben ja einander, und das genügt ihnen offenbar. Diese Gruppen machen etwa 45 Prozent der Schülerschaft aus, und die Mitglieder solcher Freundeskreise sind allem Anschein nach ganz glücklich und zufrieden.

Schließlich gibt es noch die *Einzelgänger*, jene zehn Prozent der Kinder, die wenige oder gar keine Freunde haben. Manche Einzelgänger sind begabt, ehrgeizig und ihren Altersgenossen Lichtjahre voraus; andere haben eine geringe Sozialkompetenz, sodass niemand gerne mit ihnen zusammen ist. Diese Schüler wären vielleicht gerne Teil einer Gruppe, werden aber einfach nicht akzeptiert. Manchmal sind solche Kinder über ihren sozialen Status so verbittert, dass sie auf andere losgehen.

Glaubt man diesen Forschern, dann sind nur 45 Prozent unserer Schüler mit ihrer sozialen beziehungsweise emotionalen Rolle in der Schule glücklich. Im Lichte von Tragödien wie dem Amoklauf an der Columbine High School erscheint es wichtiger denn je, dass wir die Sozialstruktur unserer Schule aufmerksam wahrnehmen. Ein guter Ort, um die Cliquenbildung zu studieren, ist die Schulmensa. Beobachtet man, mit wem Schüler an einem Tisch sitzen wollen oder nicht, so kann man daraus die soziale Schichtung an der Schule ablesen. Für das Aufbauen tragfähiger Beziehungen ist es notwendig, dass alle Schüler miteinander reden können, dass sie Unterschiede akzeptieren und die Talente anderer anerkennen. Eine wichtige Rolle kommt dabei der Empathie zu.

Meine neun Jahre alte Katze Sheltie ist so schwer krank, dass ich sie vom Tierarzt einschläfern lassen muss. Ich richte es so ein, dass ich sie gleich morgens in der Früh hinbringen kann, da ich in der ersten Stunde Bibliotheksaufsicht habe. Nach diesem schweren Gang fahre ich zurück in die Schule. Ich gehe kurz im Sekretariat vorbei und gebe Bescheid, dass ich zurück bin. Meine Augen sind ganz verheult, aber ich weiß, dass ich meine Gefühle im Klassenzimmer unter Kontrolle habe.

Eine Kollegin drückt ihr Mitgefühl aus und erinnert mich dann: »Lassen Sie die Kinder Ihre Tränen nicht sehen!«

Ich nicke und gehe gedankenverloren den Flur entlang. Als ich an der Bibliothekstür angekommen bin, fühle ich mich unendlich traurig und ein wenig verärgert über die Worte meiner Kollegin. Warum soll ich meine Gefühle verstecken? Würden meine Schüler nicht denken, ich wäre herzlos, wenn mich das gar nicht mitnähme? Und war das nicht eine hervorragende Gelegenheit, den Kindern Empathie beizubringen?

Ich trete ein, und sofort sind alle Augen auf mich gerichtet.

Ein Mädchen sagt: »Sie sind ja doch da!«

Eine andere fragt: »Sind Sie krank?«

»Nein«, antworte ich. »Ich habe nur etwas sehr Trauriges erlebt.« Ich erkläre, warum ich zu spät gekommen bin.

»Meine Katze musste auch eingeschläfert werden, Mrs. Sprenger«, sagt Nancy. »Das war wirklich schlimm.«

»Das glaube ich dir gerne.«

»Ist doch nur ein dummes Tier«, meldet sich Brett zu Wort.

Ich schaue Brett an, und alle Schüler schauen mich an. »Hast du jemals ein Haustier gehabt?«, frage ich ihn.

»Ja, wir haben einen Hund. Er schläft bei mir im Zimmer«, erzählt Brett.

Unter den Schülern entspinnt sich eine Diskussion über Tod und Verlust. Brett hört still zu, bis der Gong das Gespräch beendet. Auf dem Weg zur Tür kommt er bei mir vorbei und sagt: »Tut mir leid, Mrs. Sprenger, ich habe nicht richtig darüber nachgedacht, wie sich das anfühlen muss. Mich würde das auch mitnehmen, genau wie Sie.«

Jener Tag markierte den Beginn von zwei Lektionen. Erstens konnten die Schüler sich in mich hineinversetzen und verstehen, wie ich mich fühlte. Zweitens gestanden sie mir meine Gefühle zu und sahen, dass ich mit ihnen umgehen konnte. »Damit sich Kinder in der Schule gut zurechtfinden«, so Comer (2003, S. 11), »müssen sie eine emotionale Beziehung zu ihren Lehrern aufbauen und erleben, dass die Erwachsenen in ihrem Umfeld gesunde soziale Beziehungen zueinander pflegen.«

Über persönliche Beziehungen zu den Schülern kann man ihre Aufmerksamkeit und ihre Motivation beeinflussen.

»Wozu muss ich das denn wissen?«

Wie oft haben wir diese Frage schon gehört? Das Problem der Relevanz bringt uns zurück zu der Art und Weise, wie das Gehirn Dinge lernt und abruft. Das Gehirn ist stets auf der Suche nach bekannten Mustern. Auf der Suche nach einem passenden Muster werden neue Informationen mit den Inhalten des Langzeitgedächtnisses abgeglichen. Wenn Sie zum Beispiel Abb. 4 anschauen, sieht Ihr Gehirn ein Quadrat. Aber ist da wirklich ein Quadrat abgebildet?

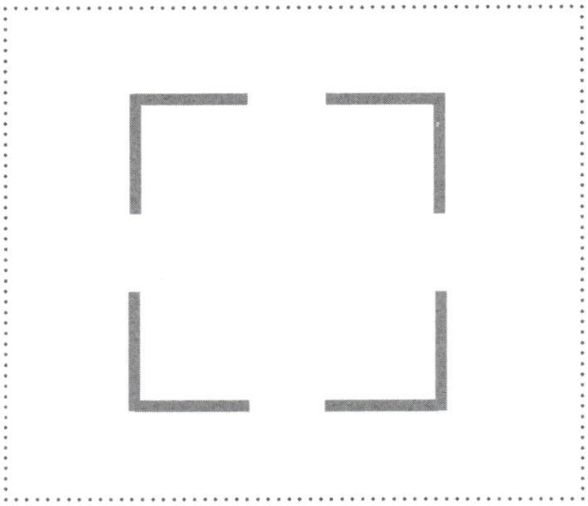

Abb. 4: Die Suche nach einem bekannten Muster

Nein, aber in Ihrem Gehirn gibt es ein Muster für Quadrate, und mit diesem Muster bringt Ihr Gehirn das Bild in Verbindung. Was fehlt, wird einfach ergänzt (Jensen 2001).

Wenn wir unseren Schülern Informationen vermitteln, dann versuchen ihre Gehirne, Verbindungen zu bereits gespeicherten Informationen herzustellen. Gibt es keinerlei Verbindungen, so werden die Informationen schnell wieder vergessen. Das Prinzip der Relevanz bedeutet, dass wir bei unseren Schülern Assoziationen auslösen müssen, die mit ihrem eigenen Leben zu tun haben.

Ein Blick auf die Vorgaben und Lernziele in den Bildungsplänen zeigt, dass das alles andere als eine leichte Aufgabe ist. Aus der Forschung wissen wir, dass sich die Leistung von Schülern verbessert, wenn man ihnen Kriterien, Vorbilder und Beispiele an die Hand gibt, die veranschaulichen, was von ihnen erwartet wird (Schmoker 1999).

Diese Orientierung des Unterrichts an den Schülern kann man auch mithilfe von projektorientiertem oder entdeckendem Lernen erreichen. Solche Lernaktivitäten zielen auf die Fähigkeit ab, Informationen zu verarbeiten, und führen zu echten Einsichten. Wenn es uns gelingt, unsere Schüler zu erreichen, indem wir Fragen behandeln, die für ihr Leben von Belang sind, dann erhöhen wir die Chancen, dass die Informationen Eingang in den Gedächtnisprozess finden.

Betrachten wir dazu zwei Unterrichtsszenarien. Thema der Stunde ist die Expedition von Lewis und Clark, die erste amerikanische Expedition über Land zum Pazifik und zurück (1804–1806). Welches der beiden folgenden Szenarien würden Ihre Schüler eher als ansprechend empfinden?

1. Szenario

Die Schüler von Mrs. Owen betreten das Klassenzimmer. Sie setzen sich sofort hin und holen ihre Hefte hervor. Die Schüler kennen das Thema der Stunde, weil Mrs. Owen es auf eine Overhead-Folie geschrieben hat.

Gleich nach dem Gong beginnt Mrs. Owen, verbal Informationen zu vermitteln (sprich: zu dozieren). Einige Schüler schreiben fieberhaft mit. Andere verlieren bald die Konzentration und lassen den Blick schweifen. Mrs. Owen hat ein paar Plakate mit Bildern aufgehängt, auf denen Stationen der Expedition dargestellt sind. Vielleicht lernen einige ihrer Schüler etwas vom Anschauen dieser Bilder.

2. Szenario

Die Schüler von Mrs. Owen betreten das Klassenzimmer. Auf dem Overhead-Projektor liegt das Bild einer riesigen Mücke. Unter dem Bild steht: »Du bist ein(e) Teilnehmer(in) an der Expedition von Lewis und Clark. Was dich unterwegs am meisten plagt, sind die Mücken. Sie sind überall. Manchmal kann man kaum einatmen, ohne eine Mücke zu verschlucken! Finde heraus, was deine Expedition gegen dieses Problem tun kann. Vergleiche das Ergebnis mit dem, was wir heute tun würden.«

Den Schülern stehen Plakate, Bücher und ein Computer mit Internetanschluss zur Verfügung. Sie werden in Gruppen eingeteilt und machen sich an die Arbeit.

Im zweiten Szenario lernen die Schüler von Mrs. Owen sehr viel mehr als den Umgang mit Mücken. Der Zugang über ein Problem, unter dem jeder sich etwas vorstellen kann, ist eine Einladung, mehr über dieses geschichtliche Ereignis zu lernen. Im Lauf ihrer Recherchen über das Mückenproblem lernen die Schüler den Verlauf der gesamten Expedition kennen.

Um die Relevanz des Themas zu verdeutlichen, ließ Mrs. Owen ihre Schüler außerdem ein Mengendiagramm erstellen, mit dem sie vergleichen sollten, was Lewis und Clark mit auf ihre Expedition nahmen und was ihre Familie mit auf eine solche Reise nehmen würde (Abb. 5).

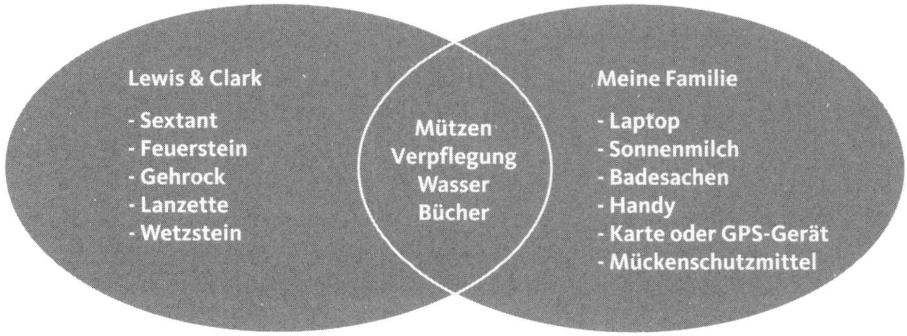

Abb. 5: Mengendiagramm, mit dessen Hilfe man das Nachdenken der Schüler über Gemeinsamkeiten und Unterschiede strukturieren kann

Wenn wir aufzeigen, inwiefern ein Thema für das Leben unserer Schüler relevant ist, können sie sofort Verbindungen zu ihrem Vorwissen herstellen. Problemorientiertes Lernen bedeutet entdeckendes Lernen, das von einem praktischen Problem ausgeht. Im Rahmen des Lernprozesses kreisen die Schüler das Problem ein und versuchen dann, eine Lösung dafür zu finden. Bei dieser Lernmethode sind die Ergebnisse nicht vorgegeben. Die Probleme sollten denen ähneln, mit denen ein Spezialist auf diesem Gebiet im wirklichen Leben konfrontiert ist (Wiggins und McTighe 1998).

Relevanz, Beziehungen und das wirkliche Leben

Unsere Schüler sind sehr unterschiedlich, und viele von ihnen können mit unseren Zielen und Maßstäben wenig anfangen. Bei Schülern aus sozial schwachen Familien sind möglicherweise nicht einmal die Grundbedürfnisse gestillt. Es gehört nicht gerade zu ihren obersten Prioritäten, flüssig zu lesen, die Unterschiede verschiedener Regierungsformen zu kennen oder Theorien zu verstehen, die erklären, wie Lebewesen gebaut sind, wie sie sich anpassen und verändern. Und doch ist es unsere Aufgabe, Schülern dabei zu helfen, diese Anforderungen zu erfüllen. Am besten können wir sie beim Lernen unterstützen, wenn wir ihnen dabei helfen, Verbindungen zwischen unseren Zielen und ihrem Leben herzustellen. Das ist kein leichtes Unterfangen.

Nehmen wir als Beispiel einen deutschen Rahmenlehrplan: den für Politische Bildung in der 5. und 6. Klasse für Berlin und Brandenburg. Als übergeordnetes Ziel findet sich: »Die Schülerinnen und Schüler sollen sich ihrer privaten und öffentlichen Rechte bewusst werden.« Eine konkrete Anforderung ist dann: »die demokratische Mehrheitsregel erläutern und in der Schule anwenden«. Die für Schüler relevante Frage lautet möglicherweise: Ist es richtig, dass die Mehrheitsregel für die meisten Entscheidungen in der Schule nicht gilt?

Manchmal schreibe ich ein Beispiel wie dieses an die Tafel, damit die Schüler sehen, was das Unterrichtsziel ist. Wenn die Frage »Wozu muss ich das wissen?« auftaucht, dann deute ich einfach nur auf die Tafel.

Wichtig ist immer die Einbettung der Lerninhalte in einen Kontext, also die Frage, wie die Schüler wissen und verstehen können, um welche Konzepte es uns geht. Lassen Sie sie ihre eigenen Geschichten erzählen. Diese Geschichten enthalten Vorwissen, können anderen Schülern als Aufhänger zu den neuen Informationen dienen und fesseln ihre Aufmerksamkeit. Wenn Sie den Schülern erlauben, ihre eigenen Geschichten einzubringen, entstehen dadurch Beziehungen zwischen den Schülern untereinander und zwischen Ihnen und dem Erzähler. Selbst wenn die Geschichte für den Stoff kaum relevant ist – oft sind es Ihre Beziehungen zu den Schülern, die dafür sorgen, dass sie weiterhin motiviert sind.

> Unsere Schüler behalten in Erinnerung, was einen Bezug zu ihrem eigenen Leben hat.

Ein neuer Ansatz

Jeder Lehrer hat seine eigenen Methoden, seine Schüler zu erreichen, und oft weiß man instinktiv, dass es an der Zeit ist, etwas Neues auszuprobieren. Neues spricht das Gehirn besonders an. Vielleicht erinnern Sie sich daran, wie das aufsteigende retikuläre Aktivierungssystem die Informationen filtert, die auf uns einströmen. Sobald es etwas Ungewöhnliches entdeckt, schüttet es Noradrenalin aus, um das Gehirn wachzurütteln. Tritt etwas wiederholt auf, dann gewöhnt sich das Gehirn daran, und die Neuartigkeit ist dahin (Ratey 2001). Hier ein paar Ideen, wie Sie Ihren Unterricht mit etwas Neuem bereichern können:

- Wählen Sie als Einstieg eine skurrile Tatsache, die zum Thema passt. (»Wusstet ihr, dass Abraham Lincoln lieber Fliege als Krawatte trug?«)
- Arbeiten Sie mit Accessoires. (Tragen Sie eine Fliege.)
- Hängen Sie etwas an die Lampe oder den Overhead-Projektor. (Eine Fliege vielleicht?)
- Setzen Sie eine Pfeife ein oder einen anderen Ton, der für Ihre Schüler ungewohnt ist.
- Spielen Sie den Schülern zum Thema passende Musik vor.
- Erstellen Sie eine PowerPoint-Präsentation mit Animationen.

Vom sensorischen ins Kurzzeitgedächtnis

Aus der Kognitionsforschung wissen wir, dass Aufmerksamkeit, Beziehungen, Relevanz, Lernstile und Gefühle eine wichtige Rolle spielen, um unsere Schüler zu erreichen. Wenn wir es schaffen, Informationen vom sensorischen Gedächtnis ins Kurzzeitgedächtnis zu bekommen, dann ist das der erste Schritt auf dem Weg zur langfristigen Speicherung. Bereiten wir uns mental auf eine Aufgabe vor, so aktivieren wir unseren präfrontalen Kortex, jenes Hirnareal, das für das abstrakte Denken zuständig ist. Diese Vorbereitung sorgt dafür, dass wir mehr Leistung bringen als ohne diese Voraktivierung (Carter u.a. 2000).

Denkanstöße

- Achten Sie auf störende Einflüsse, die Schüler ablenken könnten. Beispielsweise sind akustische Lerner besonders lärmempfindlich. Wenn es nicht möglich ist, einen lauten Ventilator zu reparieren, dann sorgen Sie dafür, dass lärmempfindliche Schüler möglichst weit von ihm entfernt sitzen.
- Denken Sie über die extrinsischen Motivationsfaktoren nach, die Sie derzeit einsetzen. Manche mögen angemessen und notwendig sein, aber vielleicht untergraben andere das natürliche Lernbedürfnis Ihrer Schüler?
- Diskutieren Sie mit Ihren Kollegen, wie man den Schülern die Bedeutung von Unterrichtsinhalten besser vor Augen führen könnte. Wie können Sie ihnen vermitteln, dass diese Inhalte notwendig sind? Können Sie sie interessanter präsentieren? Gibt es Möglichkeiten für fächerübergreifende Projekte, die die Relevanz des Stoffes für die Schüler erhöhen?
- Nehmen Sie das Lernklima in Ihrem Klassenzimmer unter die Lupe. Erfüllen Sie die Bedürfnisse Ihrer Schüler? Kommen sie gut mit Ihnen und den Mitschülern zurecht? Können Sie etwas tun, um die Situation zu verbessern?

2. Schritt: Reflektieren

Reflektieren ist kein Luxus, sondern eine Notwendigkeit.

Wenn wir über unsere Erlebnisse nachdenken und sprechen, dann hilft uns das nicht nur, die Vergangenheit besser zu verstehen, sondern es erhöht auch die Wahrscheinlichkeit, dass wir uns später daran erinnern.

Daniel Schacter, *Aussetzer: Wie wir vergessen und uns erinnern*

»Das ist reine Zeitverschwendung!«

Ich blicke auf und sehe zu meiner Überraschung, dass es eine meiner guten Schülerinnen ist, die das gesagt hat. Patti schreibt bei Klassenarbeiten meistens eine Zwei. Ich glaube, dass sie Einsen schaffen könnte, aber es scheint da eine kleine Barriere zu geben, sodass sie nicht alles abrufen kann, was sie aufgenommen hat. Bei ihr gibt es fast immer einen Aha-Effekt. Ich kann es an ihrem Gesicht ablesen, und manchmal spricht sie auch über ihre Gefühle. So wie heute.

»Alles, worum ich euch gebeten habe, ist, euch ein paar Minuten hinzusetzen und aufzuschreiben, was ihr bis jetzt gelernt habt und wofür ihr das brauchen könnt«, sage ich.

Sie schaut mich mit einem frustrierten Blick an. »Ja, schon. Aber Mrs. Sprenger, ich komme gerade erst rein in dieses Thema, und ich will jetzt keine Pause machen und über diesen Quatsch nachdenken.«

»Vertrau mir, Patti. Ich bin fest davon überzeugt, dass du dich auf diese Weise viel besser an das erinnern wirst, was du gelernt hast.«

»Also sollen wir jetzt die Gruppenarbeit unterbrechen, unsere Lerntagebücher rausholen und die Fragen ›Wozu das? Wie weiter?‹ beantworten. Wozu soll das gut sein? Ich hätte nie gedacht, dass mich alternative Energieformen interessieren könnten, aber es macht tatsächlich Spaß. Das ist, als käme mitten im Film ein Werbeblock!«

Mittlerweile haben noch einige andere Schüler aufgehört zu schreiben. Sie nicken zustimmend, und einer schaltet sich ein: »Patti hat recht. Ist das nicht pure Zeitverschwendung?«

»Hört mal. Ich möchte diese Methode mit euch ausprobieren, weil ich das bei einem meiner Professoren an der Uni machen musste, und ich konnte mir den Stoff dadurch viel besser merken. Ich glaube, dass ihr mit dieser Methode viel mehr behalten könnt. Einen Versuch ist es wert, finde ich, also tut bitte, was ich euch gesagt habe.« Damit wende ich mich wieder meinem eigenen Lerntagebuch zu.

Das Gespräch lenkt meine Gedanken in eine andere Richtung. Unter der Überschrift »Und jetzt? Wie weiter?« schreibe ich auf: »Vielleicht war das doch keine so gute Idee. Dass es bei mir funktioniert, heißt ja nicht, dass es auch bei Kindern funktionieren muss. Oder lasse ich mich nur von ihnen irre machen? Die Forschung sagt, das Gehirn braucht Zeit zum Nachdenken. Ich hoffe, es wird funktionieren!«

Einige Wochen später kommt Patti etwas verlegen zu mir ins Büro.

»Mrs. Sprenger? Schauen Sie sich das an«, sagt sie. Sie zeigt mir eine Klassenarbeit, nicht aus meinem Fach, sondern aus dem Mathematikunterricht. Eine große, rote Eins steht darauf.

Darunter hat der Lehrer geschrieben: »Deine beste Arbeit, Patti. An deinen Lösungswegen kann man ablesen, dass du intensiv an deinen Problemlösefähigkeiten gearbeitet hast. Mach weiter so!«

»Gratuliere!«, sage ich.

»Ja, aber ich hab ein bisschen ein schlechtes Gewissen, weil ich Sie so genervt habe wegen des Lerntagebuchs. Sie wissen schon, das mit den ›Und jetzt? Wie weiter?‹-Seiten«, sagt sie, immer noch verlegen.

»Willst du mir damit sagen, es hat funktioniert?«, frage ich überrascht.

»Mir ist aufgefallen, dass viel mehr hängen geblieben ist, Mrs. Sprenger. Also hab ich es auch in den anderen Fächern so gemacht. Statt der vielen Zweier, die ich immer schreibe, bekomme ich jetzt oft Einsen. Ich glaube, ich muss einfach mehr über den Lernstoff nachdenken. Ich wollte Ihnen nur sagen, dass manche dieser Gehirntechniken, von denen Sie immer reden, tatsächlich funktionieren!«

Ich danke ihr und lächle ihr hinterher, während sie sich auf den Weg in die nächste Stunde macht. Ich schlage mein Tagebuch auf und fange eine neue »Und jetzt? Wie weiter?«-Seite an. Ich notiere nur ein Wort: »Hurra!«

Reflektieren ist nicht einfach nur der zweite Schritt auf dem Weg zur dauerhaften Speicherung von Informationen. Während des gesamten Lernprozesses bedarf es immer wieder der Reflexion. Es empfiehlt sich, nach jedem Schritt über das Gelernte nachzudenken: Nach dem Rekodieren, nach dem Verstärken und nach jeder Übung. Ich sage zu meinen Schülern immer, dass Reflektieren eine Form des Übens ist. Wenn sie bewusst über das Gelernte nachdenken, dann sorgen sie dafür, dass es fest im Gedächtnis verankert wird.

> Reflektieren ist der erste Übungsdurchgang.

Eine Zeit zum Schweigen und eine Zeit zum Reden

In mancher Hinsicht gleicht ein Lehrer einem Kabarettisten, denn eines der Geheimnisse guten Unterrichts ist das Timing. Schüler lernen weniger, wenn die Antworten eines Lehrers zu früh kommen (Stahl 1994; Tobin 1987). Nehmen wir uns Zeit, um darüber nachzudenken, in welchen Situationen es für unsere Schüler besser ist, wenn wir schweigen. Schweigen, das zur Reflexion anregt, erhöht die Wahrscheinlichkeit, dass der Stoff Eingang in das Langzeitgedächtnis findet.

Die Fähigkeit, kritisch über eine Lernerfahrung nachzudenken und sie mit Vorwissen zu verknüpfen, ist eine entscheidende Voraussetzung dafür, dass Informationen aus dem Kurzzeitgedächtnis im Arbeitsgedächtnis verarbeitet werden können. Schließlich ist es die Aufgabe des Arbeitsgedächtnisses, eingehende Informationen zwischenzuspeichern, während unser Gehirn das Langzeitgedächtnis nach bekannten

Mustern oder Verbindungen durchforstet. Williamson (1997) zufolge ist die Fähigkeit zum Reflektieren etwas, was sich allmählich entwickelt, und Wellington (1996) beschäftigt sich mit unterschiedlichen Niveaus der Reflexionsfähigkeit. Aus diesen Ansätzen lässt sich ableiten: Wenn wir unseren Schülern beibringen, wie wichtig das Nachdenken über das Gelernte ist, so ist das der erste Schritt, damit dieses Reflektieren zur *Gewohnheit* wird.

Der größte Feind aller Lehrer, so scheint es, ist die Zeit. Wir haben nicht genug Zeit, um den gesamten Lehrplan abzudecken. Wir haben nicht genug Zeit, um die Schüler auf die Abschlussprüfungen vorzubereiten. Wir haben nicht genug Zeit, unsere Schüler individuell zu fördern. Wir haben ja kaum genug Zeit, Mittag zu essen, auf die Toilette zu gehen und unsere E-Mails abzurufen, bevor der Unterricht wieder anfängt!

Wenn wir nicht zwei Dinge gleichzeitig tun, kommt uns das schon vor wie Zeitverschwendung. In der Pädagogik dreht sich alles um die Zeit, um Pausen, um die Wartezeit nach Fragen – und jetzt noch Zeit zum Reflektieren. Nur: Woher sollen wir die nehmen?

Die Antwort ist einfach: Wenn wir uns die Zeit für diese Dinge nicht nehmen, wird der Stoff nicht ins Langzeitgedächtnis gelangen. In diesem Kapitel geht es um die Aufmerksamkeitsspanne, Wartezeit und Zeit zum Reflektieren.

Sich Zeit zu nehmen ist keine Zeitverschwendung.

Die Aufmerksamkeitsspanne

Forscher haben herausgefunden, dass die Aufmerksamkeitsspanne von Schülern in etwa ihrem Alter in Minuten entspricht (DeFina 2003). An einem guten Tag können sich Zehnjährige ungefähr zehn Minuten lang auf einen bestimmten Reiz konzentrieren. In dieser Altersstufe werden Sie bei einer langen Gruppendiskussion feststellen, dass immer mehr Schüler sich anderen Reizen zuwenden. Sie reden mit ihren Nachbarn über etwas anderes, laufen im Klassenzimmer herum oder suchen sich eine andere Beschäftigung. Das ist ganz normal. Wenn unsere Konzentrationsfähigkeit erschöpft ist, dann geht dem Hirnareal, das sich einer bestimmten Aufgabe widmet, die Puste aus; genauer gesagt: die Glukose.

Stellen Sie sich vor, Sie sitzen am Computer und beschäftigen sich mit einer schwierigen Aufgabe. Vielleicht schreiben Sie gerade Zeugnisse, einen Artikel für eine Zeitschrift oder bewerben sich um ein Stipendium. Plötzlich können Sie sich nicht mehr richtig konzentrieren, ihr Kopf ist leer, und Sie können keinen klaren Gedanken fassen. Es ist, als wären Sie gegen eine unsichtbare Mauer gelaufen. Ihr Gehirn ist erschöpft und braucht ein Pause. Also stehen Sie auf und tun etwas anderes. Sie ruhen sich ein paar Minuten aus, holen sich eine Kleinigkeit zu essen oder laufen vielleicht sogar einmal ums Haus. Nach wenigen Minuten fühlen Sie sich wieder besser und können an den Schreibtisch zurückkehren.

Die gleichen physiologischen Prozesse laufen auch bei Ihren Schülern ab. Der Unterschied ist: Ihre Schüler müssen sich an bestimmte Regeln halten. Sie dürfen nicht schwätzen, nicht aufstehen und nichts essen. Daher geben sie Ihnen zunächst subtile Hinweise, aber wenn Sie die wachsende Unruhe und leisen Gespräche ignorieren, dann werden die Symptome ihrer erschöpften Gehirne bald sehr viel weniger subtil sein. Ihre Schüler werden von ihrem Gehirn gedrängt, etwas anderes zu tun und ein anderes Hirnareal zu beanspruchen.

Perry (2000) zufolge muss ein Vortrag sich durch die verschiedenen neuronalen Systeme hindurchschlängeln. Neuronen, so Perry, ermüden innerhalb von vier bis acht Minuten. Damit setzt er die Aufmerksamkeitsspanne etwas niedriger an als das Alter in Minuten. Perry schlägt vor, zu Beginn einer Unterrichtsstunde die Schüler emotional anzusprechen, indem man eine Geschichte erzählt. Darauf folgen die Fakten (also semantische Informationen) und dann das konzeptuelle Verständnis, was zurückverweist auf die Eingangsgeschichte. Folgt man dieser Strategie, dann bleiben die neuronalen Systeme aktiv, ohne dass ihnen ihre gesamte Energie entzogen wird.

Wenn Sie es vermeiden, die Aufmerksamkeitsspanne Ihrer Schüler über Gebühr zu beanspruchen, indem Sie mit unterschiedlichen Reizen arbeiten, haben Sie weniger Disziplinprobleme.

Wartezeit

Langsam ist manchmal schneller.

Mary Budd Rowe, *Wait Time*

In den späten 60er Jahren untersuchte Mary Budd Rowe anhand einer breiten Palette von Unterrichtssituationen, wie Lehrer unterrichteten. Sie stellte fest, dass Lehrer ihren Schülern im Durchschnitt pro Minute zwei bei drei Fragen stellten. Sie ließen nur eine Sekunde verstreichen, ehe sie die Frage wiederholten, umformulierten oder jemand anderen aufriefen. Antworteten die Schüler schnell genug, reagierte der Lehrer im Durchschnitt 0,9 Sekunden später, indem er eine weitere Frage stellte oder auf die Schülerantwort einging (Rowe 1973).

Der Begriff der Wartezeit dürfte den wenigsten von Ihnen neu sein, aber sie spielt eine entscheidende Rolle bei Lernprozessen. Schon ein paar Sekunden, die Sie Ihren Schülern mehr Zeit lassen, können genügen, damit die Schüler Vorwissen aktivieren, die Frage einordnen und eine angemessene Antwort formulieren können.

Mary Budd Rowe zufolge gibt es zwei Wartezeitintervalle. Das erste ist die Zeit, die verstreicht, nachdem der Lehrer eine Frage gestellt und keine Antwort bekommen hat, und, bevor er die Frage umformuliert, nachfragt, einen anderen Schüler aufruft oder die Frage selbst beantwortet. Das zweite Intervall ist die Pause, nachdem der Lehrer eine Antwort erhalten hat und bevor er darauf reagiert. Das erste Intervall ist im Schnitt 0,9 Sekunden kurz, das zweite in der Regel sogar noch kürzer. Wurden diese beiden Intervalle auf mindestens drei Sekunden ausgedehnt, so kam es bei den Schülern zu einer Reihe bemerkenswerter Veränderungen: Die Disziplin wurde besser, die Lehrer stellten weniger und bessere Fragen (die abstrakteres Denken erfordern), und sie stellten generell höhere Erwartungen an die Schüler (Rowe 1986).

Wenn Lehrer auf Schülerantworten warten

- Die Antworten werden länger: Statt einzelner Wörter sagen die Schüler ganze Sätze.
- Die Schüler werden selbstbewusster.
- Die Schüler stellen häufiger eigene Theorien auf.
- Antworten haben seltener einen fragenden Unterton.
- Raten, »Ich weiß nicht« und unangemessene Antworten werden seltener.
- Die Schüler bauen auf den Gedanken ihrer Mitschüler auf.
- Antworten von »langsamen« Schülern werden häufiger.
- Die Interaktion verlagert sich weg von der Schülerbefragung durch den Lehrer und hin zu einer vom Lehrer moderierten Diskussion zwischen den Schülern.
- Die Schüler stellen mehr Fragen.
- Die Schüler machen mehr Vorschläge für weitergehende Recherchen.
- *Die Schüler erzielen bessere Leistungen.*

Abb. 6: Der Einfluss der Wartezeit nach Rowe (1986)

In welchen Situationen kann sich Wartezeit positiv auswirken?

- nachdem man eine Frage gestellt hat und bevor man einen Schüler aufruft
- nachdem ein Schüler geantwortet hat
- nachdem ein Schüler eine Frage gestellt hat und bevor man sie beantwortet
- nachdem man eine weiterführende Frage gestellt hat

Fogarty (1997) schlägt zwei Lehrerreaktionen vor, die Schüler animieren sollen, weiter über eine Idee oder einen Begriff nachzudenken. Die erste lautet: »Was noch?« Mit dieser Frage teilt man den Schülern mit, dass es noch andere richtige Antworten geben könnte und dass sie weiter überlegen sollen. Die andere Antwort lautet: »Genauer!« Damit regt man die Schüler an, sich eingehender mit der Frage zu beschäftigen, nach Details zu fahnden und Informationen miteinander zu verknüpfen.

Schüler brauchen Zeit, um Fragen zu beantworten und Fragen zu stellen.

Andere »Wartezeiten«

Stahl (1994) regt andere Zeiten der Stille an, die er »Zeit zum Nachdenken« nennt. Auf der Grundlage der Forschungen von Mary Budd Rowe und anderen zählt er weitere Situationen auf, in denen Lehrer Wartezeit verstreichen lassen sollten:

- Die *Lehrerpause* ist eine Zeitspanne von mindestens drei Sekunden, in der der Lehrer darüber nachdenken kann, was gerade passiert ist, wie sich die augenblickliche Lage darstellt und was er als Nächstes sagen oder tun sollte.
- In der *bedeutungsschwangeren Pause*, in der der Lehrer mehrere Sekunden oder gar Minuten schweigt, gibt er den Schülern Zeit, die Stille zu registrieren und sich wieder auf das Thema zu konzentrieren.
- Zu einer *Pause während einer Schülerantwort* kommt es, wenn ein Schüler stockt, während er eine Frage beantwortet. Den meisten Lehrern ist eine solche Pause unangenehm, und sie beginnen, dem Schüler zu helfen. Stahl empfiehlt, in solchen Fällen mindestens drei Sekunden zu warten.
- Die *Pause nach einer Schülerantwort* ist eine Stille von mindestens drei Sekunden, die anderen Schülern Gelegenheit gibt, über das Gesagte nachzudenken und darauf zu reagieren.

Soeben habe ich Jonathan aufgerufen. Ich diskutiere mit einer elften Klasse über das Thema Kultur. Es geht um die rein sachliche Frage: »Was ist allen Kulturen gemeinsam?«

»Ich glaube, alle Kulturen ...«, setzt Jonathan an, dann macht er eine Denkpause (Pause während einer Schülerantwort). Vielleicht habe ich ihn auf dem falschen Fuß erwischt, oder er ist es nicht gewohnt, aufgerufen zu werden, ohne dass er sich gemeldet hat. Einige Schüler feixen; andere melden sich, um in die Bresche zu springen. Ich werfe den Lachern einen strafenden Blick zu und wende mich dann wieder Jonathan zu.

»Also, ich bin mir sicher, dass es in jeder Kultur Regeln gibt für das, was richtig und was falsch ist«, fährt er fort. »Unterschiedliche Regeln, aber geben tut es sie überall.«

Ich setze die Kreide an und will den Punkt in unsere Liste aufnehmen. Noch ehe ich angefangen habe, Jonathans Antwort an die Tafel zu schreiben, meldet sich Jeffrey zu Wort. »Jeder Mensch hat sein eigenes Gespür für das, was richtig und was falsch ist«, sagt er. »Wir sollten herausfinden, was jeder hier in der Klasse für akzeptabel hält.«

Ich zögere. Ich brauche Zeit, um zu entscheiden, ob ich die Büchse der Pandora tatsächlich öffnen will (Lehrerpause). Soll ich die Idee aufgreifen und sofort in die Tat umsetzen? Kennen die Schüler mich und ihre Mitschüler gut genug, um ihre ehrliche Meinung zu sagen? Die Schüler scheinen von der Idee begeistert zu sein. »Okay«, sage ich schließlich. »Dann macht jetzt jede und jeder für sich eine Liste, welches Verhalten ihr für inakzeptabel haltet.«

In Anbetracht unserer engen Zeitpläne kommt es uns wie der reinste Luxus vor, uns eine Lehrerpause zu nehmen. Dabei kann es sehr lohnend sein und einer Unterrichtsstunde eine völlig neue Richtung geben, wenn wir uns diese Zeit zum Nachdenken gönnen. Pausen während oder nach einer Schülerantwort machen die wenigstens von uns, und zwar aus zwei Gründen. Erstens wollen wir den betreffenden Schüler nicht bloßstellen. Wenn wir auf Antworten oder Fragen warten, so unsere Befürchtung, bringen wir den Schüler in Verlegenheit. Zweitens sind unsere Schüler so sehr an das gewöhnt, was ich gern Schnellschuss-Antworten nenne, dass wir Angst haben, sie würden sofort abschweifen. Aber vielleicht unterschätzen wir unsere Schüler, wenn wir uns von diesen Sorgen ins Bockshorn jagen lassen.

Na los, warten Sie!

Anfangs ist es Ihnen und Ihren Schülern vielleicht unangenehm, Wartezeit verstreichen zu lassen. Vergessen Sie nicht: Bei einfacheren Fragen ist weniger Wartezeit nötig, bei Fragen mit höherem Abstraktionsniveau hingegen können fünf bis zehn Sekunden angemessen sein. Bei letzteren können Sie davon ausgehen, dass alle Schüler über die Frage nachdenken. Signalisieren Sie Schülern, die antworten wollen, dass Sie sie registriert haben, ohne die Wartezeit zu unterbrechen. Geben Sie Ihren Schülern die Sekunden, die sie brauchen. Falls Ihnen die Stille unangenehm ist, sollten Sie die Sekunden zählen oder den Sekundenzeiger auf Ihrer Armbanduhr verfolgen. Noch besser ist es, wenn Sie mitzählen, an wie vielen Schülergesichtern sie erkennen, dass ihnen ein Licht aufgegangen ist. Wenn Sie Antworten zulassen, dann halten Sie sich mit Kommentaren zurück. Nehmen Sie jeden Beitrag mit einem schlichten »Danke« entgegen, ohne die Schüler zu loben.

Stellen Sie sich vor, Sie durchsuchen Ihr Langzeitgedächtnis nach einem Namen, nach einer Telefonnummer oder nach dem Titel eines Buches. Sie durchforsten alle möglichen Informationen, die in Ihrem Gehirn bestens verstaut sind. Und jetzt stellen Sie sich vor, Ihre Suche würde unterbrochen, weil jemand etwas sagt. Oder, noch besser: Stellen Sie sich vor, jemand reißt sie mit eben jener Antwort aus Ihren Gedanken, nach der Sie gerade fieberhaft gesucht haben. Frustrierend, nicht wahr? Deshalb ist Wartezeit so wichtig. Manche brauchen etwas länger als andere, um Informationen abzurufen.

> Wartezeit gibt Schülern Gelegenheit, ihr Langzeitgedächtnis zu durchsuchen und gleichzeitig neue Informationen zu behalten.

Reflektieren

Wissenschaftler haben die neurokognitiven Prozesse, auf denen Reflexion beruht, mithilfe der Kernspintomografie und der Positronen-Emissions-Tomografie (PET) untersucht. (Letztere ermöglicht festzustellen, wie viel Energie verschiedene Hirnregionen verbrauchen; vgl. Johnson u. a. 2002.) Dabei haben sie gezeigt, dass Reflexion in den Frontallappen des Gehirns stattfindet, also in den am weitesten entwickelten Hirnarealen, die auch für exekutive Funktionen zuständig sind, also Selbststeuerung und zielgerichtetes Handeln. Auch das Arbeitsgedächtnis ist in den Frontallappen beheimatet.

Nach Atkins und Murphy (1993) lässt sich der Reflexionsprozess in drei Phasen einteilen. Die Erkenntnis, dass wir uns nicht wohlfühlen, führt zu einer kritischen Analyse der Situation und schließlich zu einer neuen Perspektive auf diese Situation. Burrows (1995, S. 346) beschreibt den Reflexionsprozess als eine »Erkundung, mit deren Hilfe wir neue Informationen sinnvoll einzuordnen versuchen. Der Prozess der kritischen Reflexion eröffnet neue Perspektiven auf Probleme und zeigt mögliche Konsequenzen auf«.

Eine andere Beschreibung dieses Prozesses liefert Kemmis (1985). Für ihn ist Reflexion ein analytischer Prozess, bei dem wir uns nach innen auf unsere Gedanken und Prozesse konzentrieren und gleichzeitig nach außen auf die Situation, mit der wir uns auseinandersetzen. Boud, Keough und Walker (1985) betrachten das Ganze aus der Sicht des Lernenden. Demnach ist Reflexion eine Kombination verschiedener intellektueller und emotionaler Vorgänge, mit deren Hilfe Schüler ihre Erfahrungen analysieren und dadurch neue Einsichten gewinnen. Für John Dewey (2002, S. 45) heißt Reflexion im besten Sinne des Wortes, »den Inhalt von seinen verschiedenen Aspekten aus betrachten, sodass nichts Wesentliches übersehen wird, wie man einen Stein wenden mag, um die Beschaffenheit der verborgenen Flächen zu sehen oder zu erforschen, was er bedeckt«.

Meinen Schülern erkläre ich immer, dass Reflektieren nicht nur die Chance eröffnet, Querverbindungen zu etwas herzustellen, was sie bereits wissen, sondern auch, die Quelle zu hinterfragen – ob es nun die Lehrerin, das Schulbuch oder irgendeine andere Quelle ist. Ich ermuntere sie, sich zum Kern einer Sache vorzuarbeiten wie ein Detektiv und dabei auch auf ihre Gefühle und Meinungen zu achten.

Zeit zum Reflektieren ist keine Auszeit, und sie hat nichts mit dem zu tun, was Erlauer (2003) als »downtime« bezeichnet – eine Tageszeit, zu der das Gehirn Informationen nicht so gut aufnehmen kann. Reflexion findet in allen Schulstunden und Lektionen statt und ist auf den gesamten Schultag verteilt.

Perkins (1995) unterscheidet drei Intelligenzen: die neuronale Intelligenz, die erfahrungsbezogene Intelligenz und die reflexive Intelligenz. Die erste bezieht sich auf den Beitrag, den die neuronale Effizienz zu intelligentem Verhalten leistet – also darauf, wie gut das Gehirn Verknüpfungen herstellen und aufrechterhalten kann. Die zweite umfasst unsere persönlichen Erfahrungen und das, was diese zu intelligentem Verhalten beisteuern. Wissen, Verstehen und die Einstellung dazu, wie wir unseren Verstand gebrauchen sollten, machen schließlich die Intelligenz aus, die auf Reflexion beruht. Perkins zufolge sind die erfahrungsbezogene und die reflektive Intelligenz erlernbar. Reflexive Intelligenz ist für ihn das Kontrollsystem, das die beiden anderen Intelligenzen überwacht.

Einig sind sich alle diese Forscher darin, dass man Intelligenz lehren kann und muss. Die Frage ist, wie. In ihrem Buch »Connecting the brain to leadership« schreiben Dickman und Blair: »Reflexive Intelligenz kann man als das bewusste Vergleichen von Informationsmustern mit bereits Gelerntem interpretieren, um mögliche Bezüge zu erkennen, die gefährlich oder vielversprechend sind« (S. 96). Dabei unterscheiden sie fünf Bereiche. Reflexion ist nach Dickman und Blair:

- **physiologisch:** Wenn ein Mensch über etwas reflektiert, kann man im Hirnscanner verfolgen, wie das Gehirn regelrecht »aufleuchtet«. Je neuartiger der Gegenstand, über den reflektiert wird, desto mehr Aktivität ist zu beobachten.
- **sozial:** Reflexion fördert soziale Erfahrungen, da das Gehirn Kontakt zu anderen sucht.
- **emotional:** Teil des Reflexionsprozesses ist die Evaluation. Damit etwas der Reflexion wert erachtet wird, müssen Emotionen ins Spiel kommen.
- **kreativ:** Während des Reflexionsprozesses wird Wissen erworben. Dabei können neue Denkmuster entstehen oder alte reaktiviert werden.
- **gewohnheitsbildend:** Diese neuen Denkmuster können zur Gewohnheit werden.

Reflexion ist eine erworbene Gewohnheit.

Die sieben Wege zum reflektierten Lernen

Zugegeben, diese Überschrift ist von Stephen Coveys Buch »Die sieben Wege zur Effektivität« inspiriert. Aber wenn Sie dadurch leichter im Kopf behalten, dass es mindestens sieben Strategien gibt, die bei Ihnen und Ihren Schülern zur Routine werden können, wenn Sie sie nur gezielt und häufig einsetzen, dann hat sie ihren Zweck erfüllt. Uns selbst beim Denken zuzuschauen ist für Costa und Kallick (2000) eine von 16 »geistigen Gewohnheiten«. »Intelligente Menschen«, so Costa und Kallick, »planen, reflektieren und evaluieren ihre eigenen Denkmuster und Denkstrategien« (S. 5).

Wir möchten, dass unsere Schüler sich ihrer Fertigkeiten, Strategien und Erfahrungen bewusst sind. Cohen schreibt dazu in seinem Buch »Educating minds and hearts« (1999, S. 11): »Die Befähigung zur Selbstreflexion auf der einen Seite und die Fähigkeit zu erkennen, was andere denken und fühlen, auf der anderen Seite sind meiner Meinung nach die Grundlage dafür, dass Kinder soziale und emotionale Aspekte des Lebens verstehen lernen, damit umgehen und sie ausdrücken können.«

Erste geistige Gewohnheit: Fragen

Fragen sind der Dreh- und Angelpunkt des Reflektierens. Nach Marzano u.a. (2001), die Fragen entweder als deduktiv oder analytisch bezeichnen, sollten sich die Fragen nicht auf das Ungewöhnliche konzentrieren, sondern auf das Wichtige. Johnson (1995) teilt Fragen in folgende Kategorien ein: Fragen nach der Menge, Fragen, die vergleichen und gegenüberstellen, Fragen, die sich auf Gefühle, Meinungen oder Standpunkte beziehen, »Was wäre, wenn?«-Fragen und »Wie kommt es, dass?«-Fragen.

Außerdem unterscheidet sie aktive von passiven Fragen. Aktive Fragen sind solche, die Schüler selbst stellen; passive Fragen sind solche, die sie beantworten. Im Lauf des Reflexionsprozesses wollen wir, dass sie beides tun: sich Fragen stellen und nach Antworten suchen. Wie wichtig diese Übung ist, kann man gar nicht genug betonen. Doch damit sie für Schüler zur Gewohnheit wird, muss der Lehrer Beispiele für solche Fragen liefern.

Fogarty (1997) spricht von »fetten« und »mageren« Fragen. »Fette« Fragen lösen Diskussionen aus und erfordern Erklärungen mit Beispielen, während bei »mageren« Fragen schlichte Ja/Nein-Antworten genügen. Mit dem Gedanken der essenziellen Fragen setzt sich Jacobs (1997) auseinander. Essenzielle Fragen dienen dazu, die Anforderungen des Lehrplans zu konkretisieren und auf den Unterricht zu übertragen.

Fragen, die zur Reflexion anregen, beginnen oft mit »Warum« oder »Wie«. Wenn Sie Ihre Schüler mit solchen Fragen konfrontieren, dann leiten Sie sie dazu an, sich selbst zu fragen: »Warum weiß ich, was ich weiß?« Beschränken Sie sich dagegen auf Sachfragen wie »Wer?«, »Wann?« oder »Wo?«, so werden sie keine Verbindungen von der Art herstellen, wie sie übergeordnete Fragen auslösen, die zum Nachdenken anregen. Ein Beispiel: Eine Lehrerin erreicht ihre Schüler, indem sie sich als Zahnfee verkleidet. Dann vermittelt sie ihnen verschiedene Fakten und Begriffe über Mundhygiene. Um sie zum Nachdenken über das Gelernte anzuregen, fragt sie: »Wie wirkt sich mein Lächeln auf mein Leben aus?«

Wählen Sie eine Fragetechnik aus und gewöhnen Sie sich an, sie regelmäßig zu benutzen. Falls Sie schon bei der Planung der Unterrichtseinheit das Ende im Sinn hatten, haben Sie sich eine Reihe von essenziellen Fragen aufgeschrieben. Stellen Sie Ihren Schülern eine dieser Fragen, wenn Sie in ein neues Thema einführen, und kommen Sie noch einmal darauf zurück, wenn Sie sie zur Reflexion anleiten. Wenn Sie das oft genug tun, werden die Schüler beginnen, sich selbst weiterführende Fragen auszudenken. Dann ist es ihnen zur Gewohnheit geworden, Fragen zu stellen!

Albert Einstein sagte: »Wichtig ist, dass man nie aufhört zu fragen.«

Zweite geistige Gewohnheit: Visualisieren

Ein Bild sagt mehr als tausend Worte, heißt es im Sprichwort. Schüler, die in der Lage sind, Dinge zu visualisieren, können kurzzeitig sehr viel mehr Informationen auf jenem relativ engen Raum speichern, den wir als Arbeitsgedächtnis bezeichnen. Nach der These von Howard Gardner (1991) besitzen die meisten Menschen auch eine bildlich-räumliche Intelligenz. Wenn man sich diese Intelligenz zunutze machen kann, während man Informationen in anderer Form aufnimmt, dann ist man in der Lage, Informationen auf mehrfache Weise abzuspeichern – eine Fähigkeit, die wir bei allen unseren Schülern fördern sollten. Aufnahmen mit dem PET-Scanner belegen, dass visuelle Informationen die Hirnaktivität in der rechten Hemisphäre stark anregen (Burmark 2002).

Vielleicht erscheint es Ihnen unangemessen, wenn Sie Ihren Schülern unabhängig von ihrem Lerntyp die Fähigkeit abverlangen, Dinge zu visualisieren. Doch meine Erfahrungen mit Mindmaps als Gedächtnisstütze zeigen, dass Visualisierung den unterschiedlichsten Lernern dabei hilft, Informationen später abzurufen.

Es ist interessant zu beobachten, auf welch unterschiedliche Weise Schüler etwas visualisieren. Ich lasse meine Schüler oft das Bild zeichnen, das sie im Kopf erstellt haben. Dann vergleichen wir die Bilder und diskutieren die unterschiedlichen Darstellungen des Stoffs. Bei jüngeren Schülern kann es sogar eine Notwendigkeit sein, die Bilder aufzuzeichnen, die in ihren Köpfen entstanden sind.

Wir alle haben visuelle Schemata oder kognitive Landkarten, die wir regelmäßig benutzen (Armstrong 1993). Diese geistigen Landkarten helfen uns, unsere Ziele zu erreichen. Indem Sie Ihren Schülern Vorbilder vorstellen, die mit ähnlichen Strategien arbeiten, können Sie sie leichter dazu bringen, es selbst einmal auszuprobieren. So wissen viele Sportfans in meinen Klassen, dass Profisportler mit Visualisierungstechniken arbeiten. Zum Beispiel macht sich der Baseballspieler Mark McGwire im Training das Prinzip der Visualisierung zunutze. Er weiß, dass er mithilfe von mentalem Training seine Leistung verbessern kann (Gamon und Bragdon 2001).

Auch Albert Einstein, Charles Darwin und Sigmund Freud nutzten ihr visuelles Vorstellungsvermögen und entwickelten über Bilder ihre Theorien. Beispielsweise stellte Einstein sich vor, wie es sein mochte, auf einem Lichtstrahl zu reiten. Aus diesem Bild entstand schließlich seine Relativitätstheorie.

Führen Sie Ihre Schüler in die Technik der Visualisierung ein, indem Sie sie einige der geistigen Landkarten zu Papier bringen lassen, die sie bereits im Gedächtnis abgespeichert haben. Sie könnten zum Beispiel:

- eine Karte ihres Schulwegs zeichnen
- eine Landkarte von Europa entwerfen
- ein Bild vom Innenleben eines Computers anfertigen
- ein Bild von einer Idee malen, wie zum Beispiel Freiheit
- einen Plan von ihrer Schule oder ihrem Klassenzimmer zeichnen
- Montagsmaler spielen
- sich Symbole für bestimmte Begriffe ausdenken, etwa eine Fackel für Freiheit

Nachdem Sie Ihren Schülern bewusst gemacht haben, dass sie diese geistigen Bilder in ihren Köpfen haben, können Sie sie dazu anregen, ihre Fähigkeit zur Visualisierung zu nutzen, um über neue Informationen zu reflektieren.

Dritte geistige Gewohnheit: Ein Lerntagebuch führen

Von Leonardo da Vinci sind 7 000 Notizbuchseiten erhalten. Er hatte immer ein Notizbuch bei sich. Darin hielt er alles Mögliche fest: Gedanken, Beobachtungen, Witze und Pläne für neue Erfindungen (Gelb 1998).

Lassen Sie Ihre Schüler ein Lerntagebuch führen. Ihre Reflexionen können das Aufschreiben von Fragen, Beobachtungen oder Verbindungslinien zu Vorwissen beinhalten – oder die in der Stunde gewonnene Einsichten. Wenn Sie Ihre Schüler erreicht haben (sprich: wenn diese den Unterricht aufmerksam verfolgt haben), werden sie immer etwas in ihr Lerntagebuch zu schreiben haben.

Neueren Forschungen zufolge vermittelt es uns das Gefühl, die Dinge im Griff zu haben, wenn wir unsere Erlebnisse aufschreiben (Restak 2000). Am Anfang kann es hilfreich sein, wenn Sie einige Musterkonstruktionen vorgeben:

- Ich habe gelernt, dass …
- Ich möchte gerne mehr erfahren über …
- Gefallen hat mir …
- Nicht gefallen hat mir …
- Nicht verstanden habe ich …
- Es hätte mir besser gefallen, wenn …
- Ich hätte es besser verstanden, wenn …

Vierte geistige Gewohnheit: Mit Denkanstößen arbeiten

Lassen Sie Ihren Schülern Zeit, über das Gelernte nachzudenken. Denkansätze gibt es viele. Hier einige Beispiele für Denkanstöße, aber seien Sie kreativ:

- Denk darüber nach, was/wie/warum …
- Versetz dich zurück in die Zeit, als …
- Versetz dich in die Zukunft.
- Versetz dich in jemand anderen hinein. Was würde er/sie darüber denken?
- Denke in Zyklen: Wann ist das schon einmal passiert?
- Denke kreativ: Aus wie vielen verschiedenen Perspektiven kann ich das betrachten?
- Denk dir einen Vergleich oder eine Metapher aus.

Fünfte geistige Gewohnheit: In PMI-Diagrammen denken

Ein PMI-Diagramm ist ein »Graphic Organizer«, eine grafische Darstellung, mit der die Schüler ihre Reflexion strukturieren können. (Beispiele für diesen und andere Graphic Organizer finden Sie in Anhang B ab S. 165)

- Das P steht für »Plus«: Was am soeben Gelernten empfindest du als positiv?
- Das M steht für »Minus«: Gibt es Themen oder Begriffe, die du nicht magst oder nicht verstehst?
- Das I steht für »interessant«: Welche Teile der Stunde waren besonders interessant?

Das PMI-Diagramm kann horizontal oder vertikal angelegt werden. Haben Ihre Schüler das Diagramm mehrmals benutzt, können sie in diesen Kategorien denken. Bei älteren Schülern können Sie statt »interessant« alternativ auch »Implikationen« einsetzen.

Sechste geistige Gewohnheit: Kooperieren

Damit Sie diese Übung mit Erfolg einsetzen können, müssen die Schüler über die Fähigkeiten verfügen, die für kooperatives Lernen nötig sind. Wenn Sie sich, wie im ersten Kapitel beschrieben, darum bemüht haben, Ihre Schüler zu erreichen und die emotionale Intelligenz Ihrer Schüler zu fördern, dann müssten Ihre Schüler in der Lage sein, gemeinsam mit anderen zu reflektieren.

Auf der ASCD-Jahrestagung 2004 hatte ich das Vergnügen, den Vortrag von Margaret Wheatley zum Thema ihres 2002 erschienenen Buches zu hören: »Turning to One Another« (»Sich einander zuwenden«). In der heutigen Gesellschaft, so Margaret Wheatley, versuchen wir, Menschen dazu zu bringen, dass sie im gleichen Tempo arbeiten wie Maschinen. »Uns geht die Zeit zum Denken verloren. Uns geht die Zeit verloren, mit anderen zusammenzusein.« Sie ermunterte die Zuhörer, die Zeit einzufordern, die wir brauchen, um zu reflektieren, zuzuhören und einander zu verstehen. Genau dazu haben unsere Schüler Gelegenheit, wenn sie im Rahmen der Reflexion miteinander zusammenarbeiten.

Johnson, Johnson und Holubec (2005) haben fünf Elemente des kooperativen Lernens herausgearbeitet. Es zeichnet sich dadurch aus, dass die Schüler

1. wissen, dass sie »in einem Boot sitzen«,
2. sich gegenseitig beim Lernen unterstützen und sich über Erfolge gemeinsam freuen,
3. Verantwortung für ihren Beitrag zum Unterricht übernehmen,
4. Teamfähigkeit lernen, zum Beispiel indem sie Konfliktlösungsstrategien entwickeln, und
5. über die Fortschritte der Gruppe und der einzelnen Mitglieder nachdenken.

Die Autoren verweisen darauf, dass die Zusammenarbeit überwacht werden sollte. Tileston (2000) spricht in diesem Zusammenhang von »Sehen beim Gehen«: Der Lehrer sollte sich im Klassenzimmer bewegen und den Schülern über die Schulter sehen, um zu gewährleisten, dass sie bei der Sache bleiben. Das ist zugleich die erste Gelegenheit, zu überprüfen, ob die Schüler alles verstanden haben. Während die Schüler ihre Gedanken austauschen, kommen möglicherweise Missverständnisse ans Licht. In diesem Fall können Sie die Gruppenarbeit entweder unterbrechen oder am Ende der Gruppenreflexion einige Dinge richtigstellen. Abbildung 7 zeigt einen Vorschlag, wie Sie bei einer Gruppenreflexion vorgehen könnten. Abbildung 8 zeigt ein Schema für die Bewertung der Zusammenarbeit.

Reflexion in Kleingruppen

1. Zeigen Sie, was diese Form der Gruppenarbeit beinhalten könnte.
2. Erläutern und trainieren Sie die nötigen sozialen Fähigkeiten.
3. Beginnen Sie mit Zweiergruppen. Gut geeignet ist zum Beispiel die Think-Pair-Share-Methode aus dem Bereich des Kooperativen Lernens. Sorgen Sie auf jeden Fall dafür, dass die Schüler vor der Gruppenarbeit ein wenig Zeit zum Nachdenken haben.
4. Legen Sie fest, wer mit wem zusammenarbeitet. Ich rate grundsätzlich dazu, dass Sie als Lehrer darüber entscheiden sollten, nicht die Schüler. Gehen Sie die verschiedenen Möglichkeiten durch: Zufallsprinzip, möglichst homogene Paare, immer ein Mädchen und ein Junge, usw.
5. Behalten Sie die Uhr im Auge. Manche Schüler kommen besser mit dem Stoff zurecht als andere.
6. Sorgen Sie dafür, dass die Schüler über ihre Arbeit Rechenschaft ablegen müssen. Aber übertreiben Sie es nicht, schließlich geht es um persönliche Gedanken.

Abb. 7: Vorgehen bei Gruppenreflexion

Siebte geistige Gewohnheit: Reflexion über vier Ecken

Diese Variante der Reflexion spricht viele Sinne an. Man kann Bewegung, Musik, Diskussion und Visualisierung integrieren. Und das geht so:

1. Stellen Sie in jede Ecke des Klassenzimmers ein Flipchart und decken Sie dabei zentrale Themengebiete ab.
2. Lassen Sie die Schüler sich auf die Ecken verteilen, das jeweilige Thema diskutieren und ihre Gedanken und Meinungen austauschen.
3. Hängen Sie neben jedem Flipchart ein Blatt Papier auf, damit die Schüler ihre Gedanken festhalten können.
4. Zeigen Sie den Schülern nach fünf Minuten mit Musik oder einer Pfeife an, dass es an der Zeit ist, zur nächsten Ecke weiterzugehen.
5. Lassen Sie jede Gruppe die vorhandene Liste mit ihren Reflexionen ergänzen.
6. Die letzte Gruppe an jeder Station hat die Aufgabe, die Informationen zusammenzufassen.
7. Zum Abschluss folgt eine Diskussion mit der ganzen Gruppe.

	Anfänger 1	Ausbaufähig 2	Versiert 3	Ausgezeichnet 4
Beiträge				
Informationen	Teilt dem Team keinerlei Informationen mit	Teilt sehr wenig Informationen mit – manche davon mit Bezug zum Thema	Teilt ein gewisses Maß an Informationen mit – überwiegend mit Bezug zum Thema	Teilt viele Informationen mit – alle mit Bezug zum Thema
Wertschätzung anderer Sichtweisen				
Zuhören	Spricht ständig – lässt anderen keine Chance	Spricht sehr viel – gibt anderen nur selten eine Chance	Hört gelegentlich zu, spricht aber auch ziemlich viel	Gute Balance zwischen Zuhören und Sprechen
Kooperation	Streitet ständig mit den Partnern	Streitet manchmal	Streitet selten	Streitet nie mit den Partnern

Abb. 8: Raster für die Bewertung von Gruppenarbeit, die der Reflexion dient

Wenn Sie Ihren Schülern Zeit für Reflexion lassen, müssen Sie auswählen: Manchmal gibt der Stoff vor, welche Art der Reflexion angebracht ist. Wenn Sie zum Beispiel eine fächerübergreifende Unterrichtseinheit zum Thema Holocaust durchführen, werden viele Schüler emotional sehr berührt sein. Einige könnten persönlich betroffen sein, und Diskussionen könnten ihnen zu nahe gehen. Also sollten Sie vielleicht eher auf Übungen wie Fragen und Lerntagebucheinträge zurückgreifen, zumindest am Anfang. Eine Unterrichtseinheit zum Thema Wetter könnte dagegen ideal für eine Reflexion über vier Ecken sein, weil sie in jeder Ecke eine andere Wetterlage behandeln können.

Erwachsene reflektieren automatisch über das Gelernte. Kindern und Jugendlichen hilft das strukturierte Reflektieren mithilfe der hier vorgeschlagenen Übungen, an Vorwissen anzuknüpfen und die neuen Informationen im Kopf zu ordnen.

Reflexion bei Lehrern

Auch für Lehrer ist es wichtig, Zeit für Reflexion zu haben beziehungsweise sich Zeit dafür zu nehmen. Die Autoren eines Buches zum Thema »lernende Schulen« (Senge u. a. 2000) behandeln drei verschiedene Komponenten der Reflexion:

- **Zurückschauen:** Hinterfragen Sie Ihren Unterricht. Ist es Ihnen gelungen, die entscheidenden Punkte rüberzubringen? Sind Ihre Erwartungen realistisch? Stellen Sie Ihre Annahmen und Schlussfolgerungen infrage.
- **Über den Tellerrand hinausschauen:** Hat jemand dieses Thema schon einmal auf andere Weise behandelt? Halten Sie die Augen offen und verfolgen Sie Trends, Forschungsergebnisse und Methoden zu ihrer Umsetzung.
- **Nach vorne schauen:** Entwerfen Sie auf der Grundlage unterschiedlicher Annahmen verschiedene Szenarien. Stellen Sie sich vor, wie Sie und Ihre Schüler mit dem jeweiligen Szenario zurechtkämen.

Für Stronge (2002) ist Reflexion eine Frage der Professionalität. Untersuchungen zum Thema Reflexion haben unter anderem gezeigt, dass es für einen effektiven Unterricht keinen Unterschied macht, ob der Lehrer sein Tun nach bestimmten Regeln reflektiert oder formlos, dass Schüler, die gute Leistungen erzielen, Lehrer haben, die Reflexion über ihre Arbeit als wichtigen Bestandteil der Optimierung ihres Unterrichts betrachten, und dass reflektierende Lehrer hohe Erwartungen an ihre Schüler haben.

> Lehrer, die ihr Tun selbst reflektieren und das auch vorleben, haben ein besseres Verständnis von der Reflexionsfähigkeit ihrer Schüler und stellen höhere Erwartungen an sie.

Reflexion als Form der Leistungsüberprüfung

Die hier vorgestellten Reflexionsübungen sind informelle Leistungsüberprüfungen. Sammeln Sie möglichst viele Informationen, während Ihre Schüler reflektieren und Sie »beim Gehen sehen«. Die Gedanken Ihrer Schüler zeigen Ihnen an, ob sie bereit sind für den nächsten Schritt der Informationsverarbeitung, das Rekodieren. Sie können auch das folgende Schema benutzen (Abb. 9), um anhand der sieben Gewohnheiten festzustellen, ob Ihre Schüler in der Lage sind, Verknüpfungen herzustellen.

Reflexionsform	1	2	3	4	Punktezahl
	Schüler(in) hat	Schüler(in) hat	Schüler(in) hat	Schüler(in) hat	
Fragen	keine Fragen beantwortet oder gestellt	Fragen gestellt oder beantwortet, die keinen Bezug zum Thema haben	eine Frage mit Themenbezug beantwortet/ gestellt	mehrere Fragen mit Themenbezug beantwortet/ gestellt	

Visualisierung	kein Bild	ein Bild ohne Bezug zum Thema	eine Zeichnung	kann das Bild vor seinem/ihrem geistigen Auge beschreiben	
Lerntagebuch	nichts oder wenig geschrieben	nichts mit Themenbezug geschrieben	wiederholt, was im Unterricht bereits gesagt wurde	Bezüge zwischen Vorwissen und dem neuen Stoff hergestellt	
Denkanstöße	Denkanstoß nicht aufgenommen	Gedanken ohne Themenbezug formuliert	den Denkanstoß aufgegriffen	den Denkanstoß aufgegriffen und weitergedacht	
PMI-Diagramm	kein Diagramm erstellt	ein Diagramm mit unvollständigen Informationen erstellt	ein vollständiges Diagramm erstellt	ein vollständiges Diagramm im Kopf erstellt	
Kooperation	sich nicht beteiligt	sich kaum beteiligt	sich kurz in die Diskussion eingeschaltet	in der Diskussion gezeigt, dass er/sie den Stoff im Griff hat	
Vier Ecken	sich nicht beteiligt, nichts aufgeschrieben	sich kaum beteiligt, wenig aufgeschrieben	sich durchaus beteiligt und einiges aufgeschrieben	in der Diskussion und durch Aufzeichnungen gezeigt, dass er/sie den Stoff im Griff hat	
Schüler, die 3 oder 4 Punkte erreichen, sind bereit für den 3. Schritt: Rekodieren					

Abb. 9: Bewertungsschema für Reflexionsübungen

Meine Schüler sollen lernen, einen Aufsatz über Gemeinsamkeiten und Unterschiede zu schreiben. Ich habe mein Minnie-Maus-Kostüm an, und die Schüler kichern, als sie ins Klassenzimmer hereinkommen. Vom Overhead-Projektor baumeln ein Donald Duck und eine Micky Maus aus Stoff. Während ich erkläre, wie man Gemeinsamkeiten und Unterschiede festhält, vergleichen wir Micky und Donald. Das ist für meine Schüler eine sehr leichte Aufgabe, aber ich habe sie bewusst gewählt. Ich möchte, dass sich ihr Arbeitsgedächtnis auf die sprachlichen Mittel konzentriert, und da wäre es abträglich, wenn sie angestrengt nach Ähnlichkeiten und Unterschieden suchen müssten.

Wir bringen den Aufsatz erfolgreich zu Ende. Die Neuartigkeit der Übung und die Tatsache, dass ich die Schüler emotional angesprochen habe, haben es mir erleichtert, sie zu erreichen. Es war eine kurze Übung, sodass ich ihre Aufmerksamkeitsspanne nicht überdehnt habe. Die Gemeinsamkeiten habe ich mit einem roten Folienstift festgehalten, die Unterschiede mit einem grünen. Offenbar haben die Farben manche der Schüler angesprochen.

Zeit, zu reflektieren. Ich verwende Übung 2: Visualisierung. »Ich möchte, dass ihr euch vor eurem geistigen Auge zwei andere Figuren vorstellt, die ihr aufgrund ihrer äußeren Eigenschaften vergleichen könnt. Stellt sie euch bildlich vor und macht euch im Kopf eine Liste der Gemeinsamkeiten und Unterschiede.« Ich lasse den Schülern fünf Minuten Zeit zum Nachdenken. Die meisten von ihnen scheinen Verknüpfungen herzustellen. Manche nicken, andere lachen. Andere blicken sehr ernst drein. Einige wenige Schüler haben offenbar nicht begriffen, worum es geht.

»Reflektieren wir noch ein bisschen weiter und schauen wir uns das Ganze konkret an. Nehmt ein Blatt Papier und zeichnet die beiden Gestalten, die ihr euch vorgestellt habt. Beschriftet euer Bild mit Pfeilen, während ihr die äußeren Eigenschaften vergleicht.«

Alle Schüler machen sich eifrig ans Werk. Auch jene Schüler, die unfähig schienen, etwas vor ihrem geistigen Auge zu visualisieren, oder die Stunde einfach nicht verstanden hatten, wenden den Stoff jetzt praktisch an. Das gibt mir Gelegenheit, im Zimmer umherzugehen und zu überprüfen, ob wir noch einen weiteren gemeinsamen Aufsatz schreiben sollten oder ob die Schüler so weit sind, den nächsten allein anzufertigen.

Lernstil, Gemütsverfassung und Unterrichtsstoff können den Reflexionsprozess beeinflussen. Machen Sie sich darauf gefasst, dass Sie eventuell die Reflexionsübung wechseln müssen.

Das Nachdenken über Informationen im Arbeitsgedächtnis

Belmont, Butterfield und Ferretti (zitiert in Perkins 1995) haben Studien gesichtet, in denen Schülern mit Lernbehinderung Lernstrategien beigebracht wurden. Dabei haben sie festgestellt, dass die Schüler Gedächtnisstrategien auf andere Situationen und Umstände übertragen konnten, *wenn ihnen neben den Gedächtnisstrategien auch beigebracht wurde, den eigenen Lernerfolg zu überwachen.* Das geschah mithilfe von Fragen, die sie sich selbst stellen sollten.

Über unser eigenes Denken nachzudenken ist eine wichtige Voraussetzung für lebenslanges Lernen. Reflexionsübungen führen uns zu einem besseren Verständnis, wie unser Gehirn funktioniert. Schüler müssen Techniken lernen, ihr Denken zu planen, zu überwachen und zu evaluieren. Dadurch lernen sie, ihr Denken und ihr Verhalten bewusst zu steuern. Das Wissen darüber, wie wir denken und warum wir denken, wie wir denken, bezeichnet man als *Metakognition*. Metakognition versetzt uns in die Lage, Denkstrategien auf neue Situationen zu übertragen.

Bisher haben wir uns damit beschäftigt, wie man Schüler über ihr sensorisches Gedächtnis und ihr Kurzzeitgedächtnis erreicht. Nun verarbeiten sie die neuen Fakten und Begriffe in ihrem Arbeitsgedächtnis. Während sie sich mit dem neuen Stoff auseinandersetzen, versuchen sie, Verknüpfungen zu bereits Gelerntem herzustellen.

Denkanstöße

- Manche Schüler sind empfänglicher für Reflexion an einem konkreten Beispiel, das heißt, sie müssen sich praktisch mit einer Sache auseinandersetzen, um sie zu verstehen. Stellen Sie sich darauf ein, dass Sie eventuell kurzfristig Ihre Strategie ändern müssen, wenn mit einer Reflexionsübung nicht alle Schüler etwas anfangen können.
- Da der Schwerpunkt in den meisten Schulen auf Stoffvermittlung und Prüfungen liegt, kommt Ihnen Reflexion vielleicht wie ein Luxus vor, den Sie sich im Schulalltag nicht leisten können. Vergessen Sie nicht, dass dieser Schritt den entscheidenden Unterschied ausmachen kann, damit Gedächtnisinhalte abrufbar sind. Es ist der erste Schritt, sich die Informationen zu eigen zu machen.
- Manche Schüler neigen dazu, zu intensiv über bestimmte Themen und Situationen nachzudenken. Deshalb ist bei solchen Übungen ein klarer Zeitrahmen wichtig. Andere finden möglicherweise keinen Zugang zum Stoff und können deshalb nicht gut darüber reflektieren. Wenn Sie diesen Schülern zu viel Zeit einräumen, fangen sie an, andere zu stören.
- Egal, welche Übung Sie einsetzen, um Ihre Schüler anzuregen, über den Stoff nachzudenken – das Entscheidende ist, dass Sie dem Gehirn Zeit einräumen, um Assoziationen herzustellen.

3. Schritt: Rekodieren

An selbst generierte Inhalte kann man sich leichter erinnern.

Wirklich wissen tut man etwas erst dann, wenn man es schriftlich ausdrücken kann.
S. I. Hayakawa, *Sprache im Denken und Handeln*

In einer Woche beginnt das neue Schuljahr. Zeit für meinen »Filmmarathon«. Ich besorge mir inspirierende Filme wie »Der Club der toten Dichter«, »Être et avoir«, »Rhythm Is It!« und »Dangerous Minds – Wilde Gedanken«. Solche Filme inspirieren mich für die Aufgaben, die vor mir liegen. Allzu leicht lässt man sich zu Beginn des Schuljahrs von Papierkram, Hitze, neuen Lehrplänen und neuen Vorschriften ablenken.

Ich schaue gerade »Dangerous Minds« an, als ich plötzlich einen Geistesblitz habe. Mir dämmert, was ich bisher vernachlässigt habe und was ich mit meinen Schülern tun sollte, um ihre Gedächtnisleistung zu verbessern. Während LouAnne Johnson, die Lehrerin im Film, ihre Schüler in die Gedichtanalyse einführt, sagt sie: »Die Sprache von Gedichten ist verschlüsselt. Ihr müsst den Code knacken.«

Unsere Schüler versuchen ständig, irgendeinen Code zu knacken, sei es der Code des Lehrbuchs, der Code eines Lehrervortrags, der Code eines Films oder der Code einer Internetseite. Die Sprache ist von Medium zu Medium sehr unterschiedlich. Und das Sprachverständnis von Schülern variiert je nach ihrem familiären Hintergrund.

Es kommt mir so vor, als hätte ich eine Art Fixiermittel für das Gedächtnis entdeckt. Wenn meine Schüler »den Code knacken« und die Informationen in ihre eigene Sprache übertragen können, dann werden sie den Stoff nicht nur besser verstehen, sondern auch besser *behalten*.

Was bedeutet »Rekodieren«?

»Rekodieren« ist die Fähigkeit, Informationen aus unterschiedlichen Quellen in der eigenen Sprache auszudrücken. Das kann auf symbolischem Weg geschehen, zum Beispiel, indem man ein Bild malt oder den Stoff in Bewegungen übersetzt. Allerdings sollten wir nicht vergessen, dass in Prüfungen von unseren Schülern verlangt wird, das Gelernte sprachlich zu reproduzieren. Im Lauf dieses Prozesses aus sieben Schritten sollten sie den Informationen daher zu irgendeinem Zeitpunkt mit Papier und Stift zu Leibe rücken.

Levine (2002) ist der Auffassung, dass bei manchen Schülern, die Schwierigkeiten haben, Informationen zu rekodieren, das Problem im Kurzzeitgedächtnis begründet liegt. Er definiert »rekodieren« als die Fähigkeit, zusammenzufassen und zu paraphrasieren. Nach Levine sollten wir unsere Schüler dazu anhalten, ihre stärkste Lernmethode einzusetzen, um mit diesem Problem fertig zu werden.

Ich dagegen halte es mit Samuel Ichiye Hayakawa, den ich zu Beginn dieses Kapitels zitiert habe: Wenn Schüler in der Lage sind, das Gelernte schriftlich festzuhalten, dann wissen wir, dass sie den Stoff intus haben. Wenn sie zum ersten Mal mit neuen Begriffen konfrontiert sind, tun sich manche Schüler unter Umständen schwer, sie schriftlich wiederzugeben, und brauchen eine andere Ausdrucksform. Erfolgreicher Unterricht bedarf daher der Differenzierung – wir müssen die Schüler dort abholen, wo sie stehen, und ihnen Möglichkeiten anbieten, die sie fordern, ohne sie zu überfordern (Tomlinson 1999).

Wenn es uns ernst ist mit der Differenzierung, dann sollten wir den Schülern im Rahmen des Rekodierungsprozesses Wahlmöglichkeiten eröffnen. Haben sie gezeigt, dass sie den Stoff durchdrungen haben, so sollten wir sie ermutigen, es mit einem anderen Medium zu versuchen (Sprenger 2003). Da es im Unterricht meist um Grundlagen geht, die in schriftlichen Tests abgeprüft werden, sollten wir unsere Schüler dazu anhalten, ja darauf bestehen, dass sie die für sie passenden semantischen Zugänge zu ihrem Gedächtnis nutzen.

Selbst generierte Inhalte kann man leichter abrufen.

Wozu rekodieren?

Ich halte vor 1400 Zuhörern einen Vortrag über das Gedächtnis. Mein erster Satz lautet: »Wenn Sie etwas Gutes über Ihr Gedächtnis sagen können, dann stehen Sie bitte auf.« Ein Dutzend Leute erheben sich.

»Wenn Sie öfter mal Ihre Schlüssel verlegen, dann heben Sie bitte die Hand«, sage ich als Nächstes. Diesmal heben alle die Hand.

»Wie viele von Ihnen haben zu Hause oder im Büro einen bestimmten Ort, wo Sie immer die Schüssel hinlegen?« Wieder melden sich alle. »Außer wenn Sie sie woanders hinlegen.« Damit ernte ich zustimmendes Gelächter.

»Glauben Sie mir, ich war mehr als einmal kurz davor, eine Astrologin anzurufen, um diese verflixten Schlüssel wiederzufinden«, gestehe ich meinem Publikum. »Aber die Gedächtnisforschung hat einen Trost für uns bereit. Die Sache ist nämlich die: Eine Information, die man nicht abgespeichert hat, kann man auch nicht abrufen. Wenn Ihre Schlüssel also nicht da liegen, wo sie eigentlich sein müssten, dann liegt das daran, dass Sie so viel im Kopf haben, dass Sie nicht aufgepasst haben, wo Sie sie hingelegt haben. Sie haben sich nicht an die Routine gehalten, der Sie normalerweise folgen. Deshalb hilft es häufig, die Schritte im Kopf noch einmal durchzugehen.«

Die meisten Gedächtnisexperten (zum Beispiel Small 2004) sind der Auffassung, dass der Schlüssel zu einem guten Gedächtnis in der Organisation liegt. Ob Informationen erfolgreich gespeichert und abgerufen werden können oder nicht, hängt demnach in erster Linie davon ab, ob sie effektiv und systematisch nach Gruppen, Mustern oder anderen Kriterien geordnet sind.

In meinen Seminaren pflege ich diese Hypothese auf den Prüfstand zu stellen, indem ich den Teilnehmern eine Liste mit ungefähr zehn Wörtern vorlese. Bevor sie die Wörter aufschreiben, an die sie sich erinnern können, lenke ich die Teilnehmer einige Sekunden lang ab. Aufgrund des Primär- und des Rezenzeffektes, wonach wir uns an Wörter vom Anfang und vom Ende besser erinnern als an die in der Mitte, schaffen es die wenigsten, alle Wörter aufzuschreiben. Wenn ich ihnen dann die Kategorie vorlese, in die die Wörter passen könnten, stellen sie oft die Verbindung her, und die Wörter fallen ihnen wieder ein (Abb. 10). Auf diese Weise führe ich den Teilnehmern vor Augen, wie wichtig es ist, ihren Schülern Möglichkeiten aufzuzeigen, wie sie Informationen strukturieren können.

Apfel	Auto	Birne	Eichhörnchen	Flugzeug
Geranie	Hammer	Kamel	Kirsche	Lilie
Löwe	Orange	Rose	Säge	Schiff
Schraubenschlüssel	Tulpe	Zange	Zebra	Zug
Obst	**Tiere**	**Blumen**	**Verkehrsmittel**	**Werkzeuge**
Apfel	Eichhörnchen	Rose	Auto	Hammer
Birne	Kamel	Lilie	Zug	Schraubenschlüssel
Orange	Zebra	Tulpe	Flugzeug	Zange
Kirsche	Löwe	Geranie	Schiff	Säge

Abb. 10: Wie man sich 20 Wörter merken kann, indem man sie in Kategorien einteilt

Engle, Kane und Tuholski (1999) zufolge schneiden Testpersonen, deren Arbeitsgedächtnis eine besonders hohe Speicherkapazität hat, bei standardisierten Intelligenztests, Aufnahmeprüfungen an Universitäten und Tests zum Leseverstehen besser ab als andere. Eine Untersuchung am Social Cognitive Laboratory der North Carolina State University belegt eindeutig, dass Schreiben sich generell positiv auf das Arbeitsgedächtnis auswirkt. Die Probanden wurden in drei Gruppen eingeteilt. Eine Gruppe schrieb über ein positives Erlebnis, eine über ein negatives Erlebnis und die dritte über ihren Alltag. In allen drei Gruppen verbesserte sich die Kapazität des Arbeitsgedächtnisses (Klein und Boals 2001).

Andere Forschungsergebnisse untermauern den positiven Effekt selbst generierter Inhalte. Bruning, Schraw und Ronning (1999) haben gezeigt, dass sich die Gedächtnisleistung von Schülern verbessert, wenn sie den Stoff in einen selbst erdachten Kontext einbetten. Studien zum Selbstgenerierungseffekt (Rabinowitz und Craik 1986) kommen durchgängig zum Ergebnis, dass Schüler besser abschneiden, wenn sie Bedeutung selbst erzeugen müssen.

Wenn wir uns den Gedächtnisprozess noch einmal vor Augen führen, wird schnell deutlich, warum es sinnvoll ist, dass Schüler Bedeutung selbst generieren. Die Schüler erarbeiten sich ihr eigenes Verständnis, und zu diesem Zweck nehmen sie die expliziten semantischen Informationen und kodieren sie auf ihre eigene Weise. Dadurch wird der Prozess um implizite Gedächtnisinhalte bereichert. Wo immer es zu echtem Verstehen kommt, sind Gefühle im Spiel. Der Rekodierungsprozess wird manchmal eine Bewegungskomponente, vielleicht auch eine prozedurale Komponente umfassen. All das erhöht die Chancen, dass der Stoff ins Langzeitgedächtnis gelangt.

Eine wichtige Rolle im Rahmen der Rekodierung von Sachinformationen kommt der Strukturierung der Inhalte zu. Unser Gehirn ordnet die Informationen, aber wenn wir diesen Prozess nicht bewusst steuern, dann kann es hinterher schwierig sein, die Informationen abzurufen. Der Rekodierungsprozess eröffnet den Schülern die Gelegenheit, Gedanken, Fakten und Begriffe so zu strukturieren, dass es einerseits der Art und Weise entspricht, wie ihr Gehirn denkt, und andererseits den spezifischen Charakteristika des Stoffes gerecht wird.

Handelt es sich um Informationen, die auf immer gleiche Weise abgerufen werden und die kein eigenes Begriffssystem voraussetzen, dann sieht der Strukturierungsprozess möglicherweise ganz anders aus. Wenn wir zum Beispiel das Einmaleins lernen, dann wird von uns erwartet, dass wir ganz automatisch und auf die immer gleiche Weise darauf zurückgreifen können. Aber obwohl wir die Zahlenreihen auswendig lernen, ist es von entscheidender Bedeutung, dass wir das zugrunde liegende Konzept verstehen.

Manche Schüler haben Schwierigkeiten damit, den Stoff zu strukturieren. Vielleicht fällt es ihnen schwer, das nötige Material zu finden, ihre Zeit einzuteilen, komplexe Aufgaben zu bewältigen, Prioritäten zu setzen oder ihre Gedanken zu ordnen (Levine 2003). Im Verlauf des Rekodierens lernen sie Strategien, gedankliche Modelle oder Schemata, die sie auf viele andere Situationen übertragen können.

Bewusstes Lernen setzt voraus, den Stoff bewusst zu strukturieren.

Was wird rekodiert?

Informationen, die wir wahrgenommen und die wir reflektiert haben, können rekodiert werden. Dabei kann es sich um Sachwissen, konzeptuelles Wissen oder prozedurales Wissen handeln. Beim Studium des Buches »A taxonomy for learning, teaching, and assessing« (Anderson u.a. 2001), einer Überarbeitung der Taxonomie von Erziehungszielen von Benjamin Bloom, habe ich Folgendes gelernt:

- Rekodieren fällt in jene Kategorie kognitiver Prozesse, bei der es um das Verstehen von konzeptuellem Wissen geht – um die Konstruktion von Bedeutung durch die Entschlüsselung von Lerninhalten.
- Bei prozeduralem Wissen geht es um Prozesse – um das Anwenden, Ausführen oder das Übertragen eines Verfahrens auf eine konkrete Situation.
- Sachwissen fällt in die Kategorie »Erinnern«. Im Rahmen des Rekodierungsprozesses können wir die Einsichten und Erkenntnisse überprüfen, die unsere Schüler aus der Beschäftigung mit dem Stoff gewonnen haben. Manchmal kann man so auch die Bedeutung des Stoffs für die Schüler herausfinden.

Wie rekodiert man Sachwissen?

Beispiele für Sachwissen sind Fachbegriffe und Details. Dabei handelt es sich um Informationen, die mehr oder weniger in der gleichen Form abgespeichert werden müssen, in der sie vermittelt wurden. Diese Informationen können eine wichtige Grundlage für konzeptuelles und prozedurales Lernen darstellen. Oder, wie Sternberg, Grigorenko und Jarvin (2001) es ausdrücken: »Man kann das eigene Wissen weder analysieren (analytisches Denken) noch davon ausgehend weiterdenken (kreatives Denken) noch dieses Wissen anwenden (praktisches Denken), wenn man nichts weiß« (S. 48).

Um solche Informationen zu rekodieren, können verschiedene Prozesse nötig sein. Manchen Schülern hilft es vielleicht, die Informationen mehrmals aufzuschreiben, etwa wenn es um ungewöhnliche Schreibweisen von Wörtern geht. Andere müssen sie mündlich wiederholen. Wieder anderen hilft es, wenn sie sich Symbole, Lieder oder Bewegungen dazu ausdenken.

Ein Beispiel für Sachwissen sind Vokabeln. Studien haben gezeigt, dass man Vokabeln am besten durch Frontalunterricht vermitteln kann. Damit die Schüler neue Wörter im Kontext besser verstehen, müssen sie vorher eingeführt werden. Außerdem werden Wörter Untersuchungen zufolge am besten gelernt, wenn sie mit einem Bild assoziiert werden (Marzano, Pickering und Pollack 2001). So könnten Sie vorgehen:

1. Greifen Sie einige Wörter heraus, die für das Verstehen des Textes entscheidend sind.
2. Führen Sie diese Wörter und ihre Bedeutung ein, indem Sie sie mit einem Bild verknüpfen.

3. Lassen Sie die Schüler über diese Bedeutungen und Bilder reflektieren.
4. Fordern Sie die Schüler auf, sich zu jedem Wort ein eigenes Bild auszudenken, das sie mit dem betreffenden Wort assoziieren können.

Sachwissen ist die Grundlage für konzeptuelles Verständnis.

Wie rekodiert man konzeptuelles Wissen?

Sieben kognitive Prozesse unterstützen die Konstruktion von Bedeutung durch die Entschlüsselung didaktischer Botschaften (Anderson u.a. 2001). Auf diese Prozesse müssen wir zurückgreifen, wenn wir erreichen wollen, dass unsere Schüler das Gelernte nicht nur abrufen können, sondern auch zum Transfer in der Lage sind und die Informationen in unerwarteten Situationen anwenden können. Die Prozesse sind:

- Interpretieren
- Veranschaulichen
- Klassifizieren
- Inhaltsangabe erstellen
- Schlussfolgerungen ziehen
- Vergleichen
- Erklären

Zahlreiche Studien belegen, dass die Anwendung dieser Strategien bei vielen Schülern zu besseren Leistungen führt. Man kann diese Strategien sowohl im Rahmen des Rekodierens als auch im Zuge der Übungsphase einsetzen.

Interpretieren

Im Grunde bedeutet Rekodieren nichts anderes als Interpretieren, also Informationen von einer Form in eine andere zu übertragen. Jedes Mal, wenn unsere Schüler sich bei einem Lehrervortrag Notizen machen, dann interpretieren sie unsere Worte – es sei denn, sie schreiben ganze Sätze Wort für Wort mit.

Interpretieren lässt sich in die Kategorien Paraphrasieren, Präzisieren und Übersetzen einteilen. Paraphrasieren

- heißt, eine Passage eines mündlichen oder schriftlichen Texts mit eigenen Worten wiederzugeben;
- verändert den Wortlaut der Passage, bewahrt und transportiert jedoch den Inhalt des Originals; und
- muss auf die ursprüngliche Quelle zurückverweisen.

Viele Schüler profitieren von gezielten Interpretationsübungen (Olivier und Bowler 1996). Die Form solcher Übungen kann sehr unterschiedlich sein. Die Schüler können eine berühmte Rede mit eigenen Worten wiedergeben, eine Illustration der Mitose anfertigen, eine Textaufgabe in eine mathematische Gleichung umformulieren oder sich einen Tanz ausdenken, der die Gefühle der Pilgerväter oder der Indianer widerspiegelt. Das Ziel ist, unsere Schüler darauf vorzubereiten, ihre Interpretationen in anderen Situationen anzuwenden, denn genau das wird im richtigen Leben und in standardisierten Tests von ihnen verlangt.

Stiggins (2001) empfiehlt Interpretationsübungen zur Leistungsüberprüfung: Legen Sie den Schülern einen kurzen Text, eine Tabelle oder ein Diagramm vor und stellen Sie ihnen eine Reihe von Fragen, die eine Interpretation der Vorlage erfordern.

Veranschaulichen

Veranschaulichen ist eine Kommunikationsübung, bei der Bedeutung mithilfe von linguistischen Einheiten erklärt wird, die man *Beispiele* nennt. Was in diesem Zusammenhang ein Beispiel ist, kann man unterschiedlich definieren. Das kann ein Element einer Gruppe sein, ein Muster für eine bestimmte Art, ein ähnlicher Fall, der als Präzedenzfall gelten könnte, oder eine Aufgabe oder eine Übung, mit deren Hilfe ein Prinzip oder ein Konzept erklärt wird.

Vielen Schülern macht es Spaß, nach Beispielen zu suchen. Wenn in Geometrie durchgenommen wird, wie Winkel definiert sind, dann ist es ein beliebter Auftrag, die Kinder im Schulgebäude »Feldforschung« betreiben und nach bestimmten Winkeln suchen zu lassen. So haben die Glasscheiben in den Türen der Schule in der Regel rechte Winkel. Indem sie die gelernten Prinzipien und Konzepte anwenden, finden die Schüler eigene Beispiele.

Kahn (2002) zufolge gehören in eine gute Reihe von Beispielen einfache Beispiele, typische Beispiele und ungewöhnliche Beispiele, ergänzt um einige Ausnahmen. *Einfache* Beispiele erklären sich selbst. *Typische* Beispiele weisen alle Merkmale eines Konzeptes auf, ohne irgendetwas auszulassen. *Ungewöhnliche* Beispiele zeigen, dass ein Schüler »um die Ecke« denken kann und den Stoff wirklich verstanden hat. *Nicht-Beispiele* vertiefen das Verständnis: Wenn ein Schüler weiß, was *kein* Beispiel für ein bestimmtes Konzept ist, hat er eine genaue Vorstellung von diesem Konzept. Oft sind Graphic Organizer nützlich, um etwas zu veranschaulichen (siehe Anhang B, S. 169).

Eine weitere Möglichkeit, etwas zu veranschaulichen, sind Geschichten. Schüler erzählen unheimlich gern Geschichten. Diese können Muster aufweisen, die wichtige Bestandteile eines Prinzips oder Konzeptes anschaulich machen. Geschichten erzählen, so Damasio (2000, S. 229), »ist wahrscheinlich eine Obsession des Gehirns und setzt vermutlich schon relativ früh ein – sowohl in Hinblick auf die Evolution als auch in Hinblick auf die Komplexität der neuronalen Strukturen, die erforderlich sind, um Erzählungen hervorzubringen. Geschichtenerzählen geht der Sprache voraus, denn es

ist eine Vorbedingung der Sprache. Außerdem ist es nicht nur in der Großhirnrinde angesiedelt, sondern auch in anderen Hirngebieten, in der rechten Hemisphäre genauso wie in der linken.« Laut Caine und Caine (1994, S. 122) gibt es »gute Gründe für die Annahme, dass die Strukturierung von Informationen in Form von Geschichten im Gehirn ein natürlicher Prozess ist«. Warum gegen Mutter Natur ankämpfen? Wenn diese Form der Veranschaulichung gut zum Unterrichtsstoff passt, sollten Sie Ihre Schüler dazu ermuntern, den Stoff mithilfe von Geschichten zu rekodieren.
Zur Veranschaulichung ebenfalls gut geeignet sind Bilder. Forscher haben 55 Experimente durchgeführt, um zu vergleichen, wie gut man etwas mithilfe von illustrierten und nicht illustrierten Texten lernt. Das Ergebnis: Abbildungen sorgen für größeres Interesse, mehr Vergnügen und besseres Verständnis. Berechnungen zufolge erzielten Gruppen, die mit illustrierten Texten lernten, 36 Prozent bessere Leistungen als Gruppen, die nur mit Texten lernten (Burmark 2002). Besonders wichtig und nützlich sind Illustrationen für das konzeptuelle Verständnis von visuellen und kinästhetischen Lernern.

Klassifizieren

Um zu erkennen, dass etwas in eine bestimmte Kategorie gehört, muss man verstanden haben, worin die charakteristischen Eigenschaften bestehen. Anderson u.a. (2001) weisen darauf hin, dass Klassifizieren und Veranschaulichen komplementäre Fähigkeiten sind. Wenn man etwas veranschaulichen will, fängt man mit dem allgemeinen Konzept oder Prinzip an und führt den Schülern dann ein spezifisches Beispiel vor Augen. Beim Klassifizieren beginnt man mit dem spezifischen Beispiel und leitet die Schüler dann zum allgemeinen Konzept oder Prinzip.

Klassifizierungsaufgaben können lehrer- oder schülerzentriert sein. Bei *lehrerzentrierten* Aufgaben werden den Schülern sowohl die zu klassifizierenden Elemente als auch die Kategorien vorgegeben, in die sie diese einordnen sollen. Wenn die Schüler die Informationen rekodieren, entscheiden sie lediglich, welches Element in welche Kategorie gehört, und konzentrieren sich dabei auf die Frage nach dem Warum. Bei *schülerzentrierten* Aufgaben müssen die Schüler sich die Kategorien, in die sie die Elemente einordnen, selbst überlegen (Marzano, Pickering und Pollack 2001).

Eine Rekodierungsübung mithilfe schülerzentrierter Klassifizierung könnte zum Beispiel so aussehen:

> Fertige eine Liste von Persönlichkeiten, Politikern und Generälen aus der Zeit des Zweiten Weltkrieges an, die wir im Unterricht besprochen haben. Die Kategorien kannst du beliebig wählen, aber achte darauf, dass sie zu einem unserer Lernziele passen, wie: »Die Schüler verstehen die Schlüsselfiguren des Zweiten Weltkrieges«.

Eine eher lehrerzentrierte Klassifikationsübung könnte ungefähr so aussehen:

> Fertige eine Liste von Persönlichkeiten, Politikern und Generälen aus der Zeit des Zweiten Weltkrieges an, die wir im Unterricht besprochen haben. Zeige, dass du mit Schlüsselfiguren dieser Zeit vertraut bist, indem du folgende Kategorien anwendest: Nationalität, Funktion, wichtiges Ereignis.

Die schülerzentrierte Klassifizierung erfordert kognitive Prozesse auf höherem Abstraktionsniveau, sodass diese Strategie eine gute Möglichkeit darstellt, zu differenzieren. Stellen Sie Schülern, die schwierigere Denkprozesse bewältigen können, eine schülerzentrierte Klassifizierungsaufgabe, und Schülern, die weniger weit sind, eine lehrerzentrierte Aufgabe. Besonders gut geeignet für diese Form der Rekodierung sind Graphic Organizer wie T-Diagramme, Mindmaps und Mengendiagramme (siehe Anhang B, S. 165 ff.).

Kann man beim Klassifizieren auch Fehler machen? Anders ausgedrückt: Sind manche Kategorien besser als andere? Ja, natürlich. Denken Sie an ein weit verbreitetes Problem: Dateinamen am Computer. Bestimmt haben Sie beim Abspeichern eines Dokumentes schon einmal verschiedene Dateinamen überlegt. In dem Moment, in dem Sie die Datei speichern, haben Sie jede Menge Informationen zu diesem Thema in Ihrem Arbeitsgedächtnis – so viele, dass Sie sich absolut sicher sind, die Datei mithilfe des cleveren Dateinamens, den Sie sich ausgedacht haben, problemlos wiederzufinden. Später, wenn Sie die Datei wieder brauchen, suchen und suchen Sie, aber der Name, für den Sie sich entschieden haben, sagt Ihnen nichts mehr. Sehr wahrscheinlich werden Sie mehrere Dateien öffnen müssen, bis Sie finden, was Sie suchen.

Mit unserem Gehirn ist es ganz ähnlich wie mit einem Computer. Wenn die Kategorien und Klassifizierungen nicht eindeutig und aussagekräftig genug sind, haben wir voraussichtlich Schwierigkeiten, die Informationen abzuspeichern und wieder abzurufen (Baddeley 1999).

Auch in Studien, die sich mit dem Erkennen von Gemeinsamkeiten und Unterschieden beschäftigen, spielt Klassifizieren eine Rolle (Marzano u.a. 2001). Schüler, die das Thema Gemeinsamkeiten und Unterschiede im Unterricht behandelt hatten, konnten ihre Lernleistung signifikant verbessern. Sie helfen Ihren Schülern, wenn Sie Klassifizierungsübungen als Rekodierungsstrategie möglichst gut den Bedürfnissen Ihrer Schüler anpassen.

Eine Inhaltsangabe erstellen

Bei dieser Rekodierungsstrategie müssen die Schüler sich von Informationen ein eigenes Bild machen. Studien belegen, dass die Lernleistung dadurch ähnlich deutlich gesteigert werden kann wie durch gut eingeführte Klassifizierungsübungen. Das Anfertigen einer Inhaltsangabe erfordert zwei Schritte: Fehlende Teile müssen ergänzt und Informationen müssen in eine konsolidierte Form überführt werden (Marzano, Pickering und Pollack 2001). Dazu gehört das Herausarbeiten von Kernaussagen und

Leitgedanken, eine Fähigkeit, die in standardisierten Leistungstests häufig abgeprüft wird. Insofern meint Levine zu Recht, dass alle Schüler üben sollten, Inhaltsangaben zu erstellen (Levine 2002, S. 148).

Wenn Schüler einen oder mehrere Texte lesen und in Form einer Inhaltsangabe die wichtigsten Gedanken oder Konzepte zusammenfassen können, dann ist das eine Fähigkeit, die sich in vielen Situationen als nützlich erweisen wird. Dazu müssen sie lernen, dass eine Inhaltsangabe folgende Schritte voraussetzt:

- unwichtige Informationen streichen
- Wiederholungen weglassen
- einzelne Elemente in Kategorien zusammenfassen (z. B. Gold, Silber, Nickel: Metalle)
- einen Einleitungssatz formulieren, der die Informationen zusammenfasst

Beispiel für eine Inhaltsangabe

Ausgangstext

Im Kindesalter sind die Gehirnhälften von Jungen und Mädchen unterschiedlich entwickelt. In der Regel ist bei Mädchen im Kleinkindalter die linke Hemisphäre größer, während bei Jungen die rechte Hemisphäre weiter entwickelt ist. Daraus lassen sich interessante Schlussfolgerungen ziehen. Wie ich bereits erwähnt habe, können Frauen sich erwiesenermaßen besser ausdrücken als Männer. Tatsächlich verfügen Mädchen im Kleinkindalter über einen deutlich größeren Wortschatz als ihre männlichen Altersgenossen. Wenn wir uns noch einmal die Funktionen der beiden Gehirnhälften ansehen, dann ist das vollkommen einleuchtend: Zu den Funktionen der linken Hemisphäre gehört die sprachliche Ausdrucksfähigkeit. Wenn dieser Teil des Gehirns bei Mädchen früher entwickelt ist, dann ist es kein Wunder, dass sie den Jungen bei den kommunikativen Fähigkeiten und beim Wortschatz weit voraus sind. In einer Studie an der University of Buffalo wurde die Entwicklung der Gehirnhälften von Jungen und Mädchen im Säuglingsalter verglichen. Das überraschende Ergebnis: Während Mädchen Sprache mit der linken Hemisphäre aufnahmen und verarbeiteten, benutzten die Jungen dafür die rechte Hemisphäre. Offenbar nutzten sie ihre linke Gehirnhälfte bis zum Alter von neun Monaten nicht. Viele Monate bevor die Jungen überhaupt damit anfingen, hatten die Mädchen in den Sprachzentren bereits jede Menge neuronale Verbindungen geknüpft.

Kürzungen

Im Kindesalter ~~sind die Gehirnhälften von Jungen und Mädchen unterschiedlich entwickelt. In der Regel~~ ist bei Mädchen ~~im Kleinkindalter~~ die linke Hemisphäre größer, während bei Jungen die rechte Hemisphäre weiter entwickelt ist. ~~Daraus lassen sich interessante Schlussfolgerungen ziehen. Wie ich bereits erwähnt habe,~~ können Frauen sich ~~erwiesenermaßen~~ besser ausdrücken als Männer. ~~Tatsächlich~~ verfügen Mädchen im Kleinkindalter über einen deutlich größeren Wortschatz als ihre männlichen Altersgenossen. ~~Wenn wir uns noch einmal die Funktionen der beiden Gehirnhälften ansehen, dann ist das vollkommen einleuch-~~

~~tend: Zu den Funktionen der linken~~ Hemisphäre ~~gehört die~~ sprachliche Ausdrucksfähigkeit. ~~Wenn dieser Teil des Gehirns~~ bei Mädchen früher entwickelt ~~ist, dann ist es kein Wunder, dass~~ sie den Jungen bei den kommunikativen Fähigkeiten und beim Wortschatz weit voraus sind. ~~In einer Studie~~ an der University of Buffalo wurde die Entwicklung der Gehirnhälften von Jungen und Mädchen im Säuglingsalter verglichen. ~~Das überraschende Ergebnis:~~ Während Mädchen Sprache mit der linken Hemisphäre aufnahmen und verarbeiteten, benutzten die Jungen dafür ~~die rechte Hemisphäre. Offenbar nutzten sie ihre linke Gehirnhälfte~~ bis zum Alter von neun Monaten ~~nicht. Viele Monate bevor die Jungen überhaupt damit anfingen, hatten die Mädchen in den Sprachzentren bereits jede Menge neuronale Verbindungen geknüpft.~~

Inhaltsangabe

Die Gehirnentwicklung verläuft bei Jungen und Mädchen unterschiedlich. (Neuer Einleitungssatz.) Beim weiblichen Gehirn ist zu Beginn die linke Hemisphäre größer, in der sprachliche Fähigkeiten beheimatet sind, beim männlichen Gehirn dagegen die rechte. Das könnte der Grund dafür sein, dass Frauen sich häufig besser ausdrücken können, und tatsächlich verfügen weibliche Kleinkinder über einen größeren Wortschatz als Jungen gleichen Alters. An der University of Buffalo wurde die Entwicklung der Gehirnhälften untersucht. Dabei hat man festgestellt, dass Mädchen Sprache mit der linken Hemisphäre aufnehmen und verarbeiten, während Jungen bis zum Alter von neun Monaten die rechte Hemisphäre benutzen.

Damit Ihre Schüler lernen, worauf es bei diesem Verfahren ankommt, könnten sie zum Beispiel in Partner- oder Gruppenarbeit Abschnitte der Rede »Ich habe einen Traum« von Martin Luther King zusammenfassen. Oder Sie lassen sie Überschriften für die einzelnen Abschnitte eines Sachtextes finden. Für die meisten Schüler ist das keine leichte Aufgabe. Je besser sie einen Text kennen und verstehen, desto leichter fällt es ihnen, eine Inhaltsangabe anzufertigen. Unterstützen Sie sie mit Leitfragen, wo notwendig oder hilfreich.

Schlussfolgerungen ziehen

Die Fähigkeit, auf der Grundlage von bekannten Tatsachen weitergehende Schlüsse zu ziehen, findet sich in allen Bildungsplänen. Als Englischlehrerin habe ich die Erfahrung gemacht, dass dieser kognitive Prozess Schülern besonders schwer zu vermitteln ist. Bei literarischen Texten ist das *Thema* die übergreifende Idee, die ein Autor seinen Leser zu vermitteln versucht. Das Thema wird nicht eindeutig genannt, man muss es sich erschließen. Eine hilfreiche Unterscheidung ist meiner Erfahrung nach die zwischen Fakten und Schlussfolgerungen. *Fakten* lassen sich dem Text entnehmen, *Schlussfolgerungen* hingegen sind Interpretationen, die sich nicht zwingend aus dem Text ergeben.

Um Schlussfolgerungen ziehen zu können, müssen Schüler lernen, »zwischen den Zeilen zu lesen«. Als Graphic Organizer für Schlussfolgerungen kann ein Diagramm mit drei Spalten dienen. Die erste Spalte trägt die Überschrift »Fakten« oder »Was ich sicher weiß«, die mittlere heißt »Fragen« oder »Was mir nicht klar ist« und die dritte »Schlussfolgerungen«. In dieser dritten Spalte können Sätze stehen, die mit »vielleicht« oder »wahrscheinlich« anfangen. Es genügt auch eine Tabelle mit zwei Spalten, deren Überschriften »Fakten« (oder »Was ich feststellen kann oder weiß«) und »Schlussfolgerungen« (oder »Meine Interpretation«) lauten. Da Schüler Spaß daran haben, Detektiv zu spielen, eröffnen ihnen solche Schlussfolgerungen einen guten Zugang zu einem Thema.

Zum Auffüllen von Leerstellen im Text empfehlen Marzano u. a. (2001) Fragen wie:

- In welcher Gemütsverfassung ist diese Person?
- Wo findet dieses Ereignis normalerweise statt?
- Wofür wird dieser Gegenstand im Allgemeinen verwendet?

Tovani (2000) rät in seinem Buch »I read it but I don't get it« (Ich lese es, aber ich kapier's es nicht), dass wir unseren Schülern zuerst dabei helfen sollten, zwischen Meinungen und Schlussfolgerungen zu unterscheiden. Auch Meinungen können auf Tatsachen beruhen, aber das muss nicht so sein. Beim Interpretieren eines Textes sind Meinungen nicht ausreichend. Fragen Sie die Schüler, welche Wörter ihnen dabei helfen, Schlussfolgerungen zu ziehen. Definieren Sie folgende Begriffe:

- *Voraussage*: logisch begründbare Annahme, die sich auf Fakten stützt, die vom Text belegt oder widerlegt werden
- *Schlussfolgerung*: logischer Schluss, der sich auf Hinweise im Text und auf Hintergrundinformationen stützt
- *Annahme*: Tatsache oder Aussage, die als gegeben vorausgesetzt wird und zutreffen kann oder nicht
- *Meinung*: Überzeugung oder Schluss, der sich nicht auf Tatsachen stützt, die man beweisen oder als Unsinn entlarven kann

Harvey und Goudvis (2000) empfehlen, mit den Schülern Rate-Pantomime (Scharade) zu spielen, um ihnen beizubringen, wie man Schlussfolgerungen zieht. Auch Übungen, um Körpersprache und Gesichtsausdrücke zu lesen, können in diesem Zusammenhang sinnvoll sein.

Vergleichen

Laut einer Metaanalyse (einer Studie, in der die Ergebnisse mehrerer Studien analysiert wurden) ist das Herausarbeiten von Gemeinsamkeiten und Unterschieden *die Methode schlechthin*, um die Leistungen von Schülern zu verbessern. Die Metastudie erlaubt vier generelle Feststellungen (Marzano 1998):

- Wenn man Schülern explizit beibringt, wie man Gemeinsamkeiten und Unterschiede erkennt, dann verstehen sie den Stoff besser und können ihn besser anwenden.
- Fordert man Schüler auf, selbstständig Gemeinsamkeiten und Unterschiede herauszuarbeiten, so verstehen sie den Stoff besser und können ihn besser anwenden.
- Werden Gemeinsamkeiten und Unterschiede grafisch oder symbolisch dargestellt, so verstehen die Schüler den Stoff besser und können ihn besser anwenden.
- Gemeinsamkeiten und Unterschiede können auf vielfältige Weise herausgearbeitet werden.

Damit sie Dinge effektiv miteinander vergleichen und Gemeinsamkeiten und Unterschiede erkennen können, müssen die Schüler in der Lage sein, die charakteristischen Eigenschaften dieser Dinge wahrzunehmen. Grafisch kann man das am besten mithilfe eines Mengendiagramms darstellen (siehe Anhang B, S. 165). Ich habe meine Schüler immer dazu ermuntert, in solchen Diagrammen zu denken. Die Gemeinsamkeiten werden in die Mitte geschrieben, wo die beiden Kreise sich überlappen, die Unterschiede oder charakteristischen Eigenschaften in die Teile der Kreise, die sich nicht überschneiden.

Auch Metaphern und Analogien helfen Schülern dabei, Vergleiche anzustellen. Beide Strategien bieten die Möglichkeit, einen unbekannten Begriff mit einem bekannten gleichzusetzen. Um meine Schüler in den Gebrauch von Metaphern einzuführen, habe ich immer ein Zitat von Shakespeare benutzt: »Die ganze Welt ist eine Bühne.« Diese Metapher vergleicht zwei sehr unterschiedliche Begriffe: Welt und Bühne. Meine Schüler sollten mithilfe eines Mengendiagramms in Partnerarbeit herausfinden, was beiden Dingen gemeinsam ist und was sie unterscheidet. Am wirkungsvollsten waren Metaphern, die sich die Schüler selbst ausdachten. Dabei bin ich wie folgt vorgegangen:

1. Nimm das Thema, das wir gerade besprechen, und such dir ein zweites Thema aus, das dich interessiert oder über das du viel weißt (z. B. das Wetter und Fußball).
2. Definiere beide Begriffe: Wetter – Zustand der Atmosphäre, Fußballspiel – Mannschaftsspiel von 90 Minuten Dauer.
3. Stelle fest, was beide gemeinsam haben, z. B.: Beide sind immer im Fluss.

Analogien werden meist in der Form »A verhält sich zu B wie C zu D« angegeben. Ein Beispiel für eine Analogie ist: Fisch : schwimmen :: Vogel : fliegen.

Sind Schüler in der Lage, ihre eigenen Analogien zu bilden, dann hilft ihnen die Komplexität der Beziehungen, die betreffenden Begriffe zu verstehen. Es gibt viele verschiedene Typen von Analogien aus allen Sachgebieten:

- Synonyme – Mutter : Mama :: Vater : Papa
- Antonyme – einatmen : ausatmen :: aufstehen : hinsetzen
- Definitionen – Schachtel : rechteckiger Behälter :: Ball : rundes Objekt
- Objekt und Funktion – Füller : schreiben :: Auto : fahren

- Teil und Ganzes – Zunge : Mund :: Kopf : Körper
- Beispiel – Grippe : Krankheit :: Volvo : Auto
- Ort – Paris : Frankreich :: Buch : Bibliothek
- Bestandteil – Haus : Mörtel :: Fahrrad : Schrauben

Studien deuten darauf hin, dass die Fähigkeit eines Kindes, Analogien zu bilden, mit der Kapazität seines Arbeitsgedächtnisses zusammenhängt. Ein besonders interessantes Forschungsergebnis in diesem Bereich lautet, dass bereits sehr junge Kinder Informationen mithilfe von Analogien lernen können (Singer-Freeman 2003).

Durch den Einsatz von Metaphern im Unterricht können Schüler leichter erkennen, was sie nicht verstanden haben. Metaphern und Analogien lenken den Blick auf Bezüge und helfen Schülern dabei, Muster zu erkennen und zu verstehen. Auch Redewendungen und Vergleiche erleichtern es Schülern, Informationen zu strukturieren und Verknüpfungen herzustellen (Richards 2003).

Erklären

Ein wichtiger Bestandteil dieses Verständnisses sind Ursachen und Wirkungen. Beschreibt der Lehrer ein System, so entwickeln die Schüler ein Ursache-Wirkungs-Modell. Dazu müssen sie alle Komponenten des Systems kennen und verstehen, in welcher Beziehung sie zueinander stehen. Ursache-Wirkungs-Beziehungen kann man in Form von Wenn-dann-Aussagen ausdrücken, wie zum Beispiel:

- Wenn man mit einem Grippevirus in Kontakt kommt, kann es sein, dass man an Grippe erkrankt.
- Wenn man beim Autofahren mit dem Handy telefoniert, kann es sein, dass man einen Unfall verursacht.

Den Zusammenhang zwischen Ursache und Wirkung kann man mit Wörtern ausdrücken wie *beeinflussen, verändern, warum, Ursache, Wirkung, als Folge von, wegen, ist der Grund dafür, Konsequenz* oder *verringern.*

Schüler sind von Natur aus neugierig und wollen wissen, warum etwas geschieht. Beim Rekodieren können sie entweder mit der Wirkung anfangen und nach der Ursache suchen, oder sie können mit der Ursache anfangen:

- Peter ist wütend auf Michael. Michael hat Peter angelogen.
- Michael hat Peter angelogen, deshalb ist Peter jetzt wütend.

Ursache-Wirkungs-Beziehungen spielen bei vielen Unterrichtsthemen eine Rolle. Nichts geschieht ohne Grund. Oft stellen wir Fragen, die auf einen Ursache-Wirkungs-Zusammenhang abzielen, ohne ihn so zu benennen:

- Was passiert, wenn man Zitronensaft in ein Glas Milch schüttet?
- Was passiert, wenn man in einer Bibliothek Lärm macht?
- Warum ist es wichtig, dass man vorsichtig Auto fährt?
- Was passiert, wenn man zu viel isst?

Als Graphic Organizer bei Ursache-Wirkungs-Beziehungen kann man ein T-Diagramm verwenden (siehe Anhang B, S. 166). Wenn es mehr als eine Ursache oder mehr als eine Wirkung gibt, hat man mehrere Möglichkeiten.

Indem sie neue Informationen rekodieren, schaffen Schüler neue, eigene Verknüpfungen im Gedächtnis.

Rekodieren mit nicht sprachlichen Darstellungsformen

Nicht sprachliche Darstellungsformen sind alle Formen der Darstellung von Informationen, die sich nicht auf Worte stützen. Dazu gehören zum Beispiel Bewegungen, selbst gezeichnete Bilder und grafische Darstellungen. Im Grunde geht es darum, dass die Schüler semantische Informationen ausdrücken, ohne auf Wörter zurückzugreifen.

Viele Forscher sind überzeugt, dass wir Informationen immer gleichzeitig in Wort- und Bildform abspeichern. Marzano, Pickering und Pollack (2001) zum Beispiel haben Schüler mithilfe verschiedener Arten von grafischen Darstellungen interpretieren, veranschaulichen, klassifizieren, Inhaltsangaben erstellen, schlussfolgern, vergleichen und erklären lassen. Im Rahmen ihrer Studie verbesserten sich die Leistungen der Schüler deutlich.

Manche Schüler entscheiden sich vielleicht dafür, beim Rekodieren Bilder zu zeichnen, Modelle zu entwerfen oder sich Bewegungen auszudenken. Für diesen Ansatz eignet sich gut ein T-Diagramm. In der linken Spalte können die Schüler mit Worten beschreiben, was sie gelernt oder verstanden haben, und in die rechte Spalte können sie ein Bild oder ein Symbol zeichnen.

Mindmaps sind eine gehirnfreundliche Strategie, sich Notizen zu machen, die von Tony Buzan (1974) in England entwickelt worden ist. Besonders bewährt hat sich diese Strategie bei Schülern mit Legasthenie. Da bei Legasthenikern eine Störung im Sprachzentrum des Gehirns vorliegt, erzielen sie sehr gute Erfolge, indem sie für ihre Mindmaps ausschließlich Bilder und Symbole verwenden (Kenyon 2002).

Wichtig ist: Wenn Ihre Schüler den Stoff mit nicht sprachlichen Mitteln rekodiert haben, sollten sie versuchen, ihn mithilfe von Wörtern noch einmal zu rekodieren. Rekodieren fördert das konzeptuelle Verständnis; ist ein Konzept verstanden, dann ist es eine gute Übung zur Prüfungsvorbereitung, das Gelernte in Sprache zu übersetzen.

Wie rekodiert man prozedurales Wissen?

Der Sinn des Rekodierens besteht darin, festzustellen, ob die Schüler alles verstanden haben. Das gilt auch für prozedurales Wissen. Nehmen wir an, Sie haben Ihre Schüler in ein Verfahren eingeführt und Ihnen eine gewisse Zeit gelassen, darüber zu reflektieren. Jetzt möchten Sie, dass die Schüler das Verfahren rekodieren – es in ihre eigene Sprache übertragen, damit sie sichergehen können, dass sie die zugrunde liegenden Konzepte verstanden haben. Wenn Sie beispielsweise im Mathematikunterricht das folgende Verfahren zum Lösen von Textaufgaben einsetzen, dann sollten Sie Ihre Schüler die einzelnen Schritte mit eigenen Worten beschreiben lassen:

1. Wie lautet die Aufgabe?
2. Was sind die wichtigen Fakten?
3. Hast du genügend Informationen, um das Problem zu lösen?
4. Hast du zu viele Informationen?
5. Welchen Rechenweg wendest du an?
6. Begründe deine Entscheidung.
7. Ist das Ergebnis plausibel?

Daraufhin könnten sie das Verfahren auf ein bestimmtes Problem anwenden, damit sie sehen, wie es in der Praxis funktioniert. Wenn ihre rekodierten Schritte das Problem nicht lösen, müssen sie möglicherweise etwas verändern. Dieser Ansatz lässt sich auch auf Verfahren in naturwissenschaftlichen und anderen Fächern übertragen.

Entscheidungsfindung ist ein weiteres Verfahren, das unsere Schüler lernen und beherrschen sollen. Dafür könnten Sie ihnen folgendes Gerüst an die Hand geben:

1. Definiere das Problem.
2. Formuliere deine Ziele.
3. Lege die Entscheidungskriterien fest.
4. Sammle relevante Informationen.
5. Ermittle denkbare Alternativen.
6. Überlege mögliche Konsequenzen.
7. Vergleiche die Optionen.
8. Wähle die beste Option aus.

Diese Methode lässt sich auch außerhalb der Schule anwenden. Mathematikern zum Beispiel rät Crannell (1994): »Professionelle Mathematiker verbringen einen Großteil ihrer Zeit mit Schreiben: Sie tauschen sich mit Kollegen aus, reichen Stipendienanträge ein, veröffentlichen Aufsätze, schreiben Memos und Lehrpläne. Gut schreiben zu können ist für Mathematiker ungeheuer wichtig, weil sie sich sonst schwertun, ihre Forschungsergebnisse zu veröffentlichen, von der Universitätsleitung wahrgenommen zu werden und Fördergelder zu bekommen. Es klingt paradox, aber die meisten Mathematiker verbringen mehr Zeit mit Schreiben als mit mathematischen Problemen.« Die Autorin empfiehlt Mathematikern, beim Schreiben nach folgenden Schritten vorzugehen:

1. Formulieren Sie das Problem klar und eindeutig.
2. Halten Sie die Lösung in einem ganzen, eindeutigen Satz fest.
3. Benennen Sie klar die Annahmen, die Ihren Formeln zugrunde liegen.
4. Erklären Sie in einem Absatz Ihre Herangehensweise an das Problem.
5. Achten Sie darauf, dass Diagramme, Tabelle, Graphen und andere bildliche Darstellungen (sofern vorhanden) eindeutig beschriftet sind.
6. Definieren Sie alle Variablen, die Sie verwenden.
7. Erklären Sie, wie sich die einzelnen Formeln herleiten beziehungsweise von wem Sie sie übernommen haben.
8. Fügen Sie Verweise ein, wo es nötig ist.
9. Stimmen Rechtschreibung, Grammatik und Zeichensetzung des Aufsatzes?
10. Ist der Aufsatz mathematisch korrekt?
11. Wird in diesem Aufsatz die eingangs gestellte Frage beantwortet?

Damit unsere Schüler gut schreiben lernen, ist es wichtig, diese Fähigkeit in allen Fächern zu üben. Studien haben eindeutig gezeigt, dass Schüler nachhaltiger lernen, wenn sie über die Unterrichtsinhalte schreiben – egal, ob es sich um Ideen, Fakten oder Verfahren handelt. Dazu meint Cooke in »Writing across the curriculum« (1991, S. 5): »Wenn wir unsere Schüler zum Schreiben anhalten …, dann regen wir sie an, sich aktiv mit dem vermittelten Fachwissen auseinanderzusetzen: Muster zu erkennen, Ideen miteinander in Verbindung zu bringen, Bedeutungen zu erschließen – kurz: zu lernen.«

> Damit sie den Stoff auch in anderen Kontexten anwenden können, müssen Schüler die Konzepte verstehen, die den im Unterricht behandelten Verfahren zugrunde liegen.

Die Verarbeitung von Informationen im Arbeitsgedächtnis

Der Rekodierungsprozess ermöglicht es dem Gehirn, erste Verknüpfungen herzustellen. Sobald Schüler Fakten, Konzepte und Verfahren mit eigenen Worten wiedergeben können, fangen sie an, sich den Stoff zu eigen zu machen.

Das Rekodieren muss im Unterricht stattfinden: Wenn wir Schülern neuen Stoff zum Rekodieren mit nach Hause geben, kann das Stress auslösen. Jetzt ist nicht der richtige Zeitpunkt für Hausaufgaben und Übungen. Jetzt müssen Fragen gestellt und Missverständnisse geklärt werden. Die Schüler haben die Reflexionsphase durchlaufen und experimentieren mit dem Stoff. Jetzt wird das neu erworbene Wissen im Arbeitsgedächtnis verarbeitet, und es entstehen erste neuronale Verbindungen. Bewähren sich diese, wird das Wissen im Langzeitgedächtnis gespeichert.

Denkanstöße

- Überprüfen Sie Ihre Unterrichtsstrategien. Ist der Rekodierungsprozess ein fester Bestandteil Ihres Unterrichts? Wie könnten Sie ihn in Ihre Unterrichtsstunden integrieren?
- Wenn Sie die hier genannten Methoden regelmäßig einsetzen, lernen Ihre Schüler im Lauf der Zeit, welche Strategien ihnen am besten liegen, und können sie für sich optimieren. Überlegen Sie, welche Rekodierungsübungen Sie bisher eingesetzt haben. Kommen Sie mit manchen besser zurecht als mit anderen? Stellen Sie Ihren Schülern möglichst viele dieser Strategien vor, auch diejenigen, mit denen Sie selbst weniger anfangen können. Geben Sie Ihren Schülern Gelegenheit, sie in vielen unterschiedlichen Situationen anzuwenden.
- Denken Sie daran, dass es unterschiedliche Lerntypen gibt. Visuelle Lerner müssen neue Informationen aufschreiben und vor Augen haben. Auditive Lerner müssen sie vielleicht zuerst hören. Kinästhetische Lerner müssen ein Modell bauen. Berücksichtigen Sie bei Ihrer Unterrichtsplanung die unterschiedlichen Lernstile?

4. Schritt: Verstärken

Feedback spielt bei Lernprozessen eine entscheidende Rolle.

> Eine der effektivsten Methoden, für eine zielorientierte Lernkultur zu sorgen, besteht darin, Anstrengungen regelmäßig zu verstärken und anzuerkennen – nicht nur unter vier Augen, sondern auch öffentlich.
>
> Mike Schmoker,
> *Results: The key to continuous school improvement*

Ich hospitiere in einer Vorschulklasse. Das gehört zu meinen Aufgaben als Beraterin des Kultusministeriums. In einer solchen Vorschule habe ich einst meine eigene Laufbahn als Lehrerin begonnen, aber jetzt habe ich seit vielen Jahren keine Kinder dieses Alters mehr unterrichtet. Die Lehrerin, Mrs. Keene, spielt mit der Klasse ein beliebtes Spiel, das ich aus meiner Kindheit kenne: »Heiß und kalt«. Ein Kind geht aus dem Zimmer, und die Klasse einigt sich auf einen bestimmten Gegenstand. Wenn das Kind wieder hereinkommt, singen alle zusammen ein Lied. Sobald das Kind sich dem Gegenstand nähert, also auf einer »heißen« Spur ist, singt die Klasse lauter, wenn es »kalt« ist, weil das Kind sich vom Gegenstand entfernt, singt sie leiser.

Während ich zuschaue, überlege ich, worin der Sinn dieses Spiels besteht. Sicherlich, die Kinder müssen entscheiden, wann sie lauter singen und wann leiser. Sie üben sich in Selbstbeherrschung, denn die Kleinen würden am liebsten auf den Gegenstand zeigen oder dem suchenden Kind Tipps geben. Aber besonders interessant finde ich, wie der Gesang dem Suchenden Feedback gibt und damit als permanente Verstärkung wirkt. Die Kinder werden nicht müde, nach dem Gegenstand zu suchen. Das permanente Feedback sorgt dafür, dass jedes Kind Erfolg hat.

Bei meinem zweiten Besuch variiert Mrs. Keene das Spiel. Diesmal wird ein Gegenstand festgelegt, ein roter Legostein, und im Zimmer versteckt, sobald der Suchende das Zimmer verlassen hat. Kommt er zurück, sagen die anderen Kinder »heiß« oder »kalt«, je nachdem, wie nahe der Suchende dem Gegenstand ist. Auch dieses Mal finden alle Kinder den Legostein.

Dann geschieht etwas Interessantes. Ein Junge aus der nächsthöheren Klasse kommt herein, um Mrs. Keene eine Nachricht zu überbringen. Er kennt das Spiel, weil er im Jahr vorher in Mrs. Keenes Klasse war. »Ich spiele auch mit!«, verkündet er. »Sagt mir, ob ich heiß oder kalt bin und wann es wärmer wird.« Die anderen Kinder willigen ein. Aber es gibt da ein kleines Problem: Der Junge war nicht dabei, als die Klasse sich auf einen Gegenstand geeinigt hat. Egal, wie »heiß« er ist, er kann immer nur raten, welcher Gegenstand der richtige sein könnte. Sichtlich frustriert gibt er auf, ohne den roten Legostein gefunden zu haben. Nachdem er gegangen ist, fragt ein Mädchen, warum er den Legostein nicht gesehen hat. Sie hat Angst, dass sie irgendetwas falsch gemacht hat. Aber das Problem war nicht das Feedback. Das Feedback war perfekt. Aber damit Feedback effektiv sein kann, muss der Schüler wissen, was das Ziel ist.

Mrs. Keene nimmt sich Zeit, ihrer Klasse zu erklären, warum ihr ehemaliger Schüler bei diesem Spiel keinen Erfolg hatte. Sie gibt Beispiele dafür, wie eindeutige Ziele uns dabei helfen, das zu erreichen, was wir erreichen wollen.

Voraussetzung für das Verstärken, also das Ermutigen und Anspornen, sind klare Ziele. Sobald unsere Schüler den Stoff rekodiert haben, um ihr konzeptionelles und prozedurales Verständnis zu verbessern, ist es Zeit für Feedback.

Was bedeutet »verstärken«?

Verstärken bedeutet, Schüler für ihre Leistungen oder ihren Einsatz verbal oder symbolisch zu belohnen (Northwest Regional Education Laboratory [NWREL] 2002). Verstärken durch Feedback eröffnet uns die Möglichkeit, unsere Schüler anzuspornen und ihr Verständnis zu festigen. Auf diese Weise können wir unseren Schülern mitteilen, ob sie richtig beobachtet und verstanden haben, und den Stoff, falls nötig, noch einmal anders erklären. Außerdem bietet unser Feedback den Schülern Gelegenheit, ihr konzeptuelles Verständnis zu überprüfen, bevor sie den Stoff üben, um ihn im Langzeitgedächtnis abzuspeichern.

Wir wollen feststellen können, ob die Schüler alles begriffen haben. Sobald wir uns dessen sicher sind, können wir ihr Verständnis festigen und den Prozess in Gang setzen, die Informationen dauerhaft abzuspeichern. Das ist nicht der richtige Zeitpunkt, Noten zu geben. Der Lernprozess beginnt gerade erst. Verstärken ist dazu da, um im Arbeitsgedächtnis nötige Korrekturen vorzunehmen. Anders ausgedrückt: Bevor Informationen dauerhaft abgespeichert werden, müssen sie »perfekt« sein.

Führt Verstärkung durch den Lehrer bei Schülern zu besseren Leistungen? Lehrer, die Lernprozesse ihre Schüler regelmäßig durch Feedback verstärken, bereiten den Weg für bessere Ergebnisse. Wie wir am besten verstärken können, hängt immer vom Lernziel ab. Gute Lehrer arbeiten mit Übungen, bei denen die Schüler sich gegenseitig bewerten, stellen den Schülern computergestützte Lernprogramme zur Verfügung, bei denen sie direktes Feedback über ihren Lernfortschritt bekommen, stellen Hausaufgaben, die zeitnah korrigiert werden – entweder gleich im Unterricht durch die Schüler selbst, oder später durch den Lehrer –, und setzen Unterrichtsmethoden ein, bei denen sich die Schüler gegenseitig unterrichten und dafür auch lernen, sich gegenseitig Feedback zu geben (NWREL 2002).

> Feedback ist effektiver, wenn Sie den Schülern erklären, dass es sich dabei um eine Methode handelt, um ihren Lernprozess zu verbessern.

»Das einfachste Rezept für besseren Unterricht«, so Hattie (1999), »lautet ›jede Menge Feedback‹: deutlich machen, wie und warum das Kind etwas verstanden oder missverstanden hat und was es tun muss, wenn es seine Leistungen verbessern will.« Seine Auswertung von mehr als 8 000 Studien zeigt eindeutig, dass Feedback bei Schülern mehr zur Leistungssteigerung beiträgt als jede andere Methode.

Arten von Feedback

Feedback kann sehr unterschiedliche Formen annehmen und aus vielen verschiedenen Quellen stammen. Schüler bekommen nicht nur vom Lehrer Feedback, sondern auch von ihren Klassenkameraden und sogar von sich selbst. Eine Form von Feedback sind Noten, doch dafür ist es in dieser Phase noch zu früh. Genau genommen ist es sogar noch zu früh für Hausaufgaben. Aber es ist keineswegs zu früh für eine Leistungsrückmeldung. Ganz im Gegenteil.

Chappuis und Stiggins (2002) unterscheiden zwei Arten von Leistungsrückmeldungen: Leistungsrückmeldungen, die den Lernfortschritt *kontrollieren,* und Leistungsrückmeldungen, die den Lernfortschritt *fördern.* Zu einer Leistungsrückmeldung, die den Lernfortschritt fördert, gehört das ständige Bemühen, den Schülern in allen Phasen des Unterrichts Feedback zu geben. Für nachhaltiges Lernen ist in jeder Phase des Lernprozesses Reflexion nötig, und das Gleiche gilt auch für das Feedback. Feedback steigert das Interesse der Schüler, sodass sie besser bei der Sache bleiben, und sorgt so für bessere Gedächtnisleistungen. Außerdem bietet Feedback Gelegenheit für Korrekturen. Als Erstklässlern eine Methode beigebracht wurde, den Stoff zu üben und ihn dadurch besser zu behalten, wendeten nur die Schüler die Methode weiterhin an, die Feedback erhalten hatten (Higbee 1996).

Der Lernzuwachs kann maximiert werden, indem Lehrer die Zielgenauigkeit von Leistungsrückmeldungen verbessern, Schülern möglichst häufig informierendes Feedback geben (statt nur selten und ausschließlich kritisches Feedback zu geben) und die Schüler so weit als möglich in Unterrichtsevaluations-, Dokumentations- und Kommunikationsprozesse einbeziehen.

An diesem entscheidenden Punkt auf dem Weg zur langfristigen Speicherung und zum Transfer von Wissen lohnt sich ein Blick auf die Arbeit von Stronge (2002). Dieser untersuchte, wie effektive Lehrer laufend ihren Unterricht evaluieren und Feedback geben. Dabei kam er zu folgenden Schlussfolgerungen:

- Effektive Lehrer testen das Vorwissen ihrer Schüler, um ihnen gezielt bestimmte Fertigkeiten beizubringen.
- Sie führen Monitoring-Strategien ein, indem sie ihre Fragen an den Lernzielen der Unterrichtsstunde orientieren.
- Sie überlegen, zu welchen Missverständnissen es bei den Schülern kommen könnte, und achten auf Anzeichen, dass es zu solchen Missverständnissen gekommen ist.
- Sie geben im Verlauf des gesamten Lehr-Lern-Prozesses klares, eindeutiges und gut getimtes Feedback.
- Ihr Feedback ist unterstützend und ermutigend.
- Sie erklären Schülern, die nicht alles begriffen haben, den Stoff noch einmal.

Connellan (2003) unterscheidet drei Formen von Feedback: *motivierendes* Feedback, um das Lernen zu beschleunigen, *informierendes* Feedback, das Schülern ermöglicht, ihren Lernfortschritt einzuschätzen, sowie *entwicklungsförderndes* Feedback, um jenen Schülern zu helfen, die die Lernziele nicht erreichen. Jede dieser Formen von Feedback hat im Unterricht ihren Platz und kann zum Verstärken eingesetzt werden. Wir sollten alle Formen von Feedback zu schätzen wissen und sie möglichst alle selbst verwenden.

Feedback ist die Verstärkung, die Schüler brauchen, um ihre Motivation aufrechtzuerhalten.

Motivierendes Feedback

Man kann drei Arten von motivierendem Feedback unterscheiden: positives Feedback, negatives Feedback sowie das, was Connellan (2003) »Löschung« nennt. *Positives* Feedback wirkt verstärkend, *negatives* Feedback wird, falsch angewendet, als Strafe wahrgenommen. Zur *Löschung* kommt es, wenn das Feedback ganz ausbleibt. Letzteres ist die am wenigsten motivierende Rückmeldung.

Goleman (1999) berichtet von einer Studie, in der die Auswirkungen von Feedback auf MBA-Studenten untersucht wurden. Die Studenten sollten eine Aufgabe lösen, die kreative Problemlösestrategien erforderte. Einige Studenten erhielten positives Feedback, einige negatives und eine dritte Gruppe gar keine Rückmeldung. Den Teilnehmern wurde gesagt, ihr Abschneiden würde mit dem von Hunderten anderen verglichen, die dieselbe Aufgabe bearbeitet hätten. Das Selbstvertrauen derjenigen, die gar keine Rückmeldung erhielten, sank genauso stark wie das derjenigen, die kritisiert wurden. Wenn man Studenten Feedback vorenthält, so hat das offenbar einen negativen Einfluss auf zukünftige Leistungen.

Vergessen Sie nicht: Der Zweck von motivierendem Feedback besteht darin, Schüler anzuspornen und sie dabei zu unterstützen, das Beste aus sich herauszuholen und ihre Möglichkeiten auszuschöpfen. Voraussetzung für solche Erlebnisse sind Herausforderungen, die mit großen Anstrengungen, enormem Einsatz und positiven Gefühlen verbunden sind. Dazu gehören diejenigen, die von positivem Feedback ausgelöst werden. In einer solchen Phase von positivem Stress (»Eustress«) werden Adrenalin, Noradrenalin und Serotonin ausgeschüttet, um uns unserem Ziel näher zu bringen. Negativer Stress und das Gefühl der Bedrohung, die von negativem Feedback oder Löschung ausgelöst werden können, aktivieren im Gehirn dagegen ein ganz anderes System, das daraufhin große Mengen des Stresshormons Cortisol und anderer Neurotransmitter ausschüttet. Diese Flut von Chemikalien hindert uns am Denken, indem sie das Arbeitsgedächtnis blockiert (Goleman 1999). Wir sollten also jede Gelegenheit beim Schopf ergreifen, unseren Schülern positives Feedback zu geben. Dadurch unterstützen wir ihre Gedächtnisprozesse und fördern damit letztlich ihr Lernen.

Es gibt drei Arten von motivierendem Feedback: positives Feedback, negatives Feedback und Löschung.

Positives Feedback

Positives Feedback ist die Verstärkung, die dafür sorgt, dass Schüler weiterhin Spaß haben an dem, was sie tun. Connellan (2003) nennt fünf Prinzipien, die man bei positivem Feedback beachten sollte:

- Verstärken Sie zeitnah.
- Verstärken Sie auch kleine Fortschritte, nicht nur Spitzenleistungen.
- Sagen Sie konkret, worauf sich das Lob bezieht.
- Verstärken Sie neue Verhaltensweisen regelmäßig.
- Verstärken Sie gute Angewohnheiten in unregelmäßigen Abständen.

Zeitnah Feedback zu geben, das erste Prinzip, bedeutet nicht, dass Feedback sofort erfolgen muss. Manchmal dauert es ein wenig, zu beurteilen, was ein Schüler im Laufe des Rekodierungsprozesses produziert hat. Schließlich ist Feedback eine Form der formativen Leistungsrückmeldung, bei der Sie die Schüler einbeziehen. Sie schaffen damit einen Rahmen für zukünftiges konzeptuelles Lernen und Verstehen. Wenn Sie die Möglichkeit haben, umherzugehen, während die Schüler den Stoff rekodieren, können Sie ja verbal Feedback geben. Aber vergessen Sie nicht, dass Ihre kinästhetisch veranlagten Schüler unter Umständen eher auf ein Schulterklopfen reagieren, die auditiven Lerner auf ein aufmunterndes Wort und die visuellen auf ein Lächeln, ein Nicken oder ein Zeichen in ihrem Heft.

Das zweite Prinzip – auch kleine Fortschritte verstärken – ist eines, das wir uns als Lehrer wirklich hinter die Ohren schreiben sollten. Wegen des engen Zeittaktes an unseren Schulen und der damit verbundenen ständigen Zeitknappheit geschieht es allzu leicht, dass wir die kleinen Schritte übersehen, mit denen manche Schüler sich dem Verständnis annähern. Wir sind darauf programmiert, immer nur das Endergebnis im Auge zu haben und nach Spitzenleistungen Ausschau zu halten. Aber Tatsache ist, dass manche Schüler bei ihren Rekodierungsversuchen nur an der Oberfläche kratzen. Wenn wir unsere Schüler auf ihrer Reise Richtung Langzeitgedächtnis voranbringen wollen, müssen wir ihnen die Zeit lassen, sich den Stoff Stück für Stück zu erschließen. Jeder kleine Fortschritt, den wir auf diesem Weg sehen, verdient daher unser positives Feedback.

Konkret zu sein, das dritte Prinzip von positivem Feedback, fällt Lehrern ebenfalls manchmal schwer. Unsere positiven Kommentare sind oft sehr allgemein gehalten: »Gute Beschreibung«, sagen wir, oder: »Schöne Vergleiche.« Wenn es dagegen um das Aufspüren von Fehlern geht, werden wir meist sehr konkret. Wir loben etwas ganz allgemein und benennen dann ganz genau die Fehler. Wir sagen zum Beispiel: »Ich finde es gut, dass du einen Graphic Organizer für dieses Konzept verwendet hast, aber ein Mengendiagramm ist in diesem Fall ungeeignet. Du solltest die Unterschiede nicht ins Zentrum stellen, und du verschwendest Platz, indem du die Ähnlichkeiten in den äußeren Bereichen doppelt aufschreibst.«

Damit will ich nicht abstreiten, dass es bei manchen Schülern ziemlich schwierig ist, positiv *und* konkret zu sein. Mitunter erscheint das schlicht unmöglich. Aber ist es nicht bereits etwas Positives, wenn ein Schüler zumindest versucht hat, die Aufgabe zu lösen? Vielleicht versuchen Sie es einmal so: »Ich sehe, dass du dich wirklich bemühst, dieses Konzept zu verstehen. Mal sehen, was wir hier haben. Ich glaube, du musst deine Mindmap noch einmal überarbeiten. Dein erster Punkt muss noch etwas unterfüttert werden. Für deinen zweiten und dritten Punkt hast du interessante Symbole gefunden, da solltest du noch ein paar Schlüsselbegriffe ergänzen. Der letzte Punkt ist dein bester. Diesen Bereich hast du eindeutig verstanden.«

Das vierte Prinzip erinnert uns daran, mit positivem Feedback neue Verhaltensweisen zu verstärken. Dabei kann es sich um eine neue Darstellungsform handeln, um einen neuen Ansatz beim Rekodieren oder um die Verbesserung bestimmter Fähigkeiten. Wenn eine Verhaltensweise neu ist, muss sie regelmäßig verstärkt werden.

Ist sie dem Schüler in Fleisch und Blut übergegangen, dann genügt es, sie in unregelmäßigen Abständen zu verstärken, wie im letzten Prinzip gefordert. Zu diesem Zeitpunkt ist der Schüler vielleicht sogar in der Lage, sich selbst zu verstärken. Jetzt ist Zeit für Metakognition – die Schüler sollen über ihr eigenes Denken nachdenken und sich für ihre Leistung selbst positives Feedback geben.

Geben Sie Schülern für kleine Fortschritte positives Feedback.

Negatives Feedback

Wie sollen wir mit einem Schüler umgehen, der beim Rekodieren des Stoffes unsere Erwartungen nicht erfüllt? Colbert und Knapp (2000) raten zu folgenden Schritten:

1. Die Bewertung auf das Wesentliche konzentrieren
2. Auf die ursprünglichen Ziele verweisen
3. Die Eigenverantwortung des Schülers klar machen
4. Deutlich machen, worauf es ankommt
5. Das weitere Vorgehen besprechen
6. Die Korrektheit der Ergebnisse bestätigen

Schauen wir uns diese Schritte an einem Beispiel in Aktion an:

Während die Schüler Gemeinsamkeiten und Unterschiede von Generälen des Amerikanischen Bürgerkriegs festhalten, geht Mrs. Ling herum und schaut sich die Mengendiagramme der Schüler an. Als sie am Pult von Carmen vorbeikommt, stellt sie fest, dass Carmen stattdessen einen Absatz geschrieben hat.

Mrs. Ling fragt: »Carmen, willst du deinen Graphic Organizer aus den Informationen in diesem Absatz erstellen?« (Auf das Wesentliche konzentrieren.)

»Ich schreibe gern in ganzen Sätzen«, antwortet Carmen.

»Die Aufgabe lautet, ein Mengendiagramm zu erstellen, bei dem die Gemeinsamkeiten dort stehen, wo die Kreise sich überschneiden, und die Unterschiede in den äußeren Bereichen. (Auf die ursprünglichen Ziele verweisen.) *Schau dir das Beispiel auf dem Overhead-Projektor an«, rät Mrs. Ling. »Deine Aufgabe besteht darin, mir zu beweisen, dass du mit einem Mengendiagramm umgehen kannst.* (Die Eigenverantwortung des Schülers klarmachen.) *Ist dir klar, dass du Eigenschaften der Generäle aufnehmen musst, die sie gemeinsam haben, und solche, die unterschiedlich sind?* (Deutlich machen, worauf es ankommt.) *Zeichne den Graphic Organizer unter den Absatz.* (Das weitere Vorgehen besprechen.) *So ist es richtig. Trage einige Punkte aus dem Absatz ein, ich komme später noch mal vorbei und schaue es mir an.«* (Die Korrektheit der Ergebnisse bestätigen.)

Eine andere Möglichkeit, negatives Feedback zu vermeiden, besteht darin, den Schüler mithilfe eines sokratischen Dialogs zum richtigen Verständnis zu leiten. Die sokratische Methode umfasst mehrere Kategorien von Fragen: Klärungsfragen, Fragen zur Ausgangsfrage beziehungsweise zum ursprünglichen Problem, Fragen zu den Annahmen, Fragen zu Begründung und Beweisen, Fragen zum Ursprung beziehungsweise zur Quelle, Fragen zu Implikationen und Konsequenzen sowie Fragen zur Perspektive.

Art der Frage	Beispiele
Klärungsfragen	• Was meinst du mit ...? • Worauf willst du hinaus? • Was hat ___ mit ___ zu tun? • Kannst du das bitte umformulieren? • Kannst du dafür ein Beispiel nennen?
Fragen zur Frage	• Wie können wir das herausfinden? • Ist die Frage klar? • Warum ist diese Frage wichtig? • Was müssten wir uns zuerst fragen, bevor wir diese Frage beantworten können?
Fragen zu den Annahmen	• Von welcher Annahme gehst du dabei aus? • Was könnten wir stattdessen annehmen? • Warum sollte jemand eine solche Annahme machen?
Fragen zu Begründung und Beweisen	• Was wäre ein Beispiel dafür? • Wie kannst du das wissen? • Wie bist du zu dieser Überzeugung gekommen? • Wann würdest du deine Meinung ändern? • Was heißt das für diesen konkreten Fall?
Fragen zum Ursprung bzw. zur Quelle	• Woher hast du diesen Gedanken? • Warst du schon immer dieser Überzeugung? • Welche Auswirkungen hätte das? • Welche Alternativen sind denkbar?

Fragen zu Implikationen und Konsequenzen	• Wenn das richtig ist, was folgt dann daraus? • Was wären die Konsequenzen?
Fragen zur Perspektive	• Wie würden andere Gruppen reagieren? • Warum hast du dich für diese Perspektive entschieden? • Was würde jemand sagen, der anderer Meinung ist?

Abb. 11: Sokratische Fragen (nach Paul 1993)

Ein sokratischer Dialog ermöglicht es uns, Schüler zu ihrem eigenen Ziel zu leiten. Die Fragen sorgen lediglich dafür, dass der Schüler nicht vom Weg abkommt und ein konzeptuelles Verständnis des Stoffes entwickeln kann. Die Fragen können aufeinander aufbauen, sie können Lehrer und Schüler aber auch auf eine eher vom Zufall bestimmte Reise führen, die mit einem positiven Ergebnis endet. Anstatt einem Schüler zu sagen, dass sein Verständnis fehlerhaft ist, geben wir ihm so die Chance, sein Denken zu überprüfen und den Stoff besser zu rekodieren.

Schülern hilft ein sokratischer Dialog dabei, auszuloten, wie umfassend ihr Verständnis ist. Als ich in den 80er Jahren begonnen habe, diese Methode einzusetzen, hatte ich zunächst große Schwierigkeiten damit. Aber im Lauf der Zeit stellte ich fest, dass die Schüler es mir danken, wenn ich dabeibleibe und ihnen helfe, ihr eigenes Verstehen besser zu verstehen.

Die Schüler haben soeben ihren Rekodierungsprozess des Inhalts der Kurzgeschichte »The Lottery« von Shirley Jackson abgeschlossen. Darin geht es um ein Dorf, in dem einmal im Jahr eine Lotterie stattfindet, deren »Gewinner« gesteinigt wird. Bisher ist die Unterrichtseinheit folgendermaßen abgelaufen:

Erreichen: Während die Schüler eintrudelten, faltete Mrs. Brown kleine, weiße Zettel und legte sie in eine Schachtel. Als alle saßen, sagte sie: »Ich habe Karten für ein Theaterstück bestellt, das auf der Kurzgeschichte »The Lottery« beruht, die wir als Nächstes lesen. In dieser Klasse sind 27 Schüler, also habe ich 28 Karten bestellt, damit auch ich eine bekomme. Leider haben sie mir nur 27 Karten geschickt. Auf meinen Anruf erfuhr ich, dass das Stück komplett ausverkauft ist. Damit alle eine faire Chance haben, habe ich 27 weiße Zettel in diese Schachtel gelegt. Außerdem habe ich einen Zettel dazugelegt, auf dem ein X steht. Wir ziehen jetzt nacheinander alle einen Zettel. Wer das X zieht, kann nicht mit ins Theater und muss stattdessen in eine andere Klasse gehen.« Die Schüler waren neugierig, was passieren würde. Jeder nahm einen Zettel. Sie durften den Zettel erst auseinanderfalten, nachdem alle gezogen hatten. Dann falteten alle gleichzeitig ihren Zettel auseinander.

John W. hatte das X gezogen. Einige Schüler kicherten. Viele atmeten erleichtert auf. Niemand stellte die Entscheidung der Lehrerin infrage, das Problem mit einer Lotterie zu lösen. John sagte, es sei unfair, dass ausgerechnet er nicht mitdürfe. Schließlich sei er ein guter Schüler. Solle doch jemand zu Hause bleiben, der weniger gut mitarbeite als er.

Reflektieren: Nachdem Mrs. Brown ihnen eröffnet hatte, dass sie in Wirklichkeit durchaus 28 Tickets hatte, teilte sie die Schüler in Gruppen ein, um eine »Reflexion über vier Ecken« durchzuführen. Sie hängte in jeder Zimmerecke ein Blatt Papier mit einer Frage auf, unter der Platz war, um Gedanken aufzuschreiben. Die vier Fragen lauteten:

- *Wie geht es dir mit dieser Lotterie?*
- *Wie hätte man zu einer fairen Entscheidung kommen können?*
- *Wie werden deine Entscheidungen von den anderen Schülern beeinflusst?*
- *Warum war es für dich in Ordnung, wenn ein Schüler ausgeschlossen wird?*

Die Schüler gingen von einer Ecke zur anderen, diskutierten über die jeweilige Frage und hielten ihre Kommentare fest.

Rekodieren: Als Nächstes sollten die Schüler die Kurzgeschichte lesen. Beim Rekodierungsprozess entschied sich die Lehrerin für das Prinzip »Veranschaulichen«. Der Arbeitsauftrag lautete, die Vor- und Nachteile von Traditionen und Ritualen aufzulisten.

Verstärken: Die Schüler tauschten sich in Kleingruppen über ihre Listen aus. Mrs. Brown ging von Gruppe zu Gruppe, um den Schülern Feedback zu geben. An einem Tisch entbrannte zwischen Jess und Robert ein Streit.

»Du spinnst doch«, sagte Robert. »Eine Geburtstagsfeier ist doch kein Ritual.«

»Was meinst du mit Ritual?«, fragte Mrs. Brown.

»Ein Ritual ist etwas, was man immer wieder tut«, antwortete Robert.

»Kannst du mir dafür ein Beispiel nennen?«, fragte die Lehrerin.

»Klar, in die Kirche gehen zum Beispiel.«

»Welche Eigenschaften machen einen Kirchgang zu einem Ritual?«

»Na ja, man geht hin, und es passiert jedes Mal das Gleiche. Der Gottesdienst läuft immer nach dem gleichen Schema ab. Die Leute singen die immer gleichen Lieder. Sie gehen jeden Sonntag hin. Das ist ein Ritual«, verkündete Robert.

»Was ist deine Annahme in Bezug auf Geburtstagsfeiern?«

»Geburtstagsfeiern sind jedes Mal anders. Man kann in den Zoo gehen oder eine große Party feiern oder gar nichts machen«, antwortete er.

»Was also sagt Jess, womit du nicht einverstanden bist?«

»Jess sagt, dass Geburtstage Rituale sind, weil man jedes Jahr den Tag feiert, an dem man geboren wurde, und Kuchen und Eis isst, und Glückwunschkarten bekommt.«

»Wie unterscheidet sich die alljährliche Geburtstagsfeier von einem Kirchgang, Robert?«

Er dachte eine Zeit lang nach. Die Lehrerin ließ ihm Zeit, obwohl andere Schüler sich meldeten und die Frage beantworten wollten.

Schließlich sagte Robert: »Ich glaube, ich hab's begriffen. Ob einmal im Jahr oder einmal in der Woche, das Prinzip ist das gleiche. Okay, ich glaube, jetzt habe ich besser verstanden, was ein Ritual ist.«

Dank der sokratischen Fragetechnik konnte Robert seine eigenen Schlüsse ziehen. Mrs. Brown gab ihm das nötige Feedback, damit er sein Verständnis des Konzeptes korrigieren konnte. Dadurch hatte er eine bessere Chance, die Informationen korrekt abzuspeichern.

Löschung?

Mein Sohn Josh kommt von der Schule nach Hause und legt seine Sachen ab, ohne eine Wort zu sagen. Seine Schwester Marnie sitzt über ihren Hausaufgaben und ich über meinen.

»Und, wie war dein Tag?«, frage ich und blicke von dem Aufsatz auf, den ich gerade korrigiere.

»Soll das heißen, du kannst mich sehen?«, fragt er zurück.

Leicht verwirrt lege ich den Rotstift aus der Hand. »Natürlich kann ich dich sehen. Was soll das denn für eine Frage sein?«

»Ich dachte, ich bin vielleicht unsichtbar«, antwortet Josh.

Hat er den Verstand verloren?, schießt es mir durch den Kopf. Oder Drogen genommen? »Das musst du mir erklären«, sage ich.

»Wir mussten heute in Chemie unsere Projektpläne abgeben«, erzählt Josh. »Mrs. Green ging von Bank zu Bank und sammelte sie ein. Zuerst hat sie den von Gina und Sarah eingesammelt. Sie hat einen Blick darauf geworfen und gegrinst wie ein Honigkuchenpferd. ›Mädels‹, hat sie gesagt, ›ich glaube, ihr habt's.‹ Gina und Sarah waren ganz aus dem Häuschen. Dann ist sie zu Justin und Jason gegangen und hat ihren Projektplan eingesammelt. Sie hat ihn angeschaut, einen verdutzten Blick aufgesetzt und so was gesagt wie: ›Seid ihr zwei euch sicher, dass ihr wisst, wie ein Projektplan aussieht?‹ Mann, war den beiden das peinlich. Als Nächstes kam sie zu mir. Sie hat unseren Entwurf genommen, angeschaut und keinen Ton gesagt. Nicht einmal in ihrem Gesicht war irgendeine Regung zu sehen. Es war, als wären Dan und ich Luft.«

»Wie hat sie auf die Pläne der anderen Schüler reagiert?«, will ich wissen.

»Keine Ahnung. Sie hat ein paar angeschaut, und dann kam der Gong, und alle mussten ganz schnell ihre Entwürfe abgeben«, antwortet Josh.

»Zumindest hat sie über euren nichts Negatives gesagt«, meint Marnie.

»Machst du Witze?«, schnaubt Josh. »Negativ wäre besser gewesen als gar nichts!«

»Na, sie wird euch sicher noch irgendein Feedback geben«, sage ich optimistisch.

»Du verstehst nicht, Mum – sie hat mir ja Feedback gegeben. Sie hat mir gezeigt, dass meine Arbeit völlig unwichtig ist!«

Dieses Gespräch war mir eine Lehre. Ich begann, mir darüber Gedanken zu machen, wie ich auf meine Schüler reagiere. Wie oft mochte ich einem meiner Schüler schon das Gefühl vermittelt haben, unsichtbar zu sein? Ich dachte daran zurück, was mein Schulleiter einst zu mir gesagt hatte: »Meine Aufgabe besteht darin, das Beste aus Menschen herauszuholen. Und genau das ist auch Ihre Aufgabe.« Mrs. Green hatte ganz bestimmt nicht das Beste aus Josh herausgeholt, aber ich wette, ihr ging es genauso wie mir, und sie hatte keine Ahnung, was sie angerichtet hatte.

Meine beiden Kinder hatten an der Highschool zufällig dieselbe Englischlehrerin. Wir machen heute noch Witze über all die Hausaufgaben, die sie nie korrigiert und zurückgegeben hat. Heute können meine Kinder darüber lachen, aber damals fanden ihre Schüler das alles andere als lustig. Sie hatten ihr Bestes gegeben und nie irgendein Feedback bekommen. Gehen wir zu ihren Gunsten davon aus, dass es nicht aus bösem Willen geschehen ist. Sie unterrichtete jeden Tag 100 bis 150 Schüler. Das sind ziemlich viele zu korrigierende Hausaufgaben. Aber es erwartete ja auch niemand, dass sie alle korrigiert. Man muss nicht auf jede Hausaufgabe eine Note vergeben, aber irgendjemand muss einen Kommentar dazu abgeben. Geben Sie Ihren Schülern immer Feedback zu Arbeiten, bei denen Sie das angekündigt haben.

Schüler können sich auch selbst oder gegenseitig kontrollieren. Sie können die Schüler die Ergebnisse ihrer Rekodierungsübungen auch in Gruppen vergleichen lassen. Wenn sie sich über ihre Ergebnisse austauschen und darüber diskutieren, können viele Unklarheiten beseitigt werden. Diese Methode verschafft Ihnen außerdem Zeit, herumzugehen und jeder Gruppe zuzuhören. Dann sollten Sie die Ergebnisse der einzelnen Gruppen einsammeln und bis zur nächsten Stunde durchsehen. Auf Basis dieser Informationen können Sie entscheiden, ob Sie weitere Inhalte hinzufügen, den Stoff noch einmal erklären oder mit Schritt 5 (Üben) weitermachen sollen. Dabei kann Ihnen und Ihren Schülern ein Schema wie das in Abb. 11 von Nutzen sein.

Bewertungsraster

4: Der Schüler hat die Informationen vollständig rekodiert und kann das selbst generierte Material gut erklären.
3: Der Schüler hat die meisten Informationen rekodiert und kann das selbst generierte Material erklären.
2: Der Schüler hat die Informationen teilweise rekodiert, sein Verständnis ist unvollständig.
1: Der Schüler hat wenig bis nichts rekodiert und den Stoff offenbar nicht verstanden.

Abb. 11: Bewertungsraster für Feedback zu einer Rekodierungsübung

Informierendes Feedback

Während motivierendes Feedback dazu dient, den Lernprozess zu beschleunigen, bietet informierendes Feedback Schülern eine visuelle Darstellung ihres Lernfortschritts. Connellan (2003) zufolge sollte informierendes Feedback drei Kriterien erfüllen:

- Es sollte zielorientiert sein.
- Es sollte zeitnah erfolgen.
- Es sollte anschaulich sein.

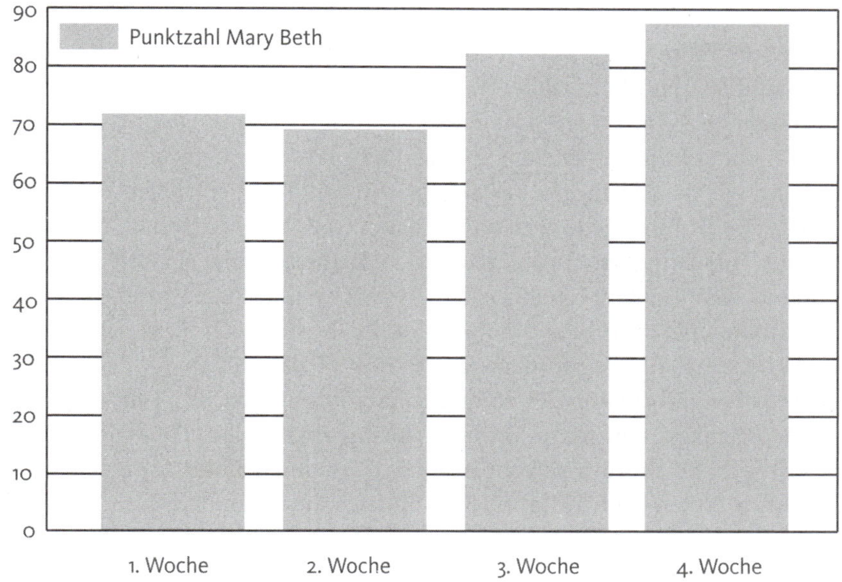

Abb. 12: Beispiel für grafisches Verstärken

Am Beispiel der Vorschulklasse, die »Heiß und kalt« gespielt hat, haben wir zu Beginn dieses Kapitels gesehen, dass das Ziel eindeutig sein muss – der erste Punkt von Connellan. Die Zeiten, in denen wir Lernziele vor unseren Schülern verheimlicht haben, sind vorbei. Wenn Sie Ihren Schülern beibringen wollen, wie man Texte sinnvoll gliedert, dann sollten ihnen Beispiele für gute Aufsätze vorliegen, die illustrieren, wie das konkret aussieht. Vor einem solchen Hintergrund kann informierendes Feedback seine Wirkung erst so richtig entfalten.

Zur Notwendigkeit, zeitnah zu verstärken, Connellans zweitem Punkt, gibt es eine Metaanalyse einschlägiger Studien (NWREL 2002). Wie effektiv zeitnahes oder verspätetes Feedback ist, hängt demnach vom Entwicklungsstand der Schüler ab. Bei jüngeren Schülern ist zeitnahes Feedback am wirkungsvollsten. Ältere Schüler reagierten auf sofortige und verspätete Verstärkung gleich.

Der letzte Punkt von Connellan verweist darauf, dass grafische Darstellungen eine sehr wirkungsvolle Form von informierendem Feedback sein können (siehe Abb. 12). Dabei kann es sich um Tabellen, Schaubilder, Diagramme oder einfache Symbole handeln.

Lehrer, die sehr genau auf unterschiedliche Lerntypen achten, könnten meinen, für auditive oder kinästhetische Lerner seien grafische Darstellungen weniger wichtig. Einer Metastudie zufolge (Marzano, Pickering und Pollack 2001) ist Feedback am effektivsten, wenn die richtigen und falschen Antworten der Schüler mündlich oder schriftlich erklärt werden. Crossland und Clarke (2002) sprechen sich dagegen vehement dafür aus, auch bei schriftlicher Kommunikation stets grafische Darstellungen und Symbole einzusetzen. Sie sind sogar der Ansicht, dass jede erfolgreiche Kommunikation Fakten, Emotionen und Symbole beinhaltet.

Wie also sieht gutes informierendes Feedback aus? Laut Carol Dweck (2000) sollten Lehrer sich nicht auf die Fähigkeiten von Schülern konzentrieren, sondern auf ihren Einsatz. Wenn wir der Intelligenz der Schüler zu viel Wert beimessen, setzen wir sie stärker unter Druck. Intelligenz wird oft als nicht veränderbare Eigenschaft betrachtet. In jahrelanger Forschung hat Carol Dweck erkannt, dass Schüler sich leicht als machtlos empfinden, wenn sie ihre Intelligenz als etwas Unverrückbares ansehen. Feedback, das ihren Einsatz und erlernbare Strategien in den Mittelpunkt stellt, schafft bei den Schülern Anreize, neue Herausforderungen in Angriff zu nehmen.

Zeugnisse geben informierendes Feedback, allerdings in der Regel zu wenig und zu spät. Eine Möglichkeit, den Anforderungen des Lehrplans, dem Unterricht und dem Ziel der Leistungsüberprüfung gerecht zu werden, ist ein Portfolio. Ein solches Portfolio enthält keine Noten im herkömmlichen Sinne, sondern informierendes Feedback des Lehrers, der Mitschüler und des Schülers selbst und ist damit ein Spiegel seiner Arbeit. Portfolios sind eine noch wenig verbreitete, gehirnfreundliche Form der Leistungsrückmeldung, mit der sich der Lernfortschritt dokumentieren lässt. Anhand von Beispielen aus der Arbeit des Schülers kann man erkennen, wie gut der Schüler in der Lage ist, Konzepte praktisch anzuwenden (Sprenger 1999).

Viele Eltern wünschen sich informierendes Feedback. Diesem Wunsch entsprechen grafische Darstellungen besser als herkömmliche Zeugnisse.

Entwicklungsförderndes Feedback

Verstärkendes Feedback ist dann eine Form der Leistungsrückmeldung, die den Lernfortschritt *fördert*, wenn entweder der Lehrer oder der Schüler diese Information nutzt, um den Unterricht anzupassen und den Lernprozess voranzubringen. *Entwicklungsfördernd* wirkt dieses Feedback, wenn es einen Einfluss auf die Leistungsbereitschaft des Schülers hat. Wichtig ist, das konzeptuelle Verständnis zu überprüfen und gegebenenfalls zu korrigieren, bevor sich Missverständnisse verfestigen.

Entwicklungsförderndes Feedback erfordert, zuerst das Problem zu beschreiben, und ihm dann mit einer bestimmten Fragetechnik zu Leibe zu rücken. Stellen Sie sicher, dass der Schüler ein solches Feedback bekommt, bevor sich ein Gefühl der Hilflosigkeit einstellen kann. Im Rahmen einer Übung zur Kurzgeschichte »The Lottery« könnte entwicklungsförderndes Feedback zum Beispiel so aussehen:

»Sabrina, wie ich sehe, verwendest du ein T-Diagramm. Ich finde darin aber keine Beispiele für Rituale und Traditionen. Mir scheint, du hast stattdessen aufgeschrieben, was Traditionen auszeichnet.«

»Ich versteh's einfach nicht. Die Geschichte war ziemlich schwer zu lesen«, antwortet Sabrina.

Helfen Sie der Schülerin an diesem Punkt, den Fehler beziehungsweise das Missverständnis zu korrigieren:

»Was kannst du tun, um dein Diagramm in Ordnung zu bringen?«

Keine Vorwürfe. Kein Tadel.

Sabrina sagt: »Mir fallen irgendwie keine Beispiele ein.«

»Schauen wir uns mal an, was du bisher aufgeschrieben hast.«

Sabrina blickt auf ihr Diagramm und sagt: »Traditionen sind Dinge, die Menschen tun, weil die Menschen, die vor ihnen gelebt haben, sie auch so gemacht haben.«

»Fällt dir dafür ein anderes Wort ein?«

»Nein.«

»Wer sind die Menschen, die vor dir gelebt haben?«

»Sie meinen meine Eltern und Großeltern?«, fragt sie.

»Ja. Haben sie irgendetwas gemacht, was du heute auch so machst?«

»Nein«, antwortet sie.

»Tut deine Mutter etwas, was auch deine Oma schon getan hat?«

»Meine Mutter sagt, dass es Brauch ist, an Weihnachten einen Mistelzweig über der Eingangstür aufzuhängen, sodass man jedem einen Kuss geben muss, der hereinkommt! Das ist total ekelhaft.«

»Ist ein Brauch das Gleiche wie eine Tradition?«

Sabrina überlegt. »Ich glaube schon.«

Jetzt ist es an der Zeit, zu verstärken:

»Brauch ist ein Synonym für Tradition. Fällt dir noch ein anderer Brauch ein?«

»Na ja, meine Schwester hat länger in Stuttgart gelebt, und dort ist es anscheinend Brauch, dass man jeden Freitag Bürgersteig und Straße fegt.«

»Ich glaube, jetzt hast du verstanden, worum es geht. Das ist ein weiteres Beispiel. Überleg mal, ob dir noch mehr einfallen. Ich schaue später noch mal vorbei.«

Der hier dargestellte Prozess besteht aus fünf Schritten:

1. Problem beschreiben
2. Lösungsvorschläge erbitten
3. Optionen prüfen
4. konstruktive Vorschläge verstärken
5. für weiteres Feedback sorgen

Sabrina fühlte sich in dieser Situation hilflos. Sie nahm eine Abwehrhaltung ein, weil sie an ihren Fähigkeiten zweifelte. Also versuchte sie sich herauszureden, indem sie behauptete, die Geschichte sei zu schwierig. Aber das konnte die Lehrerin natürlich nicht zulassen. Schließlich muss man die Geschichte gar nicht gelesen haben, um sich Beispiele für Traditionen auszudenken. Die Lehrerin hatte die Rekodierungsstrategie gewählt, um den Schülern das Prinzip »Veranschaulichung« beizubringen, ihnen die Bedeutung von Traditionen und Ritualen vor Augen zu führen und die Fähigkeit zu trainieren, Gemeinsamkeiten und Unterschiede zu erkennen. Mithilfe von Verstärkungsstrategien versucht die Lehrerin, Sabrina dabei zu unterstützen, all das zu verstehen.

Entscheidend bei entwicklungsförderndem Feedback ist Differenzierung. Schüler, die diese Art der Verstärkung benötigen, haben meistens bei der ursprünglichen Vermittlung des Stoffs etwas verpasst.

Auswirkungen von Feedback

Unser Gehirn will, dass wir uns wohlfühlen und glücklich sind. Oberste Priorität hat dabei alles, was mit unserem Überleben zu tun hat. Feedback bietet die Chance, diese Bedürfnisse zu stillen. Wenn das Arbeitsgedächtnis Informationen verarbeitet und Verstärkung einfordert, sind daran die emotionalen Systeme, die für Angst beziehungsweise Vergnügen zuständig sind, gleichermaßen beteiligt.

Wenn Schüler etwas begreifen, ist das für sie ein Erfolgserlebnis, und sie haben das Gefühl, Herr der Lage zu sein. Bekommen wir in einer Lernsituation Feedback, so werden Hirnareale aktiviert, die für Emotionen zuständig sind (Zull 2002). Die meisten Hirnforscher sind sich einig, dass Gedächtnisinhalte besser verankert werden, wenn Emotionen im Spiel sind (Gordon und Berger 2003).

Denkanstöße

- Feedback sollte gut getimt werden. Manche Experten (zum Beispiel Tileston 2004) empfehlen, alle 30 Minuten eine Rückmeldung zu geben. Überprüfen Sie Ihre Feedback-Strategien. Welche könnten Sie noch in Ihr Repertoire aufnehmen?
- Denken Sie beim Verstärken auch an unterschiedliche Lerntypen. Unterschiedliche Lerner brauchen möglicherweise unterschiedliche Arten von Feedback. Vielleicht braucht ein kinästhetischer Lerner zum Beispiel buchstäblich, dass Sie ihm auf die Schulter klopfen. Sie können mit einem Schüler dieses Lerntyps auch einen kleinen Spaziergang machen, während Sie ihm informierendes Feedback geben.
- Verstärkung muss möglichst konkret sein. Jetzt ist der Zeitpunkt, an dem die Schüler den Stoff »kapieren« müssen. Bevor Sie zum nächsten Schritt übergehen, sollten Sie sicher sein, dass die Schüler alles so verstanden haben, dass sie Hausaufgaben und Übungen bewältigen können.

5. Schritt: Üben

Damit Informationen im Langzeitgedächtnis abgespeichert werden, müssen sie geübt werden.

Je intensiver wir uns mit neuen Inhalten auseinandersetzen, desto besser können wir uns an sie erinnern.

Larry Squire/Eric Kandel, *Gedächtnis: Die Natur des Erinnerns*

Während meine Schüler in ihre Lerntagebücher schreiben, gehe ich schnell zum Unterrichtsraum der Geschichtslehrerin am anderen Ende des Flurs. Für die nächste Stunde möchte ich mir ihren Globus ausleihen. Durch das Fenster in der Tür sehe ich, dass sie gerade eine achte Klasse unterrichtet, die ich im Vorjahr in Geschichte hatte.

»Was wisst ihr über Demokratie?«, fragt sie. »Sammeln wir zunächst, was wir wissen oder zu wissen glauben.« Sie macht eine Pause, um den Schülern Zeit zum Überlegen zu geben.

Stille. Sie schaut auf die Uhr und wartet, bis zehn ganze Sekunden verstrichen sind. Immer noch keine Antwort.

»Soll das heißen, dass ihr gar nichts über Demokratie wisst? Wie wäre es mit einer Definition? Kann mir jemand sagen, was Demokratie ist?«

Wiederum Stille.

Ich könnte aus der Haut fahren. Letztes Schuljahr habe ich mit diesen Schülern ausführlich besprochen, wie Demokratie funktioniert! In Gedanken rufe ich: »Das Volk! Regierung durch das Volk! Könnt ihr euch an gar nichts erinnern? Habt ihr nicht letztes Jahr bei mir im Unterricht gesessen? Habt ihr nicht eine Klassenarbeit zu diesem Thema geschrieben – und gut geschrieben? Was ist los mit euch? ... Oder bin ich eine so schlechte Lehrerin?«

Dann betrete ich das Zimmer, um nach dem Globus zu fragen. Ich hoffe inständig, dass diese Unterbrechung bei der Lehrerin nicht noch mehr Gedanken über meine Inkompetenz auslöst. Mir fällt auf, dass einige Schüler mich fixieren, sobald ich durch die Tür getreten bin. Sie lassen mich nicht aus den Augen, während ich zum Pult gehe, meine Kollegin um den Globus bitte und auf ihre Antwort warte. Plötzlich melden sich gleichzeitig mehrere Schüler, die mich die ganze Zeit angestarrt hatten. Einer ruft: »Ah, jetzt erinnere ich mich, was Demokratie ist. Das haben wir letztes Jahr bei Mrs. Sprenger gelernt!«

Solche Situationen haben wir alle schon erlebt. Wenn wir eine neue Klasse übernehmen, gehen wir davon aus, dass sie die Inhalte des Lehrplans aus dem Vorjahr gelernt haben und sich daran erinnern können. In den meisten Fällen haben sie den Stoff tatsächlich gelernt, und nachdem wir ihn kurz mit ihnen wiederholen, können sie einen Teil der Informationen im Langzeitgedächtnis wiederfinden. Als ich das Zimmer meiner Kollegin betrat, durchforsteten die Schüler, die mich anstarrten, ihr Gedächtnis nach den Informationen über Demokratie, die sie bei mir gelernt hatten. Diese Informationen waren lediglich im episodischen Gedächtnis abgespeichert. Sie waren noch nicht ins semantische Gedächtnis übergegangen, wo sie auch ohne meine Anwesenheit abrufbar gewesen wären. Ich war das Verbindungsglied zu ihrem Gedächtnis.

Wir wissen, dass unsere Schüler in einer Welt, in der sich alles um Prüfungen dreht, in Klassenarbeiten oft gut abschneiden, nur um den Stoff wenig später zu »vergessen«. Tatsache ist: Man kann nichts vergessen, was man nie richtig gelernt hat. Im oben beschriebenen Fall erinnerten sich meine Schüler nur auf einen bestimmten Fingerzeig hin. Damit Informationen ohne ein solches »Stichwort« abgerufen werden können, müssen sie in vielen verschiedenen Hirnarealen abgespeichert werden. Bei einigen Schülern kann dieser Prozess sehr lange dauern (Siegel 2006).

In diesem fünften Schritt geht es um das Üben. Dieser Schritt ist es, der für das Abspeichern von Informationen im Langzeitgedächtnis sorgt. Damit Informationen so aufbereitet werden können, dass sie leicht zugänglich sind und auf unterschiedliche Situationen übertragen werden können, ist ein Zusammenspiel von vielen Faktoren nötig. Denken Sie daran: Wenn wir unseren Schülern Gelegenheit gegeben haben, über den Stoff zu reflektieren, dann hatten sie zumindest *ein wenig* Zeit zum Üben. Sobald sie über das Gelernte nachdenken, wiederholen sie die Informationen mit eigenen Worten, sei es verbal oder im Kopf.

In diesem Kapitel beschäftigen wir uns mit der Bedeutung von mechanischem Üben und vertiefendem Üben, den verschiedenen Zugängen zum Gedächtnis, Hausaufgaben und Übungen sowie der Notwendigkeit von Schlaf. Außerdem werde ich abstraktere Denkprozesse berücksichtigen. Eine Untersuchung von Harold Wenglinsky (2002) vom Educational Testing Service kommt zu dem Schluss, dass Schüler wesentlich besser abschneiden als ihre Altersgenossen, wenn ihre Lehrer in Mathematik besonderen Wert auf abstraktes Denken legen und sie in den Naturwissenschaften viel selber experimentieren lassen. Auch die wissenschaftlich fundierten Methoden, die ich im Kapitel zum Rekodieren vorgestellt habe, helfen Schülern dabei, den Stoff zu behalten und ihre Leistungen zu steigern.

Was heißt Üben?

Glenn macht mich ganz wahnsinnig. Er ist ein auditiver Lerner und liebt Musik über alles. Ständig klopft er mit den Fingern auf seiner Bank oder einem Buchdeckel irgendeinen Rhythmus. Obwohl er erst elf Jahre alt ist ist, kennt er den Text von mehr Liedern als irgendjemand sonst.

Es ist Dienstagvormittag, und die Mathestunde ist soeben zu Ende. Als Nächstes gebe ich in der Klasse noch Biologie. In der letzten Stunde habe ich eine Reihe neuer Begriffe eingeführt. Als Hausaufgabe sollten sich die Schüler eine grafische Darstellung oder eine andere Gedächtnisstütze ausdenken, die ihnen dabei hilft, die Begriffe zu behalten. Während ich noch überlege, wie die Schüler ihre Bilder am besten der Klasse vorstellen könnten, unterbricht mich das Trommeln von Glenn. Schon wieder. Ich schaue zu, wie er mit den Fingern rhythmisch auf den Tisch trommelt und dazu tonlos einen Rap singt. Einige Schüler schauen ihm ebenfalls zu. Manche wiegen ihren Kopf im Rhythmus. Ein paar Mädchen himmeln

Glenn an wie einen Rap-Star. »Genau, was ein Fünftklässler braucht«, denke ich. »Ein paar Groupies!«

Ich bin mit meiner Geduld am Ende: »Glenn, was machst du da?«

»Ich übe, Mrs. Sprenger«, antwortet er.

»Wir proben hier aber nicht für dein nächstes Rap-Konzert«, entgegne ich. »Wir müssen eine Reihe wichtiger Begriffe lernen.«

»Aber genau das versuche ich ja gerade«, verteidigt er sich. »Ich rappe meine Begriffe, damit ich sie mir besser merken kann.« Und dann rappt er uns die Bestandteile des Herzens vor. Sein Rap ist ziemlich gut. Mehrere Schüler wollen ihn ebenfalls lernen. Sie sagen, das sei die beste Gedächtnisstütze, die sie je ausprobiert hätten.

Vielleicht kennen Sie den Werbespot, in dem man einen jungen Mann die Straße entlangfahren und dabei rhythmisch den Kopf und die Lippen bewegen sieht. Ein paar junge Frauen, an denen er vorbeifährt, sind von seinem musikalischen Talent ganz hingerissen. Dieser Typ ist so cool! Er fährt noch eine Weile weiter, bis wir, die Zuschauer, endlich einen Blick ins Innere des Autos werfen und erfahren dürfen, was dort zu hören ist. Doch anstelle eines Liedes hören wir, wie der junge Mann sich immer wieder rhythmisch seine Einkaufsliste vorsagt!

Eine Information, die ins Kurzzeitgedächtnis gelangt ist, geht rasch verloren, wenn sie nicht in irgendeiner Weise verarbeitet wird. Eine Möglichkeit, wie dieses Verarbeiten aussehen kann, ist das, was ich als »Üben« bezeichne. Grundsätzlich kann man zwei Formen des Übens unterscheiden:

- **Mechanisches Üben** ist dann effektiv, wenn die Informationen im gleichen Format beziehungsweise in der gleichen Gestalt abgerufen werden, in der sie geübt werden (Marzano 1992). Das Einmaleins, Staaten und ihre Hauptstädte oder die Abfolge der amerikanischen Präsidenten sind Beispiele für Inhalte, die mechanisch eingeübt werden können.
- **Vertiefendes Üben** ist im Unterricht immer dann sinnvoller, wenn es um semantische Informationen geht. Denn vertiefendes Einüben erfordert das Konstruieren von Bedeutungen – und Informationen, die eine Bedeutung für uns haben, können wir uns leichter merken. Anders ausgedrückt: Vertiefendes Üben gibt dem Schüler Gelegenheit, den Stoff mit Informationen zu verknüpfen, die er bereits gelernt hat (Tileston 2004).

Laut Marzano, Pickering und Pollack (2001) muss man eine neue Fähigkeit mindestens 24-mal üben, um ein Leistungsniveau von 80 Prozent zu erreichen. Anderson (2000) hat sich mit der Frage beschäftigt, wie oft man sich mit einer neuen Information beschäftigen muss, bevor sie korrekt erkannt wird. Das Ergebnis: sehr oft. Jedes Mal, wenn uns die neue Information begegnet, sinkt die Anzahl der Sekunden, bis wir sie erkennen.

Der Forscher Howard Eichenbaum (2003) geht von der Prämisse aus, dass unser semantisches Gedächtnis sich aus unserem episodischen Gedächtnis speist. Unser

Leben ist eine Abfolge von Episoden oder Einzelszenen. Die Informationen, die wir den einzelnen Episoden entnehmen, werden im Gehirn gespeichert. Diejenigen Informationen, die in diesen Episoden wiederholt auftauchen, übernimmt das Gehirn ins semantische Gedächtnis. Ein Beispiel dafür wären die Attribute, die wir mit Hunden assoziieren. Sie beruhen darauf, dass wir viele Male Hunde gesehen haben, die beispielsweise gebellt oder mit dem Schwanz gewedelt haben. Die einzelnen Episoden sind uns wahrscheinlich längst entfallen, aber an die charakteristischen Eigenschaften dieser Tiere können wir uns erinnern, weil wir sie mehrfach erlebt haben.

Diese Theorie ist allgemein akzeptiert. Wenn wir wollen, dass unsere Schüler erfolgreich vertiefend üben können, müssen wir dafür sorgen, dass sie mit möglichst vielen »Episoden« in Kontakt kommen.

Die zu Beginn des Kapitels zitierte Begebenheit, in der meine Schüler Informationen zum Thema Demokratie erst abrufen konnten, als ich das Zimmer betrat, ist ein weiterer Beleg für diese Theorie. Die Schüler reaktivieren alle neuronalen Netze, die im Rahmen von früheren Episoden entstanden sind, die sich mit diesem Thema befasst haben. Solange die Gedächtnisinhalte nicht fest im Gehirn verankert sind, müssen sie auf dem gleichen Weg abgerufen werden, auf dem sie gespeichert wurden. Außerdem ist das Abrufen auf diesem Wege störanfällig. Erst wenn die Informationen fest verankert sind, kann man ohne bestimmte Auslöser oder Stichworte darauf zugreifen.

Gedächtnisinhalte müssen auf unterschiedliche Weise geübt werden, damit sie in vielen verschiedenen Hirnarealen abgespeichert werden.

Wozu üben?

Neue Lerninhalte üben bedeutet, sie im Kopf immer wieder durchzugehen, um sie besser zu verstehen. Die Schüler müssen Gelegenheit haben, mit dem neuen Stoff zu experimentieren. Im Lauf der ersten vier Schritte haben wir im Gehirn ein Netzwerk von Verbindungen aufgebaut. Die Schritte Rekodieren und Verstärken haben dafür gesorgt, dass dieses Netzwerk funktioniert und eventuelle Fehler korrigiert wurden. Um meinen Schülern begreiflich zu machen, dass Konzepte und Fähigkeiten geübt werden müssen, mache ich folgendes Spiel mit ihnen.

Diese Übung funktioniert am besten in einem möglichst großen Raum. Ich gehe mit meinen Schülern daher in die Bibliothek, die Mensa oder die Turnhalle oder, sofern das Wetter es erlaubt, nach draußen. Ich teile die Schüler in zwei Gruppen ein und sage, sie sollen sich verteilen. In jeder Gruppe gebe ich dem Schüler, der mir am nächsten steht, einen aufblasbaren Wasserball. Dieser Schüler ist der »Sender«. Den Schüler, der am weitesten von mir entfernt steht, erkläre ich zum »Empfänger«. Die Spielregeln sind einfach: Der Wasserball muss den Empfänger erreichen, ohne den Boden zu berühren und ohne dass die Schüler ihre Füße bewegen. Die Wasserbälle sind so leicht, dass man sie nicht einfach direkt zum Empfänger werfen kann. Die Schüler müssen sich deshalb eine Strategie ausdenken, wie sie den Ball vom Sender zum Empfänger befördern. Durch Ausprobieren finden sie nach und nach heraus, welcher Schüler den Ball am besten zu welchem Schüler werfen sollte. Wenn beide Bälle beim jeweiligen Empfänger eingetroffen sind, gibt es meistens Applaus.

Doch dann schaue ich auf die Uhr und sage: »Okay, beide Teams haben die Aufgabe gelöst, aber es hat ziemlich lange gedauert. Versucht es noch einmal!« Nun kämpfen die Schüler also gegen die Uhr und versuchen den Ball schneller weiterzugeben. Vielleicht überspringen sie einzelne Stationen. Wenn sie zu viel riskieren und der Ball auf den Boden fällt, müssen sie wieder von vorn anfangen. Schließlich haben beide Gruppen eine Methode gefunden, die Distanz zwischen Sender und Empfänger möglichst rasch zu überbrücken. Damit wähnen sie sich am Ziel.

Daraufhin rufe ich die Klasse zusammen und analysiere mit ihnen, was passiert ist. Die Schüler mussten zusammenarbeiten. Sie mussten herausfinden, welche Kombination am besten funktioniert. Aber hatten sie wirklich *gelernt*, wie es geht? Um die ideale Abfolge dauerhaft zu lernen, müssten sie sie viele Male üben. Dann könnten wir uns morgen oder in einer Woche wiedertreffen, und jeder wüsste genau, wo er stand und wem er den Ball zuwerfen muss. Dieses Spiel unterstreicht, wie wichtig es ist, Neues zu üben. Die Sportler unter den Schülern erzählen, wie sie mit ihrem Team regelmäßig trainieren. Die Schüler begreifen, dass durch Übung neuronale Netze im Gehirn entstehen.

Von diesem Spiel kann man etwas Wichtiges über Lernen und Gedächtnis erfahren. Etwas zu lernen – sprich: ein »Aha-Erlebnis« zu haben – reicht nicht aus, damit die Informationen im Gedächtnis verankert und auf andere Situationen übertragen werden können. Darüber, ob ein Schüler den Stoff zu Beginn des nächsten Schuljahrs noch abrufen kann, entscheidet nicht der Moment der Erleuchtung, sondern die Frage, ob der Stoff auch geübt wurde.

In »Classroom instruction that works« zitieren Marzano, Pickering und Pollack (2001) mehrere Metastudien zum Thema Üben, die bei Schülern eine Leistungssteigerung um 21 bis 44 Prozent festgestellt haben. Konkret heißt das, dass Schüler, die eine Übungsphase durchlaufen haben, bei standardisierten Tests zwischen 21 und 44 Prozent besser abschneiden als Schüler, die nicht üben. Dieses Ergebnis überrascht nicht, sind im Langzeitgedächtnis gespeicherte Informationen doch nichts anderes als Netzwerke von Nervenzellen, die durch Wiederholung immer engmaschiger geknüpft worden sind. Damit solche dauerhaften Verbindungen entstehen, müssen wir unsere Schüler länger üben lassen, als es beispielsweise die nächste Klassenarbeit erfordert (Schenck 2000).

Manche Lerninhalte sind erst dann dauerhaft gespeichert, wenn wir sie über einen ersten Sättigungspunkt hinaus geübt haben.

Was sollte geübt werden?

Alles, was Schüler dem Ziel näher bringt – sei es Faktenwissen, konzeptuelles Wissen oder prozedurales Wissen –, sollte geübt werden. Egal, wie das Lernziel oder der Leistungsmaßstab lautet: Für den Erfolg Ihrer Schüler ist es notwendig, dass der Stoff in ihrem Langzeitgedächtnis verankert wird.

Damit Schüler bestimmte Informationen bei Klassenarbeiten oder Vergleichsarbeiten abrufen können, müssen sie geübt werden. Faktenwissen und prozedurales Wissen kann man zum Teil durch mechanisches Üben lernen. Fahrrad fahren lernt man, indem man möglichst viel Fahrrad fährt – man übt einfach so lange, bis man es beherrscht. Auch Faktenwissen wie das Einmaleins, Staaten und ihre Hauptstädte oder Hilfsverben lässt sich durch mechanisches Üben im Gedächtnis verankern.

Wie sollte man üben?

Üben kann viele Formen annehmen und zu Hause oder in der Schule erfolgen. Immer geht es darum, Informationen auf möglichst viele unterschiedliche Wege zu speichern. Zwischen Übungsphasen sollten Pausen liegen, und eine wichtige Rolle dafür, wie gut Informationen abgespeichert werden, spielt der Schlaf (Stickgold u. a. 2000).

Im Rahmen des Übens kann man viele der Rekodierungsstrategien einsetzen, die ich in Kapitel 3 vorgestellt habe. So kann sich durch das Analysieren von Gemeinsamkeiten und Unterschieden die Leistung von Schülern um bis zu 45 Prozent erhöhen (Marzano, Pickering und Pollack 2001). Wenn die Schüler sich mit Gemeinsamkeiten und Unterschieden beschäftigen, gibt ihnen das Gelegenheit, sich ihr eigenes Bild von den Lerninhalten zu machen.

Werfen wir einen Blick auf die Möglichkeiten, eine bestimmte Strategie mit Schülern im Rahmen einer Vielfalt von »Episoden« einzuüben. Mein Ziel besteht darin, dass meine Schüler lernen sollen, in ganz unterschiedlichen Umständen Gemeinsamkeiten und Unterschiede festzustellen. Wenn ich eine Klasse in mehreren Fächern unterrichte, kann ich die Strategie vielleicht sogar über Fachgrenzen hinweg anwenden:

- Den Anfang macht eine Kurzgeschichte im Englischunterricht, in der zwei Freunde sich um ein Spielzeug streiten. Ich lasse meine Schüler ein Mengendiagramm zu den Gemeinsamkeiten und Unterschieden der beiden Freunde zeichnen.
- In Sozialkunde vergleichen wir die Aufgaben in unterschiedlichen sozialen Berufen.
- In Mathematik lösen wir eine Aufgabe auf unterschiedliche Weise und vergleichen die Lösungswege.
- In Musik besprechen wir zwei Lieder, deren Text und Melodie ähnlich sind.
- Im Kunstunterricht bietet es sich an, unterschiedliche Kunststile zu vergleichen.
- Dann lesen wir eine weitere Geschichte, die Anlass zu einer Gegenüberstellung von Stadt und Land gibt.

- Die Schüler zeichnen Bilder von Erlebnissen oder Gegenständen, zwischen denen es sowohl Gemeinsamkeiten als auch Unterschiede gibt.
- In Sketchen stellen die Schüler die Gemeinsamkeiten und Unterschiede zweier Sportler dar.
- Die Schüler schreiben über zwei Menschen, die für sie eine wichtige Rolle spielen. Wie ähneln sich beide, und wie unterscheidet sich das, was sie für die Schüler tun?

Wann ist es genug?

Die neun hier genannten Beispiele decken eine große Bandbreite von Lernstilen, Emotionen, persönlichen Beziehungen und sozialen Interaktionen ab. Werden diese Übungen dafür sorgen, die Strategie im Langzeitgedächtnis zu verankern? Vor und nach jeder Übung sollte Zeit zum Reflektieren und Verstärken sein. Verfolgt man diesen Ansatz, so wird das Konzept in diesem Beispiel unmittelbar oder in der Reflexion insgesamt 27-mal geübt. Die Lernerfahrungen verteilen sich auf mehrere Wochen, einige erfolgen im Unterricht, andere im Rahmen der Hausaufgabe. Zwischen den jeweiligen Episoden haben die Schüler Zeit, »darüber zu schlafen«, was den Speicherungsprozess befördert (Mateika, Millrood und Mitru 2002). Könnten wir in die Gehirne der Schüler hineinschauen, so könnten wir verfolgen, wie Netzwerke entstehen (vgl. Abb. 13).

Durch vielfältige Lernerfahrungen werden Gedächtnisinhalte besser verankert.

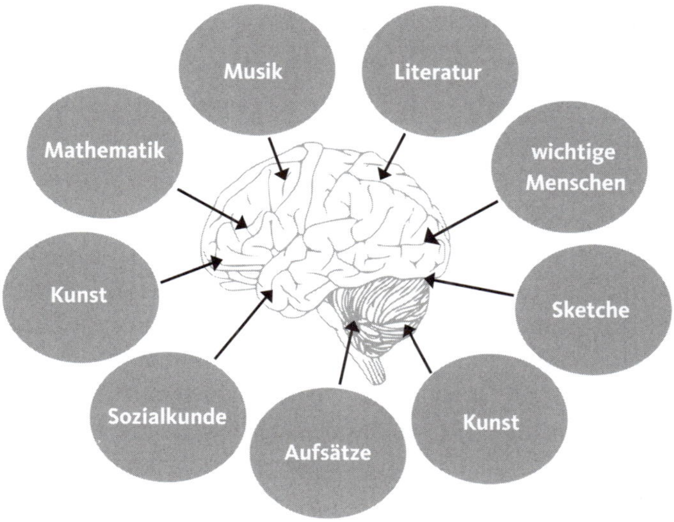

Abb. 13: Das geistige Netzwerk zum fächerübergreifenden Konzept »Gemeinsamkeiten und Unterschiede«

Die Bedeutung des Schlafs

Die meisten Lehrer interessieren sich dafür, wie viel ihre Schüler schlafen sollten. Fast alle melden sich, wenn ich frage, wer den Verdacht hat, dass manche Schüler zu wenig schlafen. Was hat Schlaf mit Lernen zu tun?

Die meisten Gedächtnisforscher sind sich einig, dass Gedächtnisinhalte im Schlaf abgespeichert werden (Schacter 1996; Stickgold u. a. 2000; Mateika, Millrood und Mitru 2002). Stickgold und seine Kollegen (2000) haben festgestellt, dass sich Schüler, die in der Nacht nach einer Unterrichtsstunde nur sechs Stunden Schlaf bekamen, an deutlich weniger erinnerten als diejenigen, die volle acht Stunden schliefen. Neue Inhalte, so heißt es, werden im Schlaf geübt. Neuronale Netze, die im Laufe des Lernens geknüpft wurden, werden in der Nacht verfestigt (Blakeslee 2000).

Wir haben alle schon einmal kurz vor einer wichtigen Arbeit ordentlich gepaukt. Wir sind bis spät in die Nacht über unseren Notizen gesessen, sind morgens früh aufgestanden und sie noch einmal durchgegangen und haben unmittelbar vor der Arbeit noch einen letzten Blick darauf geworfen. Viele von uns haben dadurch so viele Informationen im Arbeitsgedächtnis speichern können, dass wir in der Arbeit ganz gut abgeschnitten haben. Aber wir wissen alle: Sobald die Arbeit abgegeben war, waren die Informationen weg. Wir hatten den Stoff nämlich nicht im Langzeitgedächtnis gespeichert – wir hatten nicht genug geschlafen, und deshalb waren die Verbindungen zwischen den Nervenzellen nicht stark genug. Studien haben gezeigt, dass das Gehirn weniger gut in der Lage ist, neue Informationen im Gedächtnis zu verankern, wenn wir weniger schlafen (Dye 2000).

Pauken in letzter Minute dient eher dem Vergessen als dem Erinnern.

Die Bedeutung von Hausaufgaben

In den Zeitungen liest man immer wieder, dass die Hausaufgabenlast ständig steige und Schüler dadurch ihrer Kindheit beraubt würden. Tom Loveless (2003) dagegen, Leiter des Brown Center der Brookings Institution, die sich mit Bildungspolitik beschäftigt, widerspricht dieser Behauptung vehement. Die Presse, so Loveless, beziehe sich damit auf eine Studie des Population Studies Center der University of Michigan. Die Ergebnisse dieser Studie beruhen auf Hausaufgabenheften, die eine Zunahme der Hausaufgaben um 23 Minuten zeigen. Loveless glaubt, dass dieser Anstieg auf jüngere Schüler zurückgeht, die im Lauf der Studie zum ersten Mal überhaupt Hausaufgaben gestellt bekamen.

Harris Cooper, ein renommierter Hausaufgabenexperte von der Duke University, pflichtet Loveless bei. Cooper sagt, dass die Hausaufgabenlast mit jedem Schuljahr um zehn Minuten zunehmen sollte (Viadero 2003).

Doch die Frage bleibt: Wie wichtig sind Hausaufgaben? Beantwortet wird sie von einer Metastudie von Marzano, Pickering und Pollack (2001), nach der Hausaufgaben für eine deutliche Leistungssteigerung sorgen. Schüler, die regelmäßig Hausaufgaben machen, haben demnach bei standardisierten Tests einen Vorteil gegenüber Altersgenossen, die keine Hausaufgaben gestellt bekommen. Noch effektiver sind Hausaufgaben, die bewertet werden. Werden Hausaufgaben weder korrigiert noch benotet, verringert sich der Effekt.

Im Rahmen eines Berichtes des US-Bildungsministeriums, der sich auf Daten aus dem Jahr 1994 stützt (»Good study habits« 1997) wurden drei Gruppen von Schülern – Viert-, Acht- und Zwölftklässlern – folgende Fragen gestellt: Wie viel Zeit brauchst du für deine Hausaufgaben? Wie oft sprichst du zu Hause über schulische Dinge? Wie viele Seiten liest du pro Tag, in der Schule und als Hausaufgabe? Aus den Antworten und den Noten der Schüler geht hervor, dass es eine positive Korrelation zwischen einer guten Arbeitshaltung und guten Noten gibt.

Wertvolle Tipps zum Thema Hausaufgaben finden sich in Marzano, Pickering und Pollack 2001 und Wong und Wong 1991:

- Hausaufgaben sollten sich auf Inhalte beziehen, mit denen die Schüler vertraut sind. Im Kapitel zum Thema Rekodieren habe ich ausgeführt, dass dieser Prozess nicht benotet werden, aber im Unterricht stattfinden sollte, da eine Rekodierungsübung als Hausaufgabe Stress auslösen kann. Die Schüler wissen nicht, was sie wissen, bevor die Schritte Rekodieren und Verstärken abgeschlossen sind. Das Rekodieren sollte unter Anleitung erfolgen. Ist der Stoff verstanden, dann ist eine Hausaufgabe eine gute Möglichkeit, das Verständnis durch Übungen zu festigen.
- Hausaufgaben können zur Vertiefung des Gelernten dienen. In diesem Fall haben die Schüler den Stoff im Wesentlichen verstanden, und die Hausaufgabe eröffnet neue Anwendungsmöglichkeiten. Wenn die Schüler zum Beispiel das Konzept Zellteilung verstanden haben, kann der Lehrer ihnen die Hausaufgabe stellen, eine Internetseite zu finden, auf der die Mitose beschrieben oder veranschaulicht wird.
- Geben Sie den Schülern konkrete Leitlinien für das Anfertigen von Hausaufgaben an die Hand. Diese Leitlinien sollten Hausaufgabentipps für Schüler und Eltern umfassen. Die Eltern sollten ihr Kind ermutigen, aber nur in begrenztem Umfang Hilfestellung geben. Die Dauer der Hausaufgaben in Minuten sollte die Jahrgangsstufe mal zehn sein.
- Sagen Sie klar und deutlich, worin der Zweck der Hausaufgabe besteht. Die Schüler müssen das Ziel kennen, damit sie es ins Visier nehmen können. In Mathematik zum Beispiel muss man ihnen sagen, ob sie bei den Hausaufgaben nur das Ergebnis festhalten sollen oder auch den Lösungsweg. Geht es dem Lehrer um das Endergebnis oder den Prozess? Wenn das Anfertigen einer Hausaufgabe Vorkenntnisse erfordert, sollte der Lehrer den Schülern sagen, was sie wissen müssen, um die Aufgabe zu lösen.
- Verstärken Sie Hausaufgaben durch verschiedene Arten von Feedback. Wie ich im Schritt »Verstärken« dargelegt habe, kann Feedback von verschiedener Seite und in

unterschiedlicher Form gegeben werden. Die Schüler können ihre eigenen Aufgaben korrigieren oder die ihrer Mitschüler. Das Feedback kann aber auch überwiegend vom Lehrer kommen.

Wie Stronge (2002) in »Qualities of effective teachers« schreibt, kommt es bei Hausaufgaben nicht auf die Quantität an, sondern auf die Qualität. Auch Stronge weist darauf hin, dass Hausaufgaben einen größeren Effekt auf die Leistung von Schülern haben, wenn sie benotet und im Unterricht besprochen werden.

Hausaufgaben bieten eine Vielfalt von Übungsmöglichkeiten und sorgen für bessere Leistungen.

Üben und abstraktes Denken

In ihrer überarbeiteten Fassung der Taxonomie der Erziehungsziele von Benjamin Bloom unterscheiden Anderson u.a. (2001) bei Denkprozessen mit höherem Abstraktionsniveau die Kategorien Analyse, Evaluation und Entwicklung neuer, eigener Gedanken. Das ist das Niveau, das wir beim Unterrichten anstreben. Im Rahmen des Gedächtnisprozesses sind diese Kategorien nicht nur in der Übungsphase von Bedeutung, sondern auch in der Wiederholungs- und in der Abrufphase (Schritte 6 und 7).

Wenn wir mit unseren Schülern üben, widmen wir uns zunächst den kognitiven Prozessen Wissen, Verstehen und Anwenden. Etwas zu wissen heißt, es wiederzuerkennen und sich daran erinnern zu können. Dabei handelt es sich um weniger anspruchsvolle Denkprozesse, die dennoch wichtig sind. Um zu analysieren, zu evaluieren oder sich neue Anwendungsmöglichkeiten auszudenken, brauchen die Schüler Material, mit dem sie arbeiten können. Daher kann es wichtig sein, die Übungsphase mit einfachen Wiedererkennungs- und Erinnerungsaufgaben zu beginnen.

Sobald sich die Verbindungen zwischen den Nervenzellen verfestigt haben, sind die Schüler bereit für das nächsthöhere Niveau und können die neuen Informationen anwenden. Anderson und seine Kollegen (2001) bezeichnen diesen Schritt als »Ausführen und Implementieren«. Wenn es um das Aneignen prozeduralen Wissens geht, dann ist dieser Schritt eine entscheidende Voraussetzung, um das Verständnis zu vervollkommnen und Transferleistungen zu ermöglichen. Um prozedurales Wissen zu üben, kann man die Schüler den Prozess zum Beispiel auf eine Aufgabe anwenden lassen, die ihnen vertraut ist.

Mr. Bellows nimmt mit seiner Klasse durch, was es heißt, wissenschaftlich zu arbeiten. Um die Schüler zu, hat er mehrere große Schüsseln voll Popcorn auf das Lehrerpult gestellt, bevor die Kinder hereinkommen. Er hat es frisch zubereitet, sodass es im ganzen Raum nach Popcorn duftet. Als die Schüler fragen, ob sie etwas davon essen dürfen, erklärt er ihnen, dass sie zuerst mithilfe der wissenschaftlichen Methode herausfinden müssen, welches Popcorn am schnellsten aufplatzt, welches am lockersten ist und welches am besten schmeckt. Er hat nämlich Popcorn aus selbst angebautem Mais, Popcorn aus dem Kino und Popcorn aus dem Supermarkt dabei. Die Schüler machen sich sofort an die Arbeit, denn sie wissen: Je eher sie die Aufgabe gelöst haben, desto eher bekommen sie Popcorn!

Als Übung lässt Mr. Bellows die Schüler eine Episode in ihre Lerntagebücher schreiben, die sie mit Popcorn erlebt haben. Er erzählt, dass er sich selber einmal am heißen Öl ziemlich die Hand verbrannt hat, als er Popcorn aus einem Topf herausschütten wollte. Viele Schüler haben noch nie gehört, wie man in einem Topf auf traditionelle Art Popcorn macht. Nachdem die Schüler ihre eigenen Geschichten aufgeschrieben haben, erklärt ihnen Mr. Bellows am Overhead-Projektor die einzelnen Schritte für wissenschaftliches Arbeiten in diesem Fall.

Daraufhin sollen sich die Schüler einen Partner suchen und sich die Schritte gegenseitig erklären, bevor sie den Stoff, indem sie ihn mit eigenen Worten ausdrücken. Während die Schüler mit dem Rekodieren beschäftigt sind, geht Mr. Bellows von Pult zu Pult, einzelne Schüler und macht Verbesserungsvorschläge.

Jetzt formalisieren die Schüler die Frage und stellen ihre Hypothesen auf. Eine Hypothese ist eine Aussage, die auf der ursprünglichen Frage beruht. Viele Schüler schreiben: »Ich glaube, dass Popcorn aus dem Kino am schnellsten aufplatzt, besser schmeckt und lockerer ist.« Dann halten sie fest, was sie alles brauchen: die unterschiedlichen Arten von Popcorn, eine Popcorn-Maschine, Öl usw. Sie schreiben Schritt für Schritt auf, wie lange das Popcorn jeweils braucht, wie locker es ist und, nicht zu vergessen, wie es schmeckt. Danach lässt Mr. Bellows sie ihre Ergebnisse und Beobachtungen rekodieren und baut noch einmal eine Reflexionsübung ein.

Als Mr. Bellows sich sicher ist, dass die Schüler verstanden haben, wie man wissenschaftlich arbeitet, und dass sie die einzelnen Schritte und das Popcorn-Beispiel in eigenen Worten festgehalten haben, stellt er ihnen eine Hausaufgabe. Sie sollen herausbekommen, auf welchem Fernsehsender die meisten Werbespots gezeigt werden.

Mithilfe dieser und vieler anderer Übungen versucht Mr. Bellows, das Verständnis des Prozesses bei den Schülern immer weiter zu verfeinern. Die Aufgaben dienen dazu, die Schritte immer wieder zu wiederholen. Wenn die Schüler den Prozess immer wieder durchgegangen sind, ist es sehr viel wahrscheinlicher, dass sie sich daran erinnern, wenn sie mit einem unbekannten Problem konfrontiert sind.

Analyse

Zu diesem Schritt der Taxonomie gehören das Differenzieren, Organisieren und Attribuieren:

- *Differenzieren* bedeutet, zwischen relevanten und irrelevanten Informationen zu unterscheiden und sich nur auf das zu konzentrieren, was wirklich wichtig ist. Im oben beschriebenen Szenario könnte das so aussehen, dass die Schüler einen Text lesen und dann die wissenschaftliche Methode auf die relevanten Textpassagen anwenden.

- *Organisieren* erfordert, eine Situation oder ein Problem in Einzelbestandteile zu zerlegen und dann zu ermitteln, wie die relevanten Teile zueinander in Beziehung stehen. Die Schüler könnten zum Beispiel Forschungsberichte im Hinblick auf die einzelnen Schritte der wissenschaftlichen Methode analysieren: Hypothese, Methode, Ergebnisse, Schlussfolgerung.
- *Attribuieren* bedeutet, Informationen zu dekonstruieren und auf Werte beziehungsweise Vorurteile abzuklopfen. In Bezug auf die wissenschaftliche Methode könnte das heißen, dass sich die Schüler die Bestandteile einer Studie ansehen und die Werte der Autoren analysieren oder überlegen, inwiefern die Methode auf Vorurteile der Autoren schließen lässt.

All das sind denkbare Beispiele für Übungen, die die Schüler als Hausaufgabe oder im Unterricht machen können.

Evaluation

Bei diesem Denkprozess auf höherem Abstraktionsniveau geht es darum, Dinge auf den Prüfstand zu stellen und Kritik zu üben. Mr. Bellows könnte seine Schüler Forschungsberichte analysieren und auf Unstimmigkeiten hin überprüfen lassen. Vielleicht wird die Schlussfolgerung vom Datenmaterial gar nicht gestützt, oder die Hypothese ergibt sich nicht eindeutig aus der Ausgangsfrage. Auf dieser Grundlage könnten die Schüler dann eine Evaluation der Forschungsberichte schreiben, in der sie festhalten, ob die Hypothesen einleuchtend sind, oder sich zu den Stärken und Schwächen der Stichprobe äußern.

Entwicklung neuer Gedanken

Die Entwicklung neuer, eigener Gedanken gilt als schwierigster Denkprozess. Schüler können so Schritte und Methoden planen und entwerfen, die sie in unvorhergesehenen Situationen anwenden können. Die Schüler könnten sich zum Beispiel eigene Probleme ausdenken, die man mit der wissenschaftlichen Methode lösen könnte. Eine andere Möglichkeit wäre es, sich eigene Schritte zum Lösen von Problemen auszudenken, auf die sich die wissenschaftliche Methode nicht anwenden lässt.

> Transfer bedeutet, dass Schüler ihr Wissen und ihre Kenntnisse auf unerwartete oder ungewöhnliche Situationen und Probleme anwenden können.

Die verschiedenen Gedächtnispfade: Viele Wege führen zum Gedächtnis

Grundkenntnisse über die Wege, die zum Gedächtnis führen (siehe auch Sprenger 1999), können uns dabei helfen, unterschiedliche Übestrategien zu entwickeln (siehe Abb. 14).

Zugang zum Gedächtnis	Strategie
semantisch	Graphic Organizer Mindmaps Zeitleisten Peer Teaching Übungsarbeiten
episodisch	Exkursionen Wandplakate Klassenzimmer gestalten Sitzordnung variieren
emotional	Musik Personalisierung Geschichten erzählen Rollenspiele Diskussionen
prozedural	Tanzen Rollenspiele Körperroute-Technik rhythmische Sprechgesänge Bewegen beim Lernen (herumgehen, marschieren)
konditionierte (automatische) Reaktionen	Lieder Gedichte Lernkarteien Quizspiele

Abb. 14: Die fünf Gedächtnispfade

Am häufigsten ist Schulunterricht *semantisch* organisiert, das heißt, wir vermitteln unseren Schülern semantische Informationen und unterstützen sie dabei, diese Informationen dauerhaft im Gedächtnis zu verankern. Doch der semantische Pfad ist nur einer von vielen Zugängen zum Lernen, die unserem Gehirn gemäß sind. Über den *episodischen* Gedächtnispfad speichert das Gehirn Erinnerungen an Ereignisse und Orte. Über den *emotionalen* Gedächtnispfad, unseren stärksten Zugang zum Gedächtnis, werden emotionale Ereignisse gespeichert. Cahill (2004) zufolge hat die Amygdala, das primitive Gefühlszentrum des limbischen Systems, den größten Einfluss darauf, woran wir uns erinnern. Durch ihre mannigfachen Verbindungen zu allen Arealen des Gehirns kann sie auf direktem Wege kommunizieren, dass etwas aus emotionalen Gründen Eingang ins Gedächtnis finden sollte. Den *prozeduralen* Gedächtnispfad benutzen wir für das Muskelgedächtnis und für einfache Prozesse, die wir so oft üben, bis sie uns in Fleisch und Blut übergehen. Und schließlich können bestimmte Gedächtnisinhalte über den Zugang für konditionierte Reaktionen oder *automatischen* Zugang abspeichern. Im Lauf des Übungsprozesses können wir Informationen auf vielen oder allen diesen Wegen abspeichern.

Diese Zugänge zum Gedächtnis eröffnen Ihnen vielfältige Möglichkeiten, Ihren Schülern abwechslungsreiche Lernerfahrungen zu vermitteln. Damit die Schüler das Wissen auch auf andere Situationen übertragen können, sollten Sie so viele verschiedene Zugänge ansprechen wie möglich. Vergessen Sie nicht, dass die Schüler möglicherweise in der Lage sein müssen, den Stoff in einer schriftlichen Arbeit oder einem standardisierten Test wiederzugeben. (Falls dem so ist, dann sollten Sie die Informationen auf jeden Fall auch auf den semantischen Zugang übertragen, indem die Schüler sie schriftlich festhalten.) Wenn Sie den Stoff in verschiedenen Zusammenhängen präsentieren, fällt es den Schülern leichter, die gemeinsamen Elemente und Konzepte zu abstrahieren und sie auch in anderen Situationen anzuwenden (Bransford, Brown und Cocking 1999).

In »A taxonomy for learning, teaching and assessing« (Anderson u. a. 2001) bezeichnen die Autoren Wiedererkennen und Sicherinnern als Fähigkeiten mit niedrigem Abstraktionsniveau. Man darf nicht vergessen, dass sich das Gedächtnis bei Heranwachsenden noch entwickelt. DeFina (2003) weist darauf hin, dass jüngere Schüler Schwierigkeiten haben, komplizierte Konzepte zu verstehen. Im Alter von sieben oder acht Jahren können Kinder auf ein bestimmtes Stichwort hin nur eine Information abrufen. Mit zehn oder elf Jahren können sie mithilfe desselben Stichworts bis zu drei Informationen abrufen. Mit zunehmendem Alter verbessert sich die Gedächtnisleistung. So können 80 Prozent aller Fünftklässler Informationen bereits bestimmten Kategorien zuordnen, sodass sie leichter abrufbar sind. Diese Fähigkeit, Informationen nach begrifflichen Kategorien zu ordnen, nimmt mit jedem Schuljahr zu.

Daraus ergibt sich, dass man die Art der Übungen auf Alter und Fähigkeiten der Schüler abstimmen sollte. Ein Weg, den unterschiedlichen Bedürfnissen unserer Schüler gerecht zu werden, sind binnendifferenzierte Übungsstrategien (Sprenger 2003).

Alle Menschen, so Payne (2001), denken bis zu ihrem siebten Geburtstag ausschließlich in Geschichten, und auch danach ist das die vom Gehirn bevorzugte Art zu denken. Unser Gehirn speichert denkwürdige Erlebnisse und Ereignisse in Form von Geschichten. Indem wir dafür sorgen, dass eine Unterrichtsstunde für unsere Schüler zu einem einmaligen Erlebnis wird, helfen wir ihnen, den Stoff langfristig abzuspeichern. Wenn wir die Übungsphase zu einem ereignisreichen Prozess machen, wird das Wissen über den episodischen Zugang abgespeichert und schließlich auch über den semantischen Zugang (Eichenbaum 2003).

Erlebnisse rufen Emotionen hervor. Daher erleichtern wir den Eingang des Stoffes ins Langzeitgedächtnis, wenn wir im Unterricht die Gefühle der Schüler ansprechen. Übungen, bei denen Gefühle ins Spiel kommen, sind zum Beispiel Diskussionen, Rollenspiele, argumentative Texte, Interviews oder eine kleine Kampagne für eine gute Sache.

Wozu sind Mnemotechniken gut?

Bekannte Mnemotechniken, die dem Gedächtnis auf die Sprünge helfen sollen, sind zum Beispiel Zahl-Form-Systeme, Akronyme, Akrosticha, die Loci-Methode, Merkgeschichten oder Lieder und Rhythmen (siehe Abb. 15). Viele dieser Techniken haben zum Ziel, in unserem Kopf Bilder entstehen zu lassen.

Mnemotechniken beruhen auf dem Prinzip, neu zu Lernendes mit bereits Bekanntem zu verknüpfen, Informationen über viele verschiedene Zugänge abzuspeichern, den Stoff interessanter und spannender zu machen, und ihn mit bestimmten Stichwörtern oder Hinweisen zu verbinden, um ihn leichter abrufen zu können. Je geringer Ihr Vorwissen, desto mehr können Sie von Mnemotechniken profitieren. Mithilfe von Mnemotechniken kann eine ungewöhnliche Assoziation behalten und behaltbar werden. Doch auch wenn auf diese Weise Verknüpfungen zwischen Nervenzellen hergestellt werden: Da diese Verknüpfungen nicht mit Sinn erfüllt sind, tragen sie nichts zur Steigerung des Informationswerts bei (Gordon und Berger 2003).

Mnemotechniken sind daher gut geeignet, um sich Fakten besser einzuprägen. Wo immer es um konzeptionelles Verständnis geht, ist es sinnvoller, auf vertiefende Übungen zurückzugreifen. Wenn Sie von Ihren Schülern erwarten, dass sie gedächtnisfördernde Strategien benutzen, müssen Sie ihnen beibringen, wie man sie einsetzt. Viele dieser Strategien sind uns längst in Fleisch und Blut übergegangen. Aber sie sind nicht angeboren – jemand hat sie uns beigebracht. So wie alle Gedächtnisinhalte müssen wir auch Übungsstrategien üben, damit sie ins Langzeitgedächtnis gelangen und wir auf sie zugreifen können, wenn wir sie brauchen.

Mnemotechniken können eine Gedächtnisstütze sein.

Mnemotechnik	Beispiel/Erklärung
Zahl-Reim System 	Sich geordnete oder ungeordnete Informationen merken, indem man zuerst eine Liste mit Schlüsselwörtern auswendig lernt, die sich auf eine Zahlenfolge reimen: - Ein: Bein - Sechs: Hex(e) - Zwo: Zoo - Sieben: Sieb - Drei: Brei - Acht: Jacht - Vier: Stier - Neun: Scheun(e) - Fünf: Strümpf(e) - Zehn: Feen
Akrostichon Akronym 	Ein Wort oder ein Satz, der ausschließlich aus den Anfangsbuchstaben von Wörtern besteht, die man sich merken will. WOLKEN für die sechs wichtigsten Dinge, die vor einer längeren Autofahrt überprüft werden sollten: Wasser, Oel, Luft, Kraftstoff, Elektrik, Notfallkasten.
Akrostichon 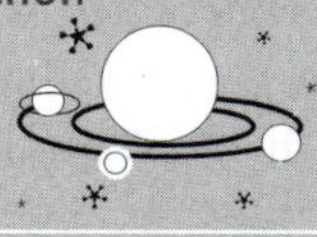	Ein Satz, bei dem der erste Buchstabe jedes Wortes als Merkhilfe dient: „Mein Vater erklärt mir jeden Sonntag unseren Nachthimmel" für die Planeten des Sonnensystems: Merkur, Venus, Erde, Mond, Jupiter, Saturn, Uranus, Neptun.
Loci-Methode 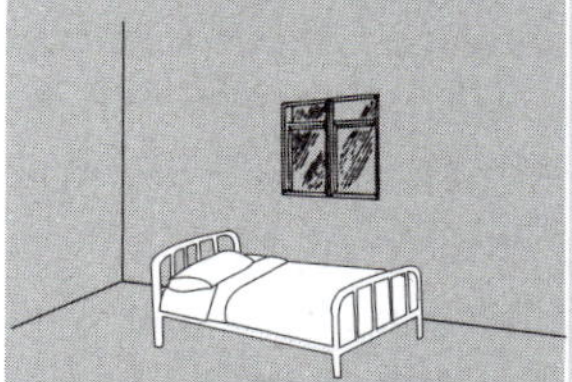	Man assoziiert ein Zimmer und die Gegenstände, die sich darin befinden, mit einer Liste zu lernender Wörter, indem man den Startpunkt festlegt und jedem Gegenstand ein Wort zuordnet, während man im Kopf durch das Zimmer geht (Beispiel Schlafzimmer: das erste Wort verbindet man mit dem Schrank, das zweite mit dem Bett, das dritte mit der Lampe, das vierte mit dem Bild, das fünfte mit dem Fenster usw.)
Merkgeschichte 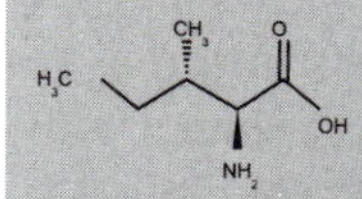 	Denken Sie sich eine Geschichte aus, die jedes Element einer Liste enthält. Beispiel: Die essentiellen Aminosäuren des Menschen – Phenylalanin, Isoleucin, Tryptophan, Methionin, Leucin, Valin, Lysin, Threonin. **Phän**omenale **Isol**de **trübt mit**unter **Leu**tnant **Va**lentins **lüs**terne **Trä**ume.
Musik und Rhythmus  	Denken Sie sich zu dem Lernstoff ein Lied oder ein Gedicht aus. Beispiel: Die Reihenfolge der Ostfriesischen Inseln von West nach Ost: Borkum, Juist und Norderney, dann Baltrum in der Mitte sei, Langeoog, Spiekeroog und Wangerooge schließen dann in alphabetischer Folge an.

Abb. 15: Mnemotechniken, die als Gedächtnisstützen dienen können

Mentales und physisches Üben

Es gibt noch zwei weitere Übungsmethoden. Die eine ist mentales Üben. Wir alle kennen Studien über Sportler oder Musiker, die durch mentales Üben ihr Spiel verbessern. Mit der gleichen Methode kann man auch jede andere Art von Informationen einüben. Wenn man etwas einmal im Kopf durchgeht, kann das bereits großen Nutzen haben; noch besser sind mehrere Durchgänge. Außerdem kann man die Effektivität dieser Methode steigern, indem man sich zugleich das akustische Gedächtnis zunutze macht und sich die Informationen laut vorsagt (Gordon und Berger 2003).

Die andere Übungsmethode ist haptisches Lernen oder Lernen durch Bewegung – physisches Üben. Es ist bekannt, dass Bewegung Lernprozesse unterstützt, weil es eine weitere Dimension und einen weiteren Zugang zum Gedächtnis hinzufügt. Wenglinsky (2002) hat nachgewiesen, dass haptisches Lernen in naturwissenschaftlichen Fächern die besten Erfolge zeitigt. Rechenstäbchen sind im Mathematikunterricht nicht ohne Grund so weit verbreitet. Sie funktionieren deshalb so gut, weil sie Schülern helfen, Konzepte zu lernen und zu behalten. Für Kinder, die dem kinästhetischen Lerntyp angehören, ist haptisches Lernen unentbehrlich (Sprenger 2003). Hausaufgaben und Übungen sollten den Schülern Gelegenheit geben, nicht nur mit dem Verstand zu lernen, sondern auch mit dem Körper.

Unterrichtseinheit zum Thema »Brüche« in der Grundschule

Lernziel: *Die Schüler entwickeln eine Vorstellung davon, was Bruchteile sind – als Teile eines Ganzen, als Teile einer Menge und als Brüche von ganzen Zahlen.*

Erreichen: Zu Beginn der Mathestunde fragte Mr. Rogers, welcher Schüler freiwillig Versuchsperson sein wolle. Achmed meldete sich, und Mr. Rogers bat ihn, nach vorn zu kommen. Mr. Rogers holte einen langen, roten Wollfaden hervor und fragte die Klasse: »Wo müsste ich Achmed diesen Faden umbinden, dass er ihn in zwei Hälften teilt?« Die Schüler schlugen vor, den Faden um Achmeds Taille zu binden. Gesagt, getan. »Und wenn ich euch jetzt zeigen wollte, wie viel ein Viertel von ihm ist?« Die Schüler entschieden sich für eine Linie unterhalb von seinen Schultern. Daraufhin gab Mr. Rogers allen Schülern je einen Wollfaden und ließ ihnen einige Minuten Zeit, sich den Faden an unterschiedlichen Stellen umzubinden, um Bruchteile von sich anzuzeigen.

Reflektieren: Mr. Rogers ließ die Schüler ein PMI-Diagramm (siehe S. 167) zeichnen und ausfüllen. Sie sollten zuerst die Vorteile von Brüchen auflisten, dann die Nachteile, und schließlich, was sie an Brüchen interessant fänden. Indem sie sich eine Zeit lang mit dieser Aufgabe beschäftigten, stellten die Schüler Verknüpfungen zu ihrem Vorwissen her.

Rekodieren: In diesem Schritt sollten die Schüler Beispiele für Situationen auflisten, in denen sich Brüche in ihrem Leben als nützlich erwiesen hatten. Die Schüler notierten Beispiele wie einen Schokoriegel mit einer Freundin teilen, einen Kuchen backen oder das Geld aufteilen, das sie auf dem letzten Schülerflohmarkt eingenommen haben.

Verstärken: Mr. Rogers ging herum, schaute sich die Beispiele an, wies auf Missverständnisse hin und gab den Schülern positives Feedback.

Üben: Mr. Rogers wusste, dass viele Übungen notwendig sind, und wollte sichergehen, dass die Schüler auch zu abstrakteren Denkprozessen angeregt werden. (Die Übungen und ihre positiven Eigenschaften sind in Abb. 16 aufgelistet.) Nach jedem Schritt schob er eine Übung zur Reflexion oder zur Verstärkung ein. Die Schüler zeigten, dass sie den Stoff gut verstanden hatten.

Übung	Gedächtnishilfen
1. Mr. Rogers hatte kleine Schachteln mit Knetmasse in vielen verschiedenen Farben mitgebracht. Die Schüler sollten sich drei Farben aussuchen und von der ersten ein Viertel, von der zweiten ein Drittel und von der dritten die Hälfte abtrennen.	Bewegung, Lernmaterial 
2. Auch bei der zweiten Übung trennten die Schüler wieder Bruchteile von Knetmassestücken ab. Diesmal sollten sie angeben, welcher Bruchteil danach noch in der Schachtel war.	Bewegung, Lernmaterial, logisches Denken 
3. Bei der dritten Übung sollten die Schüler ein Plakat zu ihrem Lieblingsbruch erstellen. Sie wählten einen Bruch als Überschrift und zeichneten dann Dinge, von denen man diesen Bruchteil abschneiden kann (z. B. einen Kuchen, einen Apfel, eine Orange, einen Schokoriegel)	Bewegung, Zeichnen, Veranschaulichen 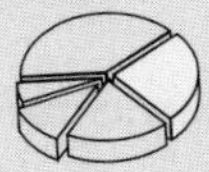
4. Mr. Rogers brachte »Torten« aus dem Spiel »Trivial Pursuit« mit, eine für jeden Schüler. Die Torten bestanden aus sechs Segmenten. Die Schüler erkannten, dass sechs Sechstel ein Ganzes sind. Dann nahmen sie ein Drittel der Torte heraus und sprachen darüber, dass sie damit zwei Sechstel herausgenommen hatten.	Bewegung, Lernmaterial, Verständnis 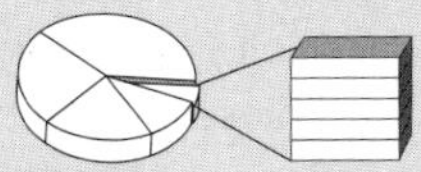
5. Die Schüler gingen in Zweiergruppen durch das Schulhaus und suchten nach Gegenständen, die sich als Brüche darstellen ließen. Einige fanden zum Beispiel ein Glas, das halb voll war, andere Bleistifte, die nur noch ein Drittel ihrer ursprünglichen Länge hatten, oder Abfalleimer, die zu zwei Dritteln voll waren.	Bewegung, Zusammenarbeiten, Bezug zum richtigen Leben, Verständnis 
6. Mr. Rogers brachte zwei ganze Pizzen mit. Die Klasse hatte 22 Schüler, mit dem Lehrer mussten sie die Pizzen also in 23 Stücke schneiden. Die Schüler kamen auf die Idee, dass es am gerechtesten war, jede Pizza in 12 Stücke zu schneiden und das übrige Stück dem Schulleiter zu geben.	haptisches Lernen, viele Sinne, Bezug zum richtigen Leben, Verständnis 

7. Da die Schüler das Wissen nun anwenden konnten, wollte Mr. Rogers herausfinden, ob sie nun auch umgekehrt analysieren konnten, wie viel Sand in einer Schüssel ist. Die Schüler sollten die Menge zunächst in Partnerarbeit mit einem Esslöffel messen und dann ausrechnen, wie viele Teelöffel und Bruchteile von Teelöffeln in der Schüssel waren.	haptisches Lernen, Zusammenarbeiten, Analyse, Evaluation 
8. Mr. Rogers brachte für jeweils vier Schüler eine Tüte Bonbons mit. Die Schüler sollten die Bonbons nach Farben sortieren und überlegen, welcher Bruchteil der Bonbons welche Farbe hatte.	Zusammenarbeiten, haptisches Lernen, Evaluation, Analyse, Anwendung 
9. Die Schüler sollten Kreise aus buntem Bastelpapier in zwei Hälften, in drei Drittel, vier Viertel usw. zerschneiden.	Lernmaterial, Evaluation, Analyse, Anwendung 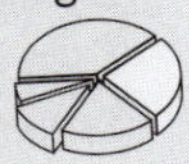
10. Die Schüler erhielten ein Schaubild mit einem riesigen Eisbecher, in dem 60 Kugeln Eis waren. Mr. Rogers fragte: »Wenn ihr 30 Kugeln schokoladenfarben anmalt, 20 erdbeerrot und 10 in Vanille, welcher Bruchteil der Kugeln hat dann den jeweiligen Geschmack?«	haptisches Lernen, Schlussfolgern, Analyse, Entwicklung neuer Gedanken, Anwenden 
11. Die Schüler sollten ihren eigenen Eisbecher zusammenstellen und von jeder Sorte so viele Kugeln nehmen, wie sie wollten. Dann sollten sie angeben, welchen Bruchteil die einzelnen Geschmacksrichtungen ausmachten.	Kreativität, Evaluation, Analyse, Anwendung 

Abb. 16: Übungen zum Verstehen von Brüchen

Vom Arbeits- ins Langzeitgedächtnis

Das Ziel der Übungsphase ist, für eine bessere Vernetzung von konzeptuellem, prozeduralem oder Faktenwissen zu sorgen. Wenn man die Gelegenheiten zum Üben zeitlich streckt und dabei unterschiedliche Gedächtnispfade anspricht, können die Schüler zwischendurch schlafen, wodurch die Gedächtnisleistung sich erhöht. Im Lauf der ersten vier Schritte eines gedächtnisorientierten Unterrichts werden die neuen Informationen und Einsichten im Arbeitsgedächtnis gespeichert. Der fünfte Schritt, die

Übungsphase, ermöglicht es, diese Informationen und Einsichten dauerhaft zu verankern. Jetzt können zwischen Nervenzellen dauerhafte Verbindungen entstehen, sodass der Schüler auch zum Transfer in der Lage ist. Wenn Informationen über sämtliche Gedächtnispfade abgespeichert werden können, dann sind sie über verschiedene Impulse leicht zugänglich.

Denkanstöße

- Die Übungsphase ist der perfekte Zeitpunkt, um jeden Schüler über seinen individuellen Lernstil anzusprechen, indem man bei Hausaufgaben und Übungen mehrere Möglichkeiten zur Auswahl gibt.
- Es ist wirkungsvoller, in kleinen Schritten zu lernen und zwischendurch Übungen einzubauen.
- Betrachten Sie jede Übung als eine »Episode« für episodisches Lernen und achten Sie auf das Lernumfeld. Indem Sie die Gestaltung des Klassenzimmers mit Postern, Bildern usw. variieren, können Sie Ihren Unterricht zu etwas Unverwechselbarem machen und das Abspeichern und Abrufen von Informationen erleichtern.
- Ermuntern Sie Ihre Schüler, Übungsphasen selbst umzusetzen. Wenn sie den neuen Stoff jeden Abend vor dem Schlafengehen nur einige Minuten üben, kann sich die Gedächtnisleistung schon deutlich verbessern.

6. Schritt: Wiederholen

Wenn wir das Gelernte nicht wiederholen, werden wir das meiste bald vergessen haben.

> Pauken ist der Versuch, sich kurz vor der Prüfung noch schnell möglichst viel einzuprägen. Aber dadurch entstehen kaum Verknüpfungen mit bereits Gelerntem.
>
> William James, *Psychologie und Erziehung*

Es ist der letzte Tag vor dem Test über Insekten. Laurel, eine befreundete Kollegin, schaut sich ihren Stoffverteilungsplan an. Dort steht für heute fett und in Großbuchstaben wiederholen. Laurel denkt: »Ich war so sehr mit allen möglichen Aufgaben zum Thema Insekten beschäftigt, dass ich keinen Gedanken an den Test verschwendet habe. Zum Glück haben wir kürzlich brandneue Schulbücher bekommen, und von diesem Verlag gibt es doch auch vorbereitete Tests.«

Laurel geht zum Schrank und zieht den Ordner mit der Aufschrift »Insekten« heraus. Darin findet sie einige Arbeitsblätter, die sie gar nicht eingesetzt hat, weil sie diese Unterrichtseinheit schon seit vielen Jahren unterrichtet und genügend eigenes Material hat, um die Schüler viele Stunden zu beschäftigen. Auf einem Blatt steht »Leistungsrückmeldung nach dem Test«. Laurel stutzt. Das klingt, als gäbe es auch eine »Leistungsrückmeldung vor dem Test«, und sie kann sich nicht daran erinnern, diese eingesetzt zu haben. »Ach, was soll's«, sagt sie sich. »Wahrscheinlich hab ich das sowieso alles durchgenommen.« Doch zu ihrer Bestürzung muss sie feststellen, dass der Verlagstest einerseits Stoff voraussetzt, den sie nicht besprochen hat, und andererseits Dinge auslässt, die sie für wichtig hält. Daraufhin kramt sie aus ihren Unterlagen den Test heraus, den sie ihre Drittklässler letztes Jahr hat schreiben lassen. Als sie die beiden vergleicht, stellt sie fest, dass der Verlagstest den von ihr unterrichteten Stoff besser abdeckt als ihr eigener Test. Und jetzt? Sie wirft einen Blick in ihren Terminkalender und geht ihre Pläne zwischen Schulschluss und Schlafengehen durch. Hat sie genügend Zeit und Energie, um einen neuen Test zu entwerfen? Kann sie den Test verschieben? Die Antwort auf beide Fragen lautet Nein. Übermorgen hat sie eine Fortbildung, und sie möchte nicht, dass ihre Schüler den Test in einer Vertretungsstunde schreiben müssen. Sie beschließt, den für den Verlagstest nötigen Stoff, den sie noch nicht durchgenommen hat, heute in der Wiederholungsstunde zu vermitteln. Schließlich sind alle Informationen im neuen Schulbuch enthalten.

Wie die Sache ausging, können Sie sich denken. Vermutlich hat jeder Lehrer, jede Lehrerin das schon einmal gemacht – zu einer Zeit, als er oder sie noch nicht wusste, wie Gehirn und Gedächtnis funktionieren und wie Schüler lernen. Die »Wiederholungsphase« bestand darin, dass der Lehrer in den letzten ein oder zwei Unterrichtsstunden vor dem Test den Stoff noch einmal durchging, den die Schüler parat haben mussten, oder die Schüler fragte, ob sie irgendwelche Fragen zum Stoff hätten. Vor allem in höheren Jahrgangsstufen war ich jedes Mal erstaunt, wie kurz diese Wiederholungsphasen ausfielen – und war hinterher enttäuscht über die Prüfungsergebnisse. Ich lernte ziemlich schnell: Schüler wissen nicht, was sie nicht wissen. Daher war es pure Zeitverschwendung, wenn ich ihnen Gelegenheit gab, Fragen zu stellen. Die einzigen Schüler, die überhaupt etwas fragten, waren die, die den Stoff so gut verstanden hatten, dass sie nach einem bestimmten Detail fragen konnten.

Schüler wissen nicht, was sie nicht wissen.

Wozu wiederholen?

Wiederholen heißt, das Gelernte noch einmal zu überdenken. Nach der Vielfalt von Lernerfahrungen, die wir unseren Schülern in der Übungsphase ermöglichen, ist detailliertes Wiederholen vielleicht gar nicht nötig, wenn die Leistungsüberprüfung unmittelbar an die Übungsphase anschließt. Aber wir wollen ja, dass unsere Schüler den Stoff langfristig im Gedächtnis behalten. Besonders wichtig ist das Wiederholen, wenn die Schüler den Stoff später für eine wichtige Prüfung oder einen standardisierten Test brauchen.

In seinen Ausführungen zu den sieben »Gedächtnissünden« betont auch Schacter (2005), wie wichtig Wiederholung ist. Drei der sieben Sünden, die Schacter beschreibt, sind für den Schulunterricht besonders relevant: Blockierung, Fehlattribution und Flüchtigkeit (Transienz):

Blockierung bedeutet, dass eine Information zwar abgespeichert ist, aber nicht abgerufen werden kann. Wir haben alle schon Situationen erlebt, in denen wir eine ehemalige Schülerin getroffen haben und uns nicht an ihren Namen erinnern konnten. Der Name »lag uns auf der Zunge«, wie man so schön sagt, wollte uns aber einfach nicht über die Lippen. Wenig später fiel uns der Name ohne Weiteres wieder ein.

Gegen dieses Phänomen sind auch unsere Schüler nicht gefeit. Sie kennen die Antwort, können sie in einer Prüfungssituation aber nicht abrufen. Besonders häufig sind solche Blockaden bei Eigennamen von wichtigen Persönlichkeiten, Orten, Verträgen und so weiter. Anders ist das bei Substantiven, die wir in der Regel durch ein Synonym ersetzen können (Schacter 2005). Wenn ein Schüler beispielsweise einen Aufsatz über den Vietnamkrieg schreibt und ihm das Wort *Schlacht* nicht einfällt, dann kann er stattdessen *Gefecht* oder *Kampf* verwenden. Den Namen einer Schlacht kann man dagegen nicht austauschen. Häufiges Wiederholen kann die Gefahr solcher Blockaden verringern helfen.

Fehlattribution heißt, dass eine Erinnerung der falschen Situation oder Quelle zugeordnet wird. Manchmal wird dieses Phänomen deshalb auch *Quellenfehlattribution* genannt. Dieses Problem tritt bei Schülern besonders häufig auf. Bevor ihre Stirnlappen ganz entwickelt sind, haben Schüler oft Schwierigkeiten, unterschiedliche Quellen von Informationen auseinanderzuhalten (Zola 2002).

Ich nehme mit meinen Schülern das Gehirn durch. Wir sprechen über den Hypothalamus, jene Hirnstruktur unterhalb des Thalamus, die über Nervenbahnen mit der Hypophyse verbunden ist und daher eine wichtige Rolle für die Regulierung der Körpertemperatur und des Hormonspiegels spielt sowie für Emotionen, Hunger, Durst und unsere innere Uhr. Außerdem steuert er den Fettstoffwechsel. Auf dem Nachhauseweg sprechen einige Schülerinnen im Schulbus über ihr Gehirn. Sie sind sich einig, dass der Hypothalamus ihren Hunger reguliert, und diskutieren über Schlankheitspillen und Sport, um schlank zu bleiben. Ein in der Nähe sitzender Junge wirft ein, er habe in einem Fitnessmagazin gelesen, dass der Hippocampus jedes Mal, wenn man Sport treibt, neue Nervenzellen produziert.

Einige Tage später lasse ich meine Schüler einen Übungstest zum Thema Gehirn ausfüllen, der nicht benotet wird, sondern als Rekodierungsstrategie, zur Verstärkung und zur Korrektur von Missverständnissen dienen soll. Außerdem ist er eine Gelegenheit, Informationen, die möglicherweise auf anderen Gedächtnispfaden gespeichert wurden, auf den semantischen Pfad zu übertragen. Ein Teil des Tests besteht aus Multiple-Choice-Aufgaben, und eine der Fragen lautet: »Die Hirnstruktur, die am stärksten davon beeinflusst wird, was wir essen und wie viel Sport wir treiben, ist (a) die Amygdala, (b) der Thalamus, (c) der Hippocampus oder (d) der Hypothalamus.« Die meisten Schüler kreuzen ohne zu zögern (d) an, den Hypothalamus, aber der Junge und zwei der Mädchen, die an jenem Gespräch im Schulbus beteiligt waren, sagen (c) der Hippocampus. Warum? Sie erinnern sich an einige Schnipsel aus dem Gespräch über Sport und den Hippocampus und ordnen sie der falschen Quelle zu – sie glauben, diese Informationen stammten von mir.

Hätte ich vor dem Übungstest den Stoff mit ihnen wiederholt, dann wäre dieses Problem vermutlich gar nicht aufgetaucht. Wir wären die Hirnstrukturen und ihre Funktionen noch einmal durchgegangen und hätten die irrtümliche Annahme aus ihrem Gedächtnis gelöscht. Da es sich jedoch nur um einen Übungstest handelte, diente die Korrektur der Fragen als Wiederholung und deckte das Missverständnis bezüglich der Informationsquelle auf.

Flüchtigkeit oder Transienz bezieht sich auf Gedächtnisinhalte, die im Lauf der Zeit verloren gehen. Man spricht in diesem Zusammenhang auch von der »*Vergessenskurve*« oder vom »*Verblassen* von Erinnerungen«. Neuronale Verbindungen, die nicht genutzt werden, so die Theorie, werden immer schwächer. Auch für unser Gehirn gilt also: »Wer rastet, der rostet!« Zu der Frage, wie schnell Gedächtnisinhalte vergessen werden, gibt es zahlreiche Studien. Besonders interessant sind die Ergebnisse einer Studie, in der es um Lehrbuchinhalte ging (Keeley 1997):

- Nach 1 Tag konnten sich die Probanden an 54 Prozent des Stoffs erinnern,
- nach 7 Tagen konnten sie sich an 35 Prozent erinnern,
- nach 14 Tagen konnten sie sich an 21 Prozent erinnern,
- nach 21 Tagen konnten sie sich an 8 Prozent erinnern.

Eine andere Studie, die eine Vorlesung zum Gegenstand hatte, kam zu dem Ergebnis, dass die Teilnehmer nach 14 Tagen 90 Prozent der Informationen vergessen hatten (Keeley 1997)!

All diese Studien unterstreichen, wie wichtig es ist, möglichst viel zu üben und den Stoff in bestimmten Abständen zu wiederholen. Laut Schenck (2000) entstehen dauerhafte neuronale Netzwerke dann, wenn man die Wiederholungsphasen auf die Unterrichtseinheit verteilt und die Abstände dazwischen allmählich größer werden lässt. Sowohl bei traditionellen Tests wie bei standardisierten Tests hat der Abstand zwischen den Wiederholungsphasen einen erheblichen Einfluss darauf, wie viele Informationen behalten werden. Schenck stellte im Rahmen seiner Forschungsarbeit fest, dass zwischen Wiederholungsphasen vor Prüfungen und der Vermittlungs- und Übungsphase in aller Regel viel Zeit verstreicht. Er dagegen empfiehlt, von Anfang an Wiederholungsschleifen einzubauen, zunächst in kurzen Intervallen, die dann allmählich länger werden sollten (siehe Abb. 17).

Abb. 17: Wiederholungsphasen geschickt einsetzen (nach Schenck 2000)

> Ohne Wiederholung geht ein Großteil der Informationen verloren.

Jane, die an meiner Schule das Fach »Naturwissenschaft« unterrichtet, führt eine Unterrichtseinheit zum Thema Vulkane durch. Das Lernziel aus dem Gebiet Erdkunde lautet: »Kenntnisse darüber, wie eine Kombination aus konstruktiven und destruktiven Kräften Landschaften entstehen lässt«. Zu den konstruktiven Kräften gehören Krustendeformation, Vulkane und Sedimentablagerung, zu den destruktiven Verwitterung und Erosion. Die Schüler haben die wichtigsten Begriffe grafisch dargestellt, über »1816, das Jahr ohne Sommer« diskutiert und geschrieben, kurze Videos über Vulkane angeschaut, ein PMI-Diagramm (siehe S. 167) angefertigt und sich Bilder von Janes Hawaii-Reise angesehen, auf der sie auch einen Vulkan bestiegen hat. Die nächste »Lernerfahrung«, die sie ihren Schülern vermitteln will, ist eine Exkursion ins Naturkundemuseum, wo sie erfahren werden, wie Wissenschaftler Vulkanausbrüche vorhersagen.

Vor der Exkursion wiederholt Jane das bisher Gelernte. Sie möchte sichergehen, dass die Schüler die wichtigsten Konzepte verstanden haben. Für diese Unterrichtseinheit hat sie einen Test vorbereitet, auf die die Wiederholungsübungen abgestimmt sein sollen. Um ihre Schüler zu erreichen, legt Jane die Wiederholungsübung als Trivial-Pursuit-Spiel an. Sie gibt die Fragen nicht vor, sondern teilt die Klasse in zwei Gruppen, die sich jeweils Fragen für das andere Team ausdenken sollen. Die Schüler schreiben zum Teil Multiple-Choice-Fragen auf und zum Teil Fragen, die man mit wenigen Worten beantworten kann. Das freut Jane sehr, denn damit gleichen die Fragen denen, die sie sich für die Leistungsüberprüfung ausgedacht hat. Den Schülern gefallen beide Phasen dieser Wiederholungsübung, das Entwerfen und das Beantworten. Jane gibt den Schülern Feedback und erklärt noch einmal die Fragen, die falsch beantwortet wurden. Jetzt ist die Klasse bereit für die Exkursion!

Am Tag der Exkursion teilt Jane den Schülern ein Blatt mit einem Graphic Organizer aus, auf dem sie die einzelnen Schritte festhalten sollen, die sie im Museum lernen werden. Am Tag nach dem Museumsbesuch führt sie eine »Reflexion über vier Ecken« durch und lässt die Schüler in kleinen Gruppen über ihre Graphic Organizer diskutieren. Danach sollen die Schüler in Partnerarbeit im Internet einen historischen Vulkanausbruch recherchieren. Sie sollen die wissenschaftlichen Erkenntnisse ermitteln, auf deren Grundlagen damals Vorhersagen möglich waren, und aufschreiben, welche Folgen der Ausbruch für die Menschen hatte, die in seiner Nähe siedelten. Dieses Projekt erstreckt sich über mehrere Tage.

Da sie weiß, dass Erinnerungen flüchtig sind, plant Jane eine weitere Wiederholungsübung ein. In diesem Fall entscheidet sie sich für eine Mindmap, die die Klasse gemeinsam erstellen soll, mit bunten Filzstiften auf weißem, an der Pinnwand befestigtem Papier. In die Mitte schreiben die Schüler das Wort Vulkane und malen eine Wolke drum herum – »eine Wolke aus Vulkanasche«, wie sie sagen. Jane ruft nur Schüler auf, die sich melden. Die Schüler gruppieren wichtige Details um die Wolke, beschreiben diese kurz und denken sich dann ein Symbol oder ein Bild dafür aus. Diese zentralen Begriffe werden unterstrichen, und darunter kommen in der gleichen Farbe untergeordnete Themen und Begriffe. Jane nutzt Multiple-Choice-Fragen als gezielten Impuls, um die geplante Leistungsüberprüfung nicht aus dem Blick zu verlieren. Die fertige Mindmap hebt Jane auf, damit sie sie im Rahmen der nächsten Wiederholungsübung ergänzen können.

Als Nächstes will Jane die Problemlösefähigkeiten der Schüler fordern. Sie spricht über die Temperatur heißer Lava und stellt den Schülern folgende Aufgabe: Lava, die aus einem Vulkan austritt, hat eine Temperatur von 2100 Grad Fahrenheit. Wie heiß ist die Lava in Grad Celsius?

Die Unterrichtseinheit geht noch mehrere Wochen weiter. Bis zur abschließenden Leistungsüberprüfung macht Jane mit der Klasse insgesamt drei Wiederholungsübungen. Im Test schneiden die Schüler sehr gut ab.

Wenn Schüler sich aktiv am Unterricht beteiligen und der Stoff zwei bis drei Wochen später wiederholt wird, so Schenck (2000), dann sollten die Schüler das Gelernte auch zwei oder drei Monate später noch abrufen können.

Wiederholen sorgt dafür, dass Schüler den Stoff länger im Gedächtnis behalten.

Wiederholen – aber richtig

Bei Faktenwissen läuft Wiederholen meist auf die Neuorganisation des Gelernten hinaus. Das Entscheidende ist, dass wir dabei Informationen aus dem Langzeitgedächtnis ins Arbeitsgedächtnis holen, sie auf ihre Richtigkeit überprüfen und sie bei dieser Gelegenheit neu organisieren, um den Transfer zu erleichtern. Grundsätzlich sind mir bei Wiederholungsübungen folgende Ziele wichtig:

- die Wiederholungsübung auf die Vermittlungsphase und die Leistungsüberprüfung abzustimmen
- die Gedächtnisinhalte auf ihre Richtigkeit hin zu überprüfen
- Möglichkeiten für die Schüler zu schaffen, ihr Wissen mithilfe von Denkprozessen auf höherem Abstraktionsniveau zu analysieren, zu evaluieren und möglicherweise neue Wege zu finden, wie sie ihr Wissen anwenden können
- bestehende Netzwerke zu festigen
- die Schüler zur Vorbereitung auf wichtige Prüfungen ähnliche Fragen unter ähnlichen Bedingungen bearbeiten zu lassen
- zu verhindern, dass die Prüfungsvorbereitung aus Last-Minute-Pauken besteht

Die Herausgeber des College-Eingangstests ACT empfehlen zur Testvorbereitung, (1) sich mit dem Inhalt von ACT-Tests vertraut zu machen, (2) für die einzelnen Wissensgebiete notwendige Kenntnisse und Fähigkeiten aufzufrischen und (3) herauszufinden, mit welchen Wissensgebieten man sich noch nicht beschäftigt hat (ACT 2004).

Wenn Wiederholungsphasen, wie oben vorgeschlagen, zwischendurch eingeschoben werden, dann können wir vielleicht verhindern, dass die Schüler sich den Stoff unmittelbar vor dem Test eintrichtern. In einer Studie an der University of Ohio stellte Tuckman (1998) fest, dass Schüler, die dazu neigen, alles in letzter Minute zu erledigen, in ihren Abschlussprüfungen besser abschnitten, wenn sie vorher immer wieder kurze Tests bekommen hatten. Zu ähnlichen Ergebnissen kam Wenglinsky (2002): Schüler, die von ihren Lehrern regelmäßig Tests zum Ankreuzen bekamen, erzielten bei standardisierten Tests höhere Punktzahlen.

Einige Forscher weisen darauf hin, dass Pauken kurz vor einer Klassenarbeit tatsächlich einen positiven Einfluss auf das Ergebnis haben kann (Vacha und McBride 1993; Crew 1969; Schenck 2000). So erreichten in der Studie von Crew (1969) Schüler, die am Tag vor der Arbeit zwei Stunden lang gepaukt hatten, deutlich höhere Punktzahlen als Schüler, die das nicht getan hatten. Doch danach vergaßen sie schnell.

Unangekündigte Tests

Nachdem ich mich 15 Jahre lang mit gehirnfreundlichem Unterricht beschäftigt hatte, hatte ich den Gedanken an unangekündigte Tests. Schließlich können solche unangekündigten Tests Stress auslösen, und ich wollte, dass mein Klassenzimmer so stressfrei wie möglich ist.

Im vergangenen Sommer habe ich meine Meinung jedoch geändert. Ich führte gerade einen Workshop durch, der auf meinem Buch zu gehirnfreundlichem Unterricht basierte (Sprenger 2002). Unter den 70 Teilnehmern waren Lehrer aller Klassenstufen, Spezialisten, Schulpsychologen und Schulleiter. Als wir auf das Thema Stress zu sprechen kamen, erläuterte ich verschiedene Möglichkeiten, Stress im Klassenzimmer zu vermeiden: Musik und möglichst viele Rituale einsetzen, klare Ziele geben und Bewertungsmaßstäbe offenlegen, sich viel vom Trainer einer Fußballmannschaft abgucken. Als ich gefragt wurde, wie ich zu unangekündigten Tests stehe, sagte ich, dass ich solche Tests nicht mehr einsetze, weil sie bei den Schülern meinem Gefühl nach zu viel Stress auslösten.

In der Pause kam mit besorgter Miene ein Spanischlehrer auf mich zu. Er erzählte mir, er lasse seine Schüler regelmäßig unangekündigte Tests schreiben. Er finde sie gut, weil die Schüler dadurch regelmäßig ihre Hausaufgaben machten und den Stoff wiederholten. Er fragte sich, ob er seinen ganzen Ansatz vielleicht umkrempeln sollte. Wir kamen überein, beide ein wenig zu recherchieren und am Ende der Woche noch einmal darüber zu reden.

Zu meiner Überraschung sagten die Studien etwas ganz anderes, als ich gedacht hatte. Graham (1999) zum Beispiel untersuchte vier Gruppen von Psychologiestudenten, die zwei Semester lang unangekündigte Tests schreiben mussten. In den Prüfungen schnitten sie eine halbe Notenstufe besser ab als Studenten, die keine unangekündigten Tests geschrieben hatten. Die Tests hatten also einen motivierenden Effekt. Ich glaube, dass die unangekündigten Tests in beiden Fällen, in der Studie wie in den Klassen des Spanischlehrers, so häufig waren, dass sie zu einem Ritual wurden. Die Schüler beziehungsweise Studenten waren auf diese Tests gefasst und vorbereitet, was den Stress reduzierte.

Unangekündigte Tests können der Wiederholung dienen und bei späteren Prüfungen für bessere Ergebnisse sorgen.

Andere Möglichkeiten, zu wiederholen

Faktenwissen erfordert andere Methoden des Wiederholens als konzeptuelles Wissen. Bei Dingen wie Formeln, Definitionen oder Vokabellisten kann man die Schüler zum Beispiel dazu anhalten, zu Wiederholungszwecken eine Lernkartei anzulegen, sich ein Lied oder einen Sprechgesang auszudenken oder etwas auswendig zu lernen. Auf diese Weise werden sie unterschiedliche Gedächtnispfade benutzen, wie ich es in Kapitel 5 beschrieben habe.

Bei konzeptuellem Wissen bedarf es einer umfassenderen Wiederholungsstrategie.

Eine meiner Lieblingsmethoden sind die weiter oben bereits erwähnten Mindmaps. (Eine Mindmap, die erklärt, wie man eine Mindmap erstellt, finden Sie in Abb. 17.)

Für diese Übung teile ich meine Schüler in Gruppen ein. In der Wiederholungsstunde bringe ich für jede Gruppe einen A3-Bogen Tonpapier mit. Die Schüler holen ihre Filzstifte hervor, und ich lasse sie eine Mindmap zu den Konzepten anfertigen, die wir gerade im Unterricht durchnehmen. Wenn wir gerade einen Text besprechen, dürfen sie neben dem Text auch ihre Notizen benutzen und alles andere, was sie beim Rekodieren und Üben aufgeschrieben haben. Ich gebe den Gruppen normalerweise 20 bis 30 Minuten Zeit. Dann werden die Mindmaps an der Wand oder einer Pinnwand aufgehängt, sodass die Schüler die Mindmaps der anderen Gruppen anschauen und ihre eigene ergänzen können, falls sie etwas Wichtiges sehen, was sie vergessen haben. Wie gesagt: Meine Schüler wissen nicht, was sie nicht wissen. Aber nach dieser Übung wissen sie es. Jetzt stellen sie Fragen, und ich gebe ihnen Feedback und Verstärkung für gute Ergebnisse.

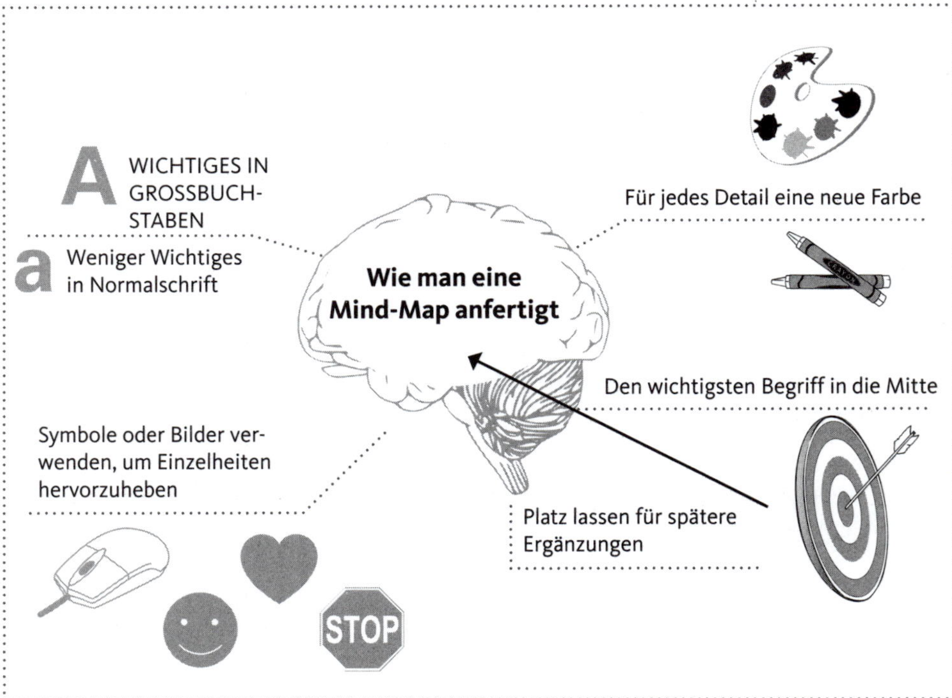

Abb. 18: Eine Mindmap, die zeigt, wie man eine Mindmap erstellt

Andere Methoden, die sich für Wiederholungsübungen eignen, sind Concept-Maps, Notizen und Checklisten. Versuchen Sie die gleichen Bedingungen herzustellen, die die Schüler auch in der Prüfung vorfinden. Wenn die Leistungsüberprüfung aus offenen Fragen besteht, sollte das auch für die Wiederholung gelten. Wenn die Leistungsüberprüfung das Wiedererkennungsgedächtnis der Schüler fordert, sollte das auch die Wiederholungsübung tun. Sie sollten bei dieser Gelegenheit auch Verbindungen zwischen dem Stoff und dem realen Leben herstellen. Wahrscheinlich haben Sie das schon im Rahmen einiger Übungen getan. Trotzdem sollten Sie die Schüler mit einem Problem oder einer Situation konfrontieren, die für die Schüler relevant sind und dem gleichen Muster folgen wie vorangegangene Übungen. Vergessen Sie nicht, auf die bereits durchgeführten Übungen zu verweisen. Dadurch helfen Sie den Schülern, sich an den Stoff zu erinnern.

Zum Wiederholen von prozeduralem Wissen sollten Sie verstärkt auf Anwendung, Evaluation und Analyse setzen. Wenn die Schüler eine Fähigkeit gelernt haben, sollten sie diese auf die gleiche Art und Weise üben, wie sie abgeprüft wird. Handelt es sich um eine schriftliche Leistungsüberprüfung, dann müssen Sie sie dabei unterstützen, ihr Wissen auf den semantischen Pfad zu übertragen. Wenn die Schüler beispielsweise in der Übungsphase überwiegend mit Rechenstäbchen hantiert haben, später aber in einem schriftlichen Test Probleme lösen müssen, dann sollten Sie einige Zeit darauf verwenden, ihnen dabei zu helfen, das Gelernte schriftlich zu formulieren.

Diesen Prozess können Sie unterstützen, indem Sie sie daran erinnern, was sie mit den Rechenstäbchen gemacht haben. Die Schüler können sich den Prozess zum Beispiel bildlich vorstellen und dann üben, das Ganze schriftlich festzuhalten. Vermutlich ist das einer der Hauptgründe für die Kluft zwischen Können und Prüfungsergebnis: die Unfähigkeit, einen Prozess oder sein Ergebnis zu Papier zu bringen.

Stellen Sie sich vor, Sie müssten jemandem erklären, wie man einen Schuh bindet, mit den Händen hinter dem Rücken und ohne Ihre Füße anzuschauen. Sie würden es schaffen, aber nicht ohne gewisse Schwierigkeiten. Sie müssten einiges an Grips aufwenden, um diese Information, die zweckmäßigerweise auf dem prozeduralen Pfad abgespeichert ist, auf den semantischen Pfad zu übertragen. Mit etwas Übung würde Ihnen das schnell und problemlos gelingen, aber zunächst würde es Sie einiges an Zeit und Mühe kosten.

Genauso geht es Ihren Schülern, wenn sie etwas von einem Gedächtnispfad auf einen anderen übertragen wollen. Deshalb sollten Sie in der Wiederholungsphase auch emotionale Verbindungen zum Gelernten ansprechen, die Ihre Schüler haben könnten. Wenn Sie Ihre Schüler bei der Wissensvermittlung über den emotionalen Pfad angesprochen haben, dann erinnern Sie sie beim Wiederholen daran. Alle emotionalen Momente im Verlauf der Unterrichtseinheit, alles, was lustig, spannend oder traurig war, kann Erinnerungen wachrufen. Immer, wenn wir uns an etwas erinnern, üben oder wiederholen wir es. Beim Wiederholen sollten Sie Ihren Schülern Gelegenheit geben, sich ins Gedächtnis zu rufen, was sie für die Prüfung – oder fürs Leben! – brauchen.

Gefühle, die Sie während der Vermittlungs- und Übungsphase angesprochen haben, sollten auch beim Wiederholen wieder aufgerufen werden.

Wiederholung, Transfer und abstraktere Denkprozesse

Im Verlauf der Übungsphase sollten unsere Schüler reichlich Fakten und konzeptuelle Informationen im Langzeitgedächtnis abgespeichert haben. Die Wiederholungsphase ist der Zeitpunkt, zu den höheren Zielen in Blooms Taxonomie der Lernziele vorzudringen: Analyse, Evaluation und Entwicklung neuer Gedanken. Jetzt sollten Sie Ihre Schüler dazu anhalten, die in ihrem Langzeitgedächtnis gespeicherten Informationen unter die Lupe zu nehmen und Relevantes von Irrelevantem zu trennen. Das kann zum Beispiel so aussehen, dass sie die behandelten Themen oder die Moral einer Geschichte auf ihr eigenes Leben anwenden. Wenn Sie mit ihnen Shakespeares »Julius Caesar« gelesen haben, könnten Sie sie die Figuren Brutus und Cassius analysieren und mit Persönlichkeiten unserer Zeit vergleichen lassen. In einer Wiederholungsübung zum Thema Konsumgesellschaft könnten die Schüler ihre eigenen Werbespots kreieren und so ihr konzeptuelles Verständnis für den Einfluss der Medien unter Beweis stellen. In einer Wiederholungsstunde im Fach Geschichte könnten die Schüler die Bedeutung einzelner Schlachten für den Verlauf eines Krieges evaluieren.

Beispiel für eine Unterrichtseinheit zum Roman »Hüter der Erinnerung« von Lois Lowry

Mrs. Fox hatte die Unterrichtseinheit sorgfältig geplant. Sie hatte sich zuerst überlegt, was die Schüler am Ende gelernt haben sollten. Daraufhin entwarf sie eine Klassenarbeit, in der die Schüler würden zeigen können, dass sie den Stoff gelernt und behalten hatten, und dass sie zum Transfer fähig waren. Sie wollte sichergehen, dass ihre Schüler im Langzeitgedächtnis speicherten, was sie mit ihnen anhand des Romans »Hüter der Erinnerung« von Lois Lowry besprach. Ihr Unterrichtsplan sah so aus:

- ***Erreichen (1):*** *Beim Betreten des Klassenzimmers müssen die Schüler sich entscheiden, auf welcher Seite sie sitzen wollen. An der einen Wand hängt ein Schild mit der Aufschrift »Hier«, auf dem Schild an der anderen Wand steht »Woanders«. Mrs. Fox beantwortet keine Fragen, bevor alle sitzen. Es folgt ein Brainstorming zum Unterschied zwischen »Hier« und »Woanders«. Dann beginnen die Schüler mit der Lektüre.*
- ***Reflektieren (1):*** *Die Schüler halten in ihren Lerntagebüchern fest, welche Gefühle Unbekanntes in ihnen auslöst. Könnten sie sich vorstellen, alles zurückzulassen und woandershin zu gehen?*
- ***Erreichen (2):*** *Als die Schüler am zweiten Tag ins Klassenzimmer kommen, läuft im Hintergrund das Lied »Memory« aus dem Musical »Cats«. Die Schüler sollen sich ihre schönsten Erinnerungen ins Gedächtnis rufen und einander davon erzählen.*
- ***Reflektieren (2):*** *Unter der Überschrift »Erinnerungen« sollen die Schüler in ihrem Lerntagebuch innerhalb von fünf Minuten möglichst viele wichtige Erinnerungen aufschreiben. Dann setzen sie die Lektüre fort.*

- ***Rekodieren:*** *Die Schüler schreiben Beispiele aus der Geschichte auf, inwiefern Erinnerung und Gedächtnis überlebensnotwendig sein können. Sie vergleichen ein Leben ohne Schmerz und ohne Erinnerung mit einem Leben, in dem es beides gibt.*
- ***Verstärken:*** *Mithilfe von sokratischen Fragen räumt Mrs. Fox eventuelle Missverständnisse aus, die sich bei den Schülern angesammelt haben könnten. Alle Gedanken werden an der Tafel festgehalten und diskutiert.*
- ***Üben (1):*** *Damit das Gelernte auch über den prozeduralen Gedächtnispfad abgespeichert wird, stellen die Schüler einige Szenen aus dem Roman in Rollenspielen nach.*
- ***Üben (2):*** *Nachdem die Klasse über die Definition von Vergleichen und Metaphern gesprochen hat, sollen die Schülern eigene Beispiele zu Figuren und Konzepten aus dem Buch aufschreiben, wie Gabriel, Jonas und »Freigegebenwerden«.*
- ***Üben (3):*** *Die Schüler vergleichen unsere Gesellschaft mit der Gesellschaft im Roman und nennen Gemeinsamkeiten und Unterschiede.*
- ***Üben (4):*** *Die Schüler stellen auf einem Plakat ihr Leben in Schwarz-Weiß dar. Die Plakate werden aufgehängt, und die Schüler diskutieren in Gruppen, wie wichtig beziehungsweise notwendig Farben sind.*
- ***Üben (5):*** *Die Schüler schreiben die Geschichte von »Hüter der Erinnerung« in Form eines Zeitungsberichtes auf. Dadurch wird sichergestellt, dass sie die wichtigsten Fakten klar im Kopf haben.*
- ***Wiederholen:*** *Jetzt ist der perfekte Zeitpunkt für eine Wiederholung. Die Schüler sollten Feedback bekommen, inwiefern die von ihnen verfassten Zeitungsberichte faktisch zutreffend sind. Daraufhin schreiben sie Leitartikel zu den Berichten: Zu diesem Zweck tauschen sie mit einem Mitschüler Berichte aus und verfassen einen Leitartikel über den Bericht ihres Mitschülers. Auch zu ihrem Leitartikel bekommen die Schüler Feedback.*
- ***Üben (6):*** *Da sie im Lauf des Jahres eine Unterrichtseinheit zum Thema »Holocaust« absolviert haben, vergleichen die Schüler verschiedene Genozide der Geschichte. Dazu müssen sie Wissen aus der vorausgegangenen Unterrichtseinheit abrufen und Verbindungen zwischen zwei Texten sowie zwischen Fiktion und Wirklichkeit herstellen.*
- ***Üben (7):*** *Damit die Schüler ihre Fähigkeit zur Analyse, Evaluation und zu eigenem schöpferischen Tun zeigen können, schreiben sie entweder die Vorgeschichte oder eine Fortsetzung des Romans.*
- ***Üben (8):*** *In Verbindung mit diesem Buch gibt es eine Reihe von Beispielen und Vergleichen, die nähere Betrachtung verdienen. Die Schüler betreiben eine Internetrecherche zu einem der folgenden Themen: Kindertagesstätten, Leihmütter, Euthanasie und ehrenamtliches Engagement.*

Diese Übungen erstrecken sich über mehrere Schulstunden, und zu den meisten gibt es eine Hausaufgabe. Mrs. Fox lässt die Schüler jedes Projekt in kleineren oder größeren Gruppen diskutieren. Nach den acht Übungen und der Wiederholung sollte Mrs. Fox überprüfen, was im Langzeitgedächtnis der Schüler angekommen ist. Eine Möglichkeit hierfür wäre eine schriftliche Leistungsüberprüfung in Form eines Probetests. Zur Überprüfung des Gedächtnisses könnte sie zum Beispiel Fragen stellen wie:

- *Sind in »Hüter der Erinnerung« alle gleich? Inwiefern hängt die Beantwortung dieser Frage davon ab, wie man »gleich« definiert?*
- *Eine wichtige Rolle spielt in der Gesellschaft, in der Jonas lebt, das Konzept »Freigegebenwerden«. Was sind die Vorteile dieses Konzepts? Hat es auch Nachteile? Belege deine Antworten mit konkreten Beispielen!*
- *Vergleiche unsere Gesellschaft mit der von Jonas. Was sind die jeweiligen Vorteile?*
- *In Jonas' Gesellschaft gibt es andere Unterschiede zwischen Männern und Frauen als in unserer. Welche Bräuche illustrieren im Roman die Unterschiede zwischen den Geschlechtern?*

Schneiden einige Schüler bei diesem Test schlecht ab, sollte Mrs. Fox herausfinden, ob das auf ein Problem mit dem Speichern oder ein Problem mit dem Abrufen der Informationen zurückzuführen ist. Zu diesem Zweck könnte sie zum Beispiel einen Test durchführen, der aus Zuordnungsfragen (Begriffe aus Liste A den Begriffen in Liste B zuordnen), »Wahr oder falsch«-Fragen oder Multiple-Choice-Fragen besteht:

Schreibe ein W vor Aussagen, die Beispiele für »gleichwertig« sind, und ein A vor Aussagen, die Beispiele für »gleichartig« sind.

__ *Berufe sind unterschiedlich hoch angesehen (z. B. erfährt Lilly von ihrer Mutter, dass Leihmütter nicht besonders angesehen sind und der Beruf des »Empfängers« offenbar mehr Ehre mit sich bringt als andere).*
__ *Im Rahmen der Zeremonien bekommt jeder im gleichen Alter die gleichen Dinge (einen Haarschnitt, einen Taschenrechner, ein Fahrrad, Kleidung, Luxusgegenstände, Namen, Eltern, Geburtstage).*
__ *Regeln und Gesetze gelten für alle gleichermaßen.*
__ *Da jeder, der anders, krank, alt oder anderer Meinung ist, »freigegeben« wird, sind im Grunde genommen alle gleich.*
__ *Man begegnet jedem, egal welchen Alters, mit Nachsicht und Höflichkeit.*
__ *Alle folgen jeden Tag den gleichen Routinen (sie teilen ihre Träume und Gefühle mit usw.).*
__ *In dieser Gesellschaft gibt es keine Reichen und keine Armen – alle bekommen gleich viel (nämlich nichts, denn Geld gibt es nicht).*

Mithilfe solcher und ähnlicher Fragen kann man sehr viel herausbekommen. Schüler, die beim Gedächtnistest schlecht abschneiden, Informationen aber wiedererkennen und einordnen können, haben ein Problem, Informationen abzurufen. Da sie die Informationen einordnen können, sind sie offensichtlich abgespeichert. Für diese Schüler muss Mrs. Fox sich Übungen einfallen lassen, die ihnen dabei helfen, auf die Informationen zuzugreifen.

Schüler, die beim zuletzt beschriebenen Wiedererkennungstest schlecht abschneiden, haben dagegen ein Problem mit dem Speichern von Informationen (Mason und

Kohn 2001). Die Informationen sind nicht im Langzeitgedächtnis verankert. Der Grund hierfür kann Unaufmerksamkeit oder Schlafmangel sein, oder diese Schüler benötigen einfach mehr Zeit und mehr Übung.

Wenn Schüler informationen weder abrufen noch wiedererkennen können, haben sie ein Problem mit dem Abspeichern. Wenn sie die Informationen wiedererkennen, aber nicht abrufen können, haben sie ein Problem mit dem Abrufen.

Noch einmal durchnehmen

Die Wiederholung zeigt uns möglicherweise, dass unsere Schüler den Stoff nicht im Langzeitgedächtnis abspeichern konnten oder Schwierigkeiten haben, ihn abzurufen. Gute Hinweise darauf, was zu beachten ist, wenn wir etwas noch einmal durchnehmen, gibt eine Studie von Crowley und Siegler (1999). Crowley und Siegler haben festgestellt, dass Schüler mehr verstehen, wenn ihnen der neue Stoff zuerst visuell präsentiert wird. Daraufhin sollte ein verbale Erklärung durch jemand anderen folgen und schließlich die Rekodierungsphase, in der die Lernenden den Stoff in ihren eigenen Worten wiedergeben. Dieses Vorgehen ist in dieser Phase des Lernprozesses auch dann sinnvoll, wenn Sie sich schon bei der ursprünglichen Präsentation des neuen Stoffs an die Schritte des Gedächtnisprozesses gehalten haben. Vielleicht brauchen einige Ihrer Schüler keine nochmalige Erklärung; in diesem Fall können sie jetzt die Lehrer sein. Diese Übung ist gut für ihr eigenes Lernen und bietet zugleich den langsameren Schülern neue, abwechslungsreiche Lernerfahrungen.

Hier noch einige weitere, wissenschaftlich untermauerte Strategien aus dem Northwest Regional Education Laboratory (2002):

- Konzentrieren Sie sich zunächst nur auf die wichtigsten Inhalte, bis Sie sich sicher sind, dass die Schüler alles verstanden haben.
- Gehen Sie noch stärker auf unterschiedliche Lernstile ein als sonst im Unterricht.
- Verwenden Sie beim nochmaligen Erklären andere Materialien und Beispiele. Begnügen Sie sich nicht mit der reinen Wiederholung früherer Unterrichtsstunden.

Den Stoff noch einmal durchzunehmen sollte für Sie und die Schüler eine produktive Erfahrung sein.

Wiederholung von Strategien für erfolgreiches Abschneiden bei Klassenarbeiten

In einem Vortrag habe ich einmal gehört, Lehrer würden allzu oft an »Annehmeritis« leiden. Wir nehmen an, dass unsere Schüler ein bestimmtes Vorwissen haben. Wir nehmen an, dass sie über Gedächtnisstrategien verfügen. Wir nehmen an, dass sie alles verstanden haben. Und wir nehmen an, dass sie wissen, wie man eine Klassenarbeit schreibt. Die Studien sprechen eine andere Sprache.

Die Studien von Casanova und Berliner (1986) und von Bangert-Drowns, Kulik und Kulik (1983) zeigen, dass sich das Abschneiden bei Tests, Klassenarbeiten und Vergleichsarbeiten durch entsprechendes Training deutlich steigern lässt, mit der Zeit allerdings wieder nachlässt. Es lohnt sich also durchaus, Zeit in die Wiederholung von Prüfungsstrategien zu investieren.

Worauf Sie in der Wiederholungsphase achten sollten

- Wenn Schriftart und Schriftgröße in der Leistungsüberprüfung anders ausfallen, als Ihre Schüler es gewohnt sind, dann sollten Sie diese Schriftart und Schriftgröße schon in der Wiederholungsphase verwenden.
- Wenn es für eine Leistungsüberprüfung ein bestimmtes Zeitlimit gibt, sollten die Schüler beim Üben und Wiederholen Gelegenheit haben, sich an diesen Zeitrahmen zu gewöhnen.
- Wenn für eine Leistungsüberprüfung eine bestimmte Sitzordnung vorgesehen ist, sollten Sie die Schüler schon einige Tage vor dem Test entsprechend umsetzen.

> Üben Sie mit Ihren Schülern Lernstrategien wie Paraphrasieren, Zusammenfassen und Notizenmachen sowie das Erstellen von Mindmaps und Advance Organizers.

Wiederholen heißt: Gedächtnisinhalte abrufen, verarbeiten und erneut abspeichern

Beim Wiederholen müssen unsere Schüler Gedächtnisinhalte aus dem Langzeitgedächtnis abrufen. Dadurch üben sie, auf diese Inhalte zuzugreifen und sie in ihrem Arbeitsgedächtnis neu zu verarbeiten. Mit jedem Mal, da wir auf einen Gedächtnisinhalt zugreifen, wird es wahrscheinlicher, dass wir auch beim nächsten Mal darauf zugreifen können. Und das ist die Voraussetzung für Denkprozesse auf höherem Abstraktionsniveau, denn dafür müssen die Schüler konzeptuelles Wissen abrufen und in neuen Zusammenhängen anwenden.

Wenn wir unsere Schüler auf Vergleichsarbeiten vorbereiten, dann vermitteln wir ihnen bestimmte Lernziele und Standards. *Wie* unsere Schüler ihr Wissen unter Beweis stellen müssen, entscheiden aber diejenigen, die den Test entwerfen. Da wir auf das Wie wenig Einfluss haben, sollten wir auf eine möglichst große Bandbreite von Übungen und Wiederholungen achten – dann ist mit größerer Wahrscheinlichkeit auch der vom Test vorgegebene Rahmen dabei. Sind die Inhalte des Langzeitgedächtnisses auf vielen unterschiedlichen Gedächtnispfaden abgespeichert, so sind sie leichter zugänglich (Squire und Kandel 1999).

In einem Unterricht, der leicht abrufbare Gedächtnisinhalte zum Ziel hat, wird der Stoff permanent gespeichert, abgerufen und erneut gespeichert. Indem wir bei Übungen und Wiederholungen für möglichst viel Abwechslung sorgen, schaffen wir für diese Gedächtnisinhalte immer neue »Speicherorte«.

Denkanstöße

- Planen Sie gleich beim Erstellen einer Unterrichtseinheit Wiederholungsphasen ein. Lassen Sie die Abstände dazwischen allmählich größer werden, wie in Abb. 17 gezeigt!
- Manche Fakten müssen die Schüler einfach auswendig lernen. Wenn einige Ihrer Schüler sich mit Fakten schwertun, dann empfehlen Sie ihnen die Mnemotechniken aus Kapitel 5.
- Die Zeit ist unser größter Feind, und deshalb erscheint Ihnen häufiges Wiederholen vielleicht zu zeitraubend. Aber wenn Sie den Stoff in den richtigen Abständen wiederholen, kann das langfristig sogar Zeit sparen.
- Durch Wiederholen werden Gedächtnisinhalte besser im Gedächtnis verankert. Wie können Sie erreichen, dass Wiederholung in Ihrem Unterricht mehr Raum einnimmt?

7. Schritt: Abrufen

Das Abrufen von Gedächtnisinhalten kann von bestimmten Anstößen abhängig sein.

> Wenn Gedächtnisinhalte fest verankert sind, ist das keine Garantie dafür, dass man sie später erfolgreich abrufen kann.
>
> Larry Squire/Eric Kandel, *Gedächtnis: Die Natur des Erinnerns*

Sie fahren mit dem Auto in die Schule (implizites, prozedurales Gedächtnis). Kaum sind Sie auf dem Parkplatz angekommen, da ertönt der Gong, und Sie springen aus dem Wagen und hasten ins Schulgebäude (implizite Reizreaktion). Sie betreten Ihr Klassenzimmer, machen das Licht an, fahren den Computer hoch und schalten die Musik ein (implizites, prozedurales Gedächtnis). Zwei Schüler kommen hereingestürmt und sagen Ihnen, dass sie noch kurz ins Sekretariat müssen. Ob Sie ihnen bitte Mittagessen mitbestellen könnten? Sie wiederholen die Namen der Schüler und ihre Essensbestellungen immer wieder im Kopf (semantisches Kurzzeitgedächtnis), bis alle anderen Schüler sich hingesetzt haben. Sie überprüfen die Anwesenheit und stellen fest, dass ein Stuhl leer ist. Sie schließen die Augen und überlegen, wer normalerweise dort sitzt (explizites episodisches Gedächtnis). Ah ja. Charles. Jetzt fällt Ihnen wieder ein, dass Charles Ihnen gesagt hat, dass er heute zum Zahnarzt muss (explizit, semantisch), und das erinnert Sie an Ihren letzten Zahnarztbesuch, bei dem Sie sich einer Wurzelbehandlung unterziehen mussten. Ihnen schaudert es, wenn Sie nur daran denken (implizit, emotional). Dann denken Sie daran, dass sie die Hausaufgabe einsammeln müssen, die Sie gestern aufgegeben haben, und bitten die Schüler, ihre Aufsätze abzugeben (explizit, semantisch). Die Schüler geben ihre Hefte nach vorne durch (implizit, prozedural).

Dieses Szenario illustriert, wie wir permanent Inhalte unterschiedlicher Art aus dem Gedächtnis abrufen. So funktioniert unser Gehirn. Es ist von Natur aus ständig auf der Suche nach möglichen Anknüpfungspunkten für das, was wir gerade erleben. Dabei, so Pinker (1998), greift unser Gehirn natürlich bevorzugt auf Informationen zurück, die von Nutzen, uns schon häufiger begegnet und am leichtesten zugänglich sind. Deswegen ist es so wichtig, dass wir mit unseren Schülern die sieben Schritte des Gedächtnisprozesses durchgehen und für genügend Wiederholung sorgen. Tun wir das nicht, so ist es für unsere Schüler schwierig oder unmöglich, auf ihr semantisches Gedächtnis zuzugreifen, das zur Beantwortung von Prüfungsfragen nötig ist.

Im siebten Schritt, Abrufen, schauen wir uns einige Faktoren an, die einen Einfluss darauf haben, wie gut unsere Schüler Informationen abrufen können. Falsche Erinnerungen, Prüfungsangst, eine ungenügende Passung von Unterricht und Leistungsüberprüfung, der Prüfungsort – all das kann das Abrufen von Inhalten aus dem Langzeitgedächtnis behindern.

Was bedeutet »abrufen«?

Ganz allgemein bezeichnet *Abrufen* die Fähigkeit, sich Vorwissen oder ein Ereignis aus der Vergangenheit ins Gedächtnis zu rufen. Diesen bewussten Akt bezeichnet man auch als *sich erinnern*. Wir erinnern uns dabei an Inhalte aus dem deklarativen Gedächtnis (Squire und Kandel 1999). Im wirklichen Leben setzt dieses Erinnern in der Regel eine Entscheidung darüber voraus, welche Art von Informationen im Augenblick nützlich ist, damit diese Informationen aus der Fülle unseres Wissens ausgewählt werden können. Derartige Entscheidungen treffen wir den ganzen Tag (Goldberg 2002). Ein Beispiel dafür ist die Szene, die ich am Anfang dieses Kapitels geschildert habe.

Wenn wir das Faktenwissen unserer Schüler abprüfen, dann entscheiden *wir*, was sie abrufen sollen. Nehmen wir einen einfachen Gedächtnistest, den ich im Rahmen eines Vortrags mit meinen Zuhörern mache. Eine Möglichkeit ist, ihnen eine Liste von Wörtern vorzulesen, sie aufzufordern, sich die Wörter zu merken, und sie später zu bitten, die Wörter aufzuschreiben. Wenn ich die Entscheidung, was sie sich merken, dagegen den *Teilnehmern* überlasse, kommen abstraktere Denkprozesse ins Spiel, denn an solchen Entscheidungsprozessen sind die Frontallappen des Gehirns beteiligt.

Mrs. Dees hat mit ihren Viertklässlern den Amerikanischen Bürgerkrieg durchgenommen und dabei viel mit Gemeinsamkeiten und Unterschieden gearbeitet. Sie hat die Kinder mehrere Mengendiagramme anfertigen lassen, und zwar zu den Themen Generäle, Schlachten, Uniformen, Arten des Kämpfens und Gründe für die Kriegsteilnahme. Die Schüler haben zu jeder grafischen Darstellung ihre Gedanken schriftlich festgehalten.

In die Unterrichtseinheit hat Mrs. Dees mehrere formative Leistungsrückmeldungen eingebaut. Die Schüler haben ihre Diagramme vor der Klasse kurz präsentiert und in einem Wörterquiz unter Beweis gestellt, dass sie die zentralen Begriffe dieser Unterrichtseinheit verstanden haben. Für die abschließende Klassenarbeit möchte Mrs. Dees herausfinden, ob ihre Schüler zum Transfer in der Lage sind. In den einzelnen Leistungsrückmeldungen haben die Kinder gut abgeschnitten, und jetzt will Mrs. Dees wissen, ob sie ihr Wissen auf einen anderen Zusammenhang übertragen können.

Für die Klassenarbeit erhalten die Schüler folgende Aufgabenstellung: »Ihr habt zu verschiedenen Aspekten des Amerikanischen Bürgerkriegs Mengendiagramme erstellt, um die Gemeinsamkeiten und Unterschiede aufzuzeigen. Dabei haben wir uns unter anderem mit der Langeweile der Soldaten in der Zeit zwischen zwei Schlachten beschäftigt. Stellt den Methoden der Soldaten, sich die Zeit zu vertreiben, die Art und Weise gegenüber, wie ihr selbst mit Langeweile umgeht.«

Beim Wörterquiz hat alle Entscheidungen Mrs. Dees getroffen. Die Schüler wussten genau, was sie lernen und wiedergeben sollten. Bei der Vorbereitung der Präsentation ihrer Mengendiagramme konnten die Kinder abstrakteres Denken einbringen. Sie entschieden, welche Gemeinsamkeiten und Unterschiede sie erläutern wollen. Bei der Abschlussprüfung lag die Entscheidungskompetenz erneut bei den Schülern. Die Anweisungen schrieben nicht explizit vor, dass die Schüler ein Mengendiagramm benutzen sollten; aber viele entschieden sich dafür. Andere benutzten ein solches Diagramm, um ihre Gedanken zu ordnen, und schrieben anschließend einen kurzen Text. Zur Beantwortung dieser anspruchsvollen Prüfungsfrage mussten die Schüler das prozedurale Wissen abrufen, wie man Gemeinsamkeiten und Unterschiede erkennt, und gleichzeitig das konzeptionelle Wissen, was Langeweile ist und wie Menschen unterschiedlichen Alters in unterschiedlichen Lebenslagen und zu unterschiedlichen Zeiten damit umgehen.

Abrufen ist die Fähigkeit, auf Inhalte des Langzeitgedächtnisses zuzugreifen, sie ins Arbeitsgedächtnis zu holen und mit diesem Wissen Probleme zu lösen.

Wie funktioniert Abrufen?

Viele Menschen berichten von Problemen, Gedächtnisinhalte abzurufen. Wie wir in den bisherigen Kapiteln gesehen haben, kann man Informationen nicht abrufen, wenn man sie nie abgespeichert hat. Eine aktive Teilnahme am Unterricht wirkt sich positiv auf das Lernen und Abspeichern im Gedächtnis aus, Unaufmerksamkeit negativ. Wo keine Speicherung stattgefunden hat, kann es kein Abrufen geben. Wenn wir keine bewussten Anstrengungen unternehmen, neue Inhalte dauerhaft abzuspeichern, dann hängt es von unseren Interessen und Vorlieben ab, wie fest und sogar auf welche Weise diese Inhalte im Gedächtnis verankert werden. Wenn wir etwas mit dem Ziel aufnehmen, uns daran zu erinnern und es später wiedergeben zu können, steigt die Wahrscheinlichkeit, dass es im Gedächtnis abgespeichert wird (Squire und Kandel 1999).

Dazu schreiben Squire und Kandel (1999, S. 79): »Gedächtnisinhalte werden offenbar in denselben verstreuten Verbänden von Hirnstrukturen gespeichert, die ursprünglich an der Wahrnehmung und Verarbeitung dessen, was erinnert werden soll, beteiligt waren.« Die beiden Hirnforscher weisen außerdem darauf hin, dass es von der *Eindeutigkeit* des Stichworts abhängt, ob wir einen Gedächtnisinhalt abrufen können. Wenn Sie sich an die Handlung eines Romans erinnern sollen, den Sie kürzlich gelesen haben, und Ihre Freundin sagt nur: »Du weißt schon, der mit der Frau, deren Mann stirbt und die dann einen anderen heiratet«, dann haben Sie als Stichworte lediglich »Frau«, »Mann gestorben« und »zweite Ehe«. Das klingt nach gar nicht so wenig, sind es doch immerhin drei Hinweise, aber viele Romane haben nun einmal eine ähnliche Handlung. Damit Sie sich wirklich an den entsprechenden Roman erinnern können, muss Ihre Freundin Ihnen sagen, was für diesen Roman typisch ist. »In neuronalen Netzen abgespeichert werden Informationen anhand von Gemeinsamkeiten, aber ins Gedächtnis zurückgerufen werden sie anhand von Unterschieden« (Sousa 2001, S. 142). Daher brauchen Sie genauere Hinweise, um sich an den Roman zu erinnern, von dem Ihre Freundin spricht. Etwa: »Erinnerst du dich an den Roman, in dem die Frau im Bürgerkrieg ihren Mann verliert? Sie kommt aus dem Süden und heiratet später einen Mann aus dem Norden.« Diese zusätzlichen Details sind typisch für genau diesen Roman.

Falsche Erinnerungen

Ich führe mit meinen Schülern einen einfachen Test durch. Ich lese ihnen in ganz normalem Tempo eine Liste mit Wörtern vor und bitte sie, nicht mitzuschreiben, sondern sich einfach zurückzulehnen und zuzuhören. Ich werde sie hinterher nicht auffordern, möglichst viele der Wörter aus dem Gedächtnis aufzuschreiben.

»Decke, schnarchen, Sofa, Wiegenlied, Nickerchen, wach, dösen, schlummern, Ruhe, gähnen, träge, Traum, müde.« Ich blicke auf und spreche mit meinen Schülern 20 Sekunden über etwas anderes, damit das Echo der Wörter in ihrem Kurzzeitgedächtnis verklungen ist.

»Okay, bitte hebt die Hand, wenn ihr das Wort Tür gehört habt«, sage ich. Niemand rührt sich. »Gut. Das Wort Tür ist nicht vorgekommen. Hebt die Hand, wenn ihr das Wort wach gehört habt.« Einige Schüler melden sich. »Richtig«, nicke ich, »das Wort wach habe ich gesagt. Hebt die Hand, wenn ihr das Wort Schlaf gehört habt.«

Bei dieser Frage schnellen fast alle Finger nach oben. Ich schüttle den Kopf. »Das Wort Schlaf ist nicht dabei gewesen.« Die Schüler schauen mich erstaunt an.

»Wie seid ihr auf die Idee gekommen, dass ich Schlaf gesagt habe?«, frage ich.

»Sie haben uns reingelegt«, sagt Blair. »Sie haben viele Wörter gesagt, die wir mit Schlaf assoziieren.«

Blair hatte recht. Was sie nicht wusste: Ich hatte bei meinen Schülern absichtlich etwas provoziert, was man als »falsche Erinnerung« oder »Pseudoerinnerung« bezeichnet. Ich hatte das neuronale Netz aktiviert, das in ihren Köpfen für »Schlaf« zuständig war. Ich hatte so viele Hinweise auf das Wort Schlaf vorgelesen, dass sie glaubten, es gehört zu haben.

Diesen Effekt hatte ich Daniel Schacter bei seinen Vorträgen schon oft vorführen sehen. Es ist nicht immer leicht zu vermeiden, bei anderen falsche Erinnerungen hervorzurufen. Dieser Gefahr müssen wir uns bewusst sein, wenn es um Leistungsüberprüfungen und das Abrufen von Gedächtnisinhalten geht. Wenn wir in Tests Multiple-Choice- oder Ja-/Nein-Fragen stellen, kann das bei unseren Schülern falsche Erinnerungen auslösen.

Hier noch eine weitere Aufgabe, die zeigt, wie leicht wir in die Irre geführt werden können, wenn bestimmte Gedächtnisnetzwerke aktiviert werden. Sagen Sie Ihren Schülern, dass Sie ihnen jetzt zehn kurze Fragen stellen, auf die sie so schnell wie möglich antworten sollen. Stellen Sie dann in kurzem Abstand folgende zwei Fragen: Halten Sie zunächst ein weißes Blatt Papier hoch und fragen Sie: »Welche Farbe hat dieses Blatt?« Alle werden wie aus einem Mund sagen: »Weiß!« Fragen Sie unmittelbar danach: »Was trinken Kühe?« Die meisten werden antworten: »Milch.« Einen Augenblick später wird ihnen der Fehler bewusst, und es entspinnt sich eine Diskussion, wie das passieren konnte. In Prüfungen kann es unter Zeitdruck ebenfalls vorkommen, dass ein bestimmtes Netzwerk aktiviert wird und einen derartigen Fehler auslöst.

Ermahnen Sie Ihre Schüler, Prüfungsfragen aufmerksam zu lesen. Bei Multiple-Choice-Fragen müssen alle möglichen Antworten ganz gelesen werden. Meist ist dabei der Satzanfang vorgegeben, und es stehen mehrere Möglichkeiten zur Auswahl, ihn zu vervollständigen, in der Regel drei oder vier. Nur eine Antwort ist richtig. Die anderen heißen nicht zufällig »Distraktoren« (»Ablenker«) – ihre Aufgabe ist, den Prüfling in die Irre zu führen. Nicht selten treffen auch die falschen Antworten teilweise zu. Ist der erste Teil korrekt, so kann ein Netzwerk aktiviert werden, das den Schüler verleitet, die falsche Antwort anzukreuzen.

Ähnlich kann es bei Wahr-oder-falsch-Fragen sein. Oft stimmt der erste Teil der Aussage, zumindest teilweise, und erst der zweite Teil ist der entscheidende. Damit keine unnötigen Fehler passieren, müssen auch solche Fragen immer ganz gelesen werden.

> Wenn bestimmte neuronale Netzwerke aktiviert werden, kann das in den Köpfen Ihrer Schüler falsche Assoziationen auslösen.

Prüfungsangst

Prüfungsangst ist eine Form von Stress. Viele Menschen erleben positiven Stress, sogenannten Eustress, wenn sie eine Prüfung ablegen. Das ausgeschüttete Adrenalin hilft ihnen sogar dabei, Gedächtnisinhalte zu reaktivieren. Manche Schüler jedoch können von Prüfungsangst wie gelähmt sein. Wie Sapolsky (1996) darlegt, wird Stress besser verkraftet, wenn fünf Voraussetzungen erfüllt sind:

- Die erste Voraussetzung ist Vorhersehbarkeit. Wissen die Schüler, welche Art von Klassenarbeit ihnen bevorsteht? Sind sie mit dem Stoff vertraut? Hat es genügend Übungen und Wiederholungen gegeben? Stiggins (2001) empfiehlt, die Schüler stärker in die Erstellung und Auswertung von Leistungsüberprüfungen einzubeziehen, und beschreibt, wie das konkret aussehen kann (siehe Abb. 19).
- Ein weiterer wichtiger Faktor für die Stressbewältigung sind Wahlmöglichkeiten. Haben die Schüler die Möglichkeit, zwischen verschiedenen Fragen auszuwählen? Dazu genügt es bereits, in einer schriftlichen Arbeit drei Fragen zu stellen, von denen die Schüler nur zwei beantworten müssen.
- Das Bewusstsein, die Dinge unter Kontrolle zu haben, spielt ebenfalls eine wichtige Rolle. Die Schüler müssen das Ziel der Leistungsüberprüfung verstanden und den Stoff ausreichend geübt und wiederholt haben.
- Auch die Interaktion mit anderen reduziert Stress. Wenn Sie eine Atmosphäre schaffen, in der die Schüler das Gefühl haben, alle zusammen »im selben Boot« zu sitzen, werden sie die Leistungsüberprüfung weniger als Bedrohung wahrnehmen. Sie können die Schüler mündliche Prüfungen auch in Gruppen ablegen lassen, wenn es vom Stoff her angemessen erscheint.
- Körperliche Bewegung sorgt für Stressabbau. Natürlich wollen Sie nicht, dass Ihre Schüler während der Klassenarbeit im Klassenzimmer herumhüpfen. Aber manchmal ist es eine gute Idee, vorher ein paar Bewegungsübungen einzubauen.

geringe Beteiligung ▲	Machen Leistungsüberprüfung und werden benotet.
	Erhalten Gelegenheit, Verbesserungsvorschläge zu machen.
	Schlagen mögliche Prüfungsaufgaben vor.
	Entwerfen die Prüfungsaufgaben.
	Haben Mitsprache bei der Bewertungskriterien.
	Legen das Bewertungsschema fest.
	Bewerten sich mit Hilfe eines Bewertungsschemas selbst.
▼ starke Beteiligung	Können einordnen, was Selbst- und Fremdbewertung über ihre schulischen Leistungen aussagen.

Abb. 19: Ausmaß, in dem die Schüler bei Leistungsüberprüfungen einbezogen werden (nach Stiggins 2001)

Bei manchen Schülern mit Prüfungsangst kann es sinnvoll sein, mit ihnen darüber zu sprechen und gezielt über Strategien nachzudenken, die ihnen helfen, ihre Angst zu überwinden. Wenn ein Schüler zum Beispiel Angst vor einem Blackout hat, könnten Mnemotechniken dabei helfen, ihm Selbstvertrauen zu geben. Wenn sich ein Schüler vor allem vor schwierigen Fragen fürchtet, dann sagen Sie ihm, er soll zuerst die leichtesten beantworten. Manche Schüler stresst der enge, fest vorgegebene Zeitrahmen. Die Fähigkeit, sich die Zeit gut einzuteilen, ist eine wichtige Fertigkeit. Daher sollte man Schülern im Rahmen der Wiederholung Tipps für die Zeitplanung geben oder sie Probetests unter Zeitdruck schreiben lassen (Chapman und King 2000).

> Sprechen Sie mit Ihren Schülern darüber, was sie gegen Prüfungsangst tun können.

Mangelnde Passung von Vermittlung, Wiederholung und Leistungsüberprüfung

Häufig kommt es beim Abrufen deshalb zu Problemen, weil Wiederholung und/oder Leistungsüberprüfung nicht auf die Vermittlungsphase abgestimmt sind. Ursache dafür können unterschiedlicher Wortschatz, unterschiedlicher Komplexitätsgrad, die Länge der Aufmerksamkeitsspanne oder ein Problem bei der Übertragung von einem Gedächtnispfad auf einen anderen sein.

Wortschatz

Probleme mit dem Wortschatz können sowohl bei standardisierten Tests als auch bei regulären Leistungsüberprüfungen auftreten. In Ersteren werden Wörter verwendet, die besonders häufig auftreten – was aber nicht heißt, dass sie allen unseren Schülern bekannt sind. Kindern aus gut situierten, bildungsbürgerlichen Familien, so Popham in »The truth about testing« (2001, S. 57), »nehmen die Wörter und Formulierungen, die in standardisierten Leistungstests vorkommen, sozusagen mit der Muttermilch auf«. Das gelte insbesondere für Tests, in denen es um Sprache und Literatur gehe. Darin finde man massenweise Beispiele, bei denen Kinder, in deren Familien hochsprachlich gesprochen werde, einen enormen Vorteil gegenüber Kindern hätten, deren Eltern keine Muttersprachler seien oder deren Eltern nicht hochsprachlich sprächen.

Beim Entwerfen von Leistungsüberprüfungen dürfen wir niemals voraussetzen, dass Wörter, die für uns selbstverständlich sind, auch im Gedächtnis unserer Schüler verankert sind. Wenn wir Wörter verwenden, die sie in der Prüfung zum ersten Mal geschrieben sehen, kann das unsere Schüler verwirren und aus dem Konzept bringen. Wenn wir wollen, dass unsere Schüler bestimmte Wörter benutzen oder in einem Wiedererkennungstest erkennen können, müssen wir ihnen im Unterricht Gelegenheit geben, die Wörter selbst auszusprechen (Schenck 2000). Dies gilt umso mehr für untere Klassen und Schüler, die sich mit dem Lesenlernen schwertun.

Susan ist im Referendariat und unterrichtet selbst in einer 6. Klasse. Im Seminar geht es um das Thema Lehrplanorientierung. In der nächsten Sitzung soll sie eine Leistungsüberprüfung mitbringen, die dann im Seminar besprochen wird. Die Leistungsüberprüfung muss den Vorgaben des Lehrplans entsprechen und bestimmte Kriterien erfüllen.

Susan hat gerade eine Unterrichtseinheit zum Roman »Taubenjagd« von Jerry Spinelli abgeschlossen und bereitet als abschließende Lernzielkontrolle eine schriftliche Arbeit vor. Zur Einstimmung hatte Susan eine Liste von zentralen Aussagen des Romans mit der Klasse diskutiert. Im Verlauf der Unterrichtseinheit haben die Schüler in Kleingruppen einzelne Kapitel besprochen, eigene Fragen formuliert, einige Szenen in Rollenspielen nachgestellt und Themen mit der ganzen Klasse diskutiert. Ihre Schüler kennen die wichtigsten Fakten, etwa, dass in dieser Geschichte »Halsumdreher« die Jungen ab zehn sind, die am alljährlich begangenen »Taubentag« den angeschossenen Tauben den Hals umdrehen. Sie ist sich sicher, dass die Schüler das zugrunde liegende Thema des Erwachsenwerdens verstanden haben. In der Arbeit stellt sie Fragen wie:

- *Was sagt uns das immer wiederkehrende Bild des rauchenden Gewehrs über Palmers Ängste?*
- *Warum sieht Palmer sich veranlasst, Dorothy vor anderen zu ignorieren oder zu ärgern, wenn er doch in Wirklichkeit großen Respekt vor ihr hat?*
- *Warum verabscheut Palmer die Tradition, dass Zehnjährige Tauben den Hals umdrehen, wohingegen es die meisten seiner Altersgenossen als Ehre betrachten?*

Von den Fragen, die ihre Schüler zum Nachdenken anregen sollen, ist Susan ganz begeistert. Doch als sie die Leistungsrückmeldung korrigiert, ist sie von den Antworten zutiefst enttäuscht. Frustriert nimmt sie die Aufgabenstellung und Beispiele für die Antworten ihrer Schüler mit ins Seminar. Die Kommilitonen bescheinigen ihr, dass ihre Fragen die Vorgaben des Lehrplans vorbildlich berücksichtigen. Sie zielen genau auf jene langfristigen Lernprozesse ab, die Susan anzustoßen gehofft hatte.

»Warum haben sie so schlecht abgeschnitten?«, fragt Susan in die Runde. »Ich bin so enttäuscht. Ihr hättet sie diskutieren hören sollen. Sie haben von einigen Kapiteln Inhaltsangaben geschrieben und andere mündlich zusammengefasst. Wir haben Bezüge zu ihrem Leben hergestellt. Ich dachte, in dieser Arbeit könnten sie wunderbar zeigen, was sie gelernt haben.«

Der Seminarleiter führte den ganzen Kurs auf eine kleine Entdeckungsreise. Er definierte grob den Gedanken der mangelnden Passung von Vermittlung und Leistungsüberprüfung und ließ dann die angehenden Lehrer den Wortschatz in Susans Fragen genau unter die Lupe nehmen. Als sie gefragt wurde, ob sie Formulierungen wie »sich veranlasst sehen« und »etwas verabscheuen« im Unterricht benutzt hatte, konnte Susan sich nicht genau erinnern. Sie wusste sicher, dass sie die Konzepte vermittelt hatte. Aber sie fragte sich, ob sie vielleicht einen etwas gewählteren Wortschatz verwendet hatte, weil es sich um eine Arbeit handelte, die im Kurs besprochen werden würde.

Die Gefahr ist groß, dass wir beim Entwerfen von Leistungsüberprüfungen einen Wortschatz verwenden, der für uns ganz selbstverständlich ist, und davon ausgehen, dass das auch für andere gilt. Im vorliegenden Fall verstanden die Schüler nicht gut genug, worauf ihre Lehrerin hinauswollte. Susan erklärte die Wörter einigen Schülern, die danach fragten, aber nicht der ganzen Klasse.

Achten Sie darauf, in Leistungsüberprüfungen nur Wörter zu verwenden, mit denen Ihre Schüler vertraut sind.

Der Komplexitätsgrad

Sousa (2003) unterscheidet zwischen Schwierigkeitsgrad und Komplexitätsgrad. *Komplexität* bezieht sich auf die Art von Denkprozess, die zur Verarbeitung einer Information oder eines Problems verwendet wird. *Schwierigkeit* beschreibt, wie viel Anstrengung innerhalb eines Komplexitätsgrads notwendig ist. Mit Bezug auf die Taxonomie von Lernzielen nach Benjamin Bloom (Anderson u.a. 2001) könnte man *Komplexität* auch darüber definieren, zu welchem Grad abstrakte Denkprozesse nötig sind. Je komplexer eine Aufgabe, desto anspruchsvoller die Denkprozesse, die ihre Lösung erfordert. Je schwieriger eine Aufgabe, desto mehr Anstrengung erfordert ihre Lösung, unabhängig vom Komplexitätsgrad (siehe Abb. 20).

Komplexitätsgrad						
Schwierig-keitsgrad ↓	Wissen ↓	Verstehen ↓	Anwenden ↓	Analysie-ren ↓	Bewerten ↓	Neue Gedanken entwickeln ↓

Abb. 20: Komplexitätsgrad und Schwierigkeitsgrad anhand der Taxonomie von Lernzielen nach Bloom

Die Komplexität der Übungen und Wiederholungen muss auf die der Leistungsüberprüfung abgestimmt sein. In der Regel beginnt man in der Übungsphase am unteren Ende der Taxonomie von Lernzielen und schreitet dann zu komplexeren Übungen fort. Achten Sie darauf, dass Sie mit den letzten Übungen und der abschließenden Wiederholung den Komplexitätsgrad der Leistungsüberprüfung erreicht haben.

> Wenn Schüler in der Leistungsüberprüfung mit einem Komplexitätsgrad konfrontiert sind, der den der Übungen und Wiederholung übersteigt, bleiben sie oft hinter ihren Möglichkeiten zurück.

	Komplexität	Schwierigkeit
Wissen	Wie heißen die Hauptfiguren des Romans »Taubenjagd«?	Beschreibe ihre Persönlichkeiten.
Verstehen	Warum hat Palmer Angst vor seinem zehnten Geburtstag?	Beschreibe, wie zwei andere Figuren über ihren 10. Geburtstag denken.
Anwenden	Vergleiche die Informationen über Tauben in »Taubenjagd« mit denen auf den unten angegebenen Internetseiten.	Vergleiche die Informationen über Tauben mit denen aus drei weiteren Quellen, darunter einer Internetseite.
Analyse	Mit welchen überlieferten Bräuchen hat Palmer Schwierigkeiten?	Ordne die Bräuche vom abstoßendsten zum am wenigsten abstoßenden.
Evaluation	Ist es gerechtfertigt, am Taubentag 5 000 Tauben abzuschießen, um für die Pflege eines Parks zu bezahlen?	Wie hoch ist der Erlös, und wofür wird dieses Geld genau ausgegeben?
Eigene Gedanken	Überlege, wie ein alternatives Ritual des Erwachsenwerdens aussehen könnte, das die gleichen Funktionen erfüllt wie der Taubentag.	Entwickle einen Plan, mit dessen Hilfe man dieses Ritual durchführen kann.

Abb. 21: Die Taxonomie von Lernzielen nach Bloom am Beispiel des Romans »Taubenjagd« von Jerry Spinelli

Transfer

Die Unterrichtseinheit verlief zur vollen Zufriedenheit von Mr. Perez. Er hatte die Aufmerksamkeit seiner Schüler von Anfang an gefesselt, indem er ihnen einen Ausschnitt aus dem Film »Blondinen küsst man nicht« gezeigt hatte. Darin lernt Hauptdarstellerin Melanie Griffith die »Amendments«, die Zusatzartikel zur amerikanischen Verfassung, indem sie einen neuen Text auf die Melodie eines bekannten Weihnachtsliedes schreibt. Die Schüler waren begeistert. Mit Mr. Perez' Unterstützung verfassten sie einen eigenen Text zu der Melodie, der auf den zehn wichtigsten Zusatzartikeln beruhte.

Daraufhin teilte Mr. Perez die Schüler in Gruppen ein und ließ jede Gruppe eines der Amendments grafisch darstellen. Die Gruppen mussten ihre Darstellung vor der ganzen Klasse präsentieren und erklären. Um sicherzugehen, dass sie sich alle Zusatzartikel gut merken würden, entwickelten sie einen »Amendment-Tanz«, mit verschiedenen Bewegungen zu den jeweiligen Amendments. Zur Wiederholung spielten sie eine Abwandlung von »Trivial Pursuit«, das Mr. Perez »Amendment Pursuit« taufte: Er teilte die Klasse in zwei Teams und stellte einem Team so lange Fragen, bis die Schüler einen Fehler machten. Das Team, das als erstes zehn Punkte erreichte, hatte gewonnen. Außerdem spielte er ein Spiel mit ihnen, bei dem die Schüler anhand von Stichwörtern erraten mussten, welcher Zusatzartikel gemeint war. Damit wollte er sicherstellen, dass die Schüler mit dem Wortlaut der Amendments vertraut waren. Als Höhepunkt der Unterrichtseinheit stellten die Schüler in Gruppen die Amendments in Rollenspielen dar.

Die Leistungsüberprüfung erfolgte in Form eines schriftlichen Tests, der aus Multiple-Choice-, Zuordnungs- und Wahr-oder-falsch-Fragen bestand. Daneben enthielt er Fragen, die in ganzen Sätzen beantwortet werden mussten. Die Ergebnisse blieben deutlich hinter Mr. Perez' Erwartungen zurück.

Die Leistungsüberprüfung für diese Unterrichtseinheit war unzureichend auf die Vermittlungsphase abgestimmt. Zwar hatte Mr. Perez die Leistungsüberprüfung entworfen, bevor er sich das Unterrichtskonzept überlegte. Aber er tat wenig, um die Schüler dabei zu unterstützen, das Abspeichern und Abrufen der Informationen über den semantischen Gedächtnispfad zu üben. Sie lernten über den emotionalen Pfad (Rollenspiele), den prozeduralen Pfad (Tanz) und den Pfad für konditionierte Reaktionen (Lied, Spiele). Zu keinem Zeitpunkt ließ Mr. Perez die Schüler die gespeicherten Informationen rekodieren, indem sie den Stoff schriftlich festhielten. Seine Vermittlungsstrategien passten nicht zur Leistungsüberprüfung. Er hätte den Schülern entweder schriftliche Aufgaben stellen müssen, damit sie den Stoff auf diesen Pfad übertragen konnten, oder Bewertungsschemata entwerfen sollen, um einige der Übungen als Leistungsüberprüfungen zu verwenden. Ersteres hätte etwa so aussehen können, dass die Schüler nach jeder Übung die Ergebnisse schriftlich zusammenfassten oder dass die Schüler sich manche Inhalte gegenseitig erklärten.

Da das Gehirn alle Informationen einzuordnen versucht, die es bekommt, nimmt es alle Hinweise auf und macht sich auf die Suche. In diesem Fall gab es aber nichts, was die Schüler hätten finden können. Wenn die Fragen Verbindungen zum Tanz, zum

Lied oder zu den Spielen hergestellt hätten, dann hätten die Schüler die Informationen vielleicht eher abrufen können. Damit will ich nicht sagen, dass Mr. Perez die Unterrichtseinheit anders hätte anlegen sollen. Die Art und Weise, wie er die Schüler aktiviert hat, war sehr effektiv. Aber wenn er noch ein paar zusätzliche Schritte eingeplant hätte, wäre die Leistungsüberprüfung am Ende sicherlich besser ausgefallen.

Wenn die Leistungsüberprüfung auf die gleichen Gedächtnispfade zugreift wie die Vermittlung, kann der Stoff schneller abgerufen werden.

Der Ort ist wichtig!

Ich trainiere mit den Cheerleadern unserer Basketball-Schulmannschaft. Es ist eine der wenigen Proben in der großen Turnhalle, in der die Spiele stattfinden. Der Basketballtrainer lässt mich nur alle paar Wochen hier herein. Heute trainiert er mit den Jungs in der kleinen Turnhalle.

Die Mädchen müssen sich erst auf die ungewohnten Platzverhältnisse einstellen. Bei unseren anderen Proben stehen sie viel näher zusammen. Ich helfe ihnen, ihre Positionen zu finden. Für diesen Samstag proben wir ganz neue Tanzschritte.

»Wir haben diesen Tanz noch nie hier geprobt, Mrs. Sprenger«, klagt Christine verzweifelt. »Ich habe mich beim Tanzen immer auf das Bild von unserer Schule konzentriert. Aber hier hängen keine Bilder!«

»Mach dir keine Sorgen, Christine, wir können diese Woche jeden Vormittag hier proben. Such dir einen anderen Punkt, an dem du dich orientieren kannst, dann wirst du keine Schwierigkeiten haben«, antworte ich.

Als endlich alle Mädchen richtig stehen und ich gerade die Musik einschalten will, kommt Keisha zur Tür herein. Ich hatte ganz vergessen, dass sie heute nach Unterrichtsschluss eine Klassenarbeit bei mir nachschreiben sollte.

Sie schaut mich vorwurfsvoll an. »Sie waren nicht in Ihrem Zimmer. Ich habe auf Sie gewartet. Wenn Mr. Bell mich nicht gesehen und mir nicht gesagt hätte, wo ich Sie finde, würde ich immer noch vor Ihrer Tür sitzen. Heute ist der einzige Abend, an dem ich länger dableiben und die Arbeit nachschreiben kann.«

Ich entschuldige mich für meine Vergesslichkeit. Während ich die Aufgabenstellung aus meiner Tasche hervorkrame, überlege ich: »Aber wo soll sie schreiben? Ich will nicht, dass sie allein im Klassenzimmer sitzt, weil ich Angst habe, dass sie die Antworten nachschlägt. Und hier ist es viel zu laut.« Ich werfe einen Blick ins Büro des Trainers. Niemand da.

»Keisha, geh ins Büro von Mr. Blundy und schließ die Tür. Du kannst die Arbeit dort schreiben. Sag mir Bescheid, wenn die Musik zu laut sein sollte.«

Keisha tut wie ihr geheißen, und ich wende mich wieder den Cheerleadern zu. Wenige Minuten später steht Keisha erneut vor mir.

»Schon fertig?«, frage ich. »Oder ist es dir zu laut?«

»Es ist nicht wegen dem Lärm, Mrs. Sprenger. Das Problem ist das Büro. Ich kann da drin nicht denken. Ich kann mich an nichts erinnern. Ich brauche mein Pult, und ich muss Ihre Tafel vor mir sehen.«

»Die Tafel ist leer, Keisha«, antworte ich. »Dort wirst du die Antworten nicht finden.«
»Sie fallen mir ein, wenn ich die Tafel anschaue. So ist es immer bei mir, wenn ich Arbeiten schreibe«, beharrt sie.

Ich ließ die Cheerleader kurz alleine und ging mit Keisha zu meinem Unterrichtsraum. Es war etwas kompliziert und nicht gerade lustig, aber so lief ich eben zwischen beiden Verpflichtungen hin und her. Zwischendurch kam Mr. Blundy in die Turnhalle und bot an, die Cheerleader zu beaufsichtigen. Keisha brauchte nicht lange. Ihre Arbeit fiel sehr gut aus.

Was Keisha gesagt hatte, ging mir nicht mehr aus dem Kopf. Ich begann, meine Schüler genau zu beobachten, während sie in meinem Unterrichtsraum Arbeiten schrieben. Diese Form der Feldforschung war höchst aufschlussreich. Ich begann, Buch darüber zu führen, wie die Schüler sich verhielten, während sie eine Klassenarbeit schrieben, ein Wörterquiz lösten, einen Essay verfassten oder ein Arbeitsblatt ausfüllten. Dabei stellte ich fest, dass etwa 30 Prozent meiner Achtklässler ganz in ihre Aufgabe vertieft waren. Sie schauten sich niemals im Klassenzimmer um. Ungefähr 40 Prozent hoben gelegentlich den Blick, ohne allerdings etwas Bestimmtes anzuschauen. Weitere 15 bis 20 Prozent blickten ab und zu kurz zur Tafel oder zu mir. Fünf bis zehn Prozent meiner Schüler jedoch mussten alle paar Minuten die Tafel, den Bildschirm an der Wand, die Pinnwand oder mich anschauen! Genau wie Keisha.

Die Forschungsergebnisse auf diesem Gebiet sind ziemlich eindeutig. John Locke hat schon 1690 den Fall eines jungen Mannes beschrieben, der in einem Zimmer tanzen lernte, in dem eine alte Truhe stand. Ohne die Truhe konnte er sich nicht an die Tanzschritte erinnern (Baddeley 1999). Was Prüfungen betrifft, so scheinen Wiedererkennungstests, bei denen der Prüfling eine Reihe von Hinweisen bekommt, weniger stark von der Umgebung abhängig zu sein als Erinnerungstests.

Vor zwei Jahren habe ich einen Fall erlebt, in dem sich dieses Phänomen auf die Ergebnisse bei einer zentral gestellten Arbeit auswirkte. Ich erhielt einen Anruf von einem Schulleiter aus dem Nachbarort, der über die Ergebnisse seiner Schüler sehr beunruhigt war. Er bat mich, mir die Sache gemeinsam mit den Lehrern der Schule einmal anzuschauen. Daraufhin ließ ich mir einige Schüleraufsätze geben. Ich sah auf einen Blick, dass die Schüler zu wenig geschrieben hatten. Ihre Aufsätze waren so kurz, dass die Korrektoren auf dieser Grundlage nicht beurteilen konnten, ob die Schüler die vorgegebenen Anforderungen erfüllten.

Ich fragte den Schulleiter und die Lehrer: »Wo haben die Schüler diesen Test geschrieben?« Jemand holte den Stundenplan hervor, und der Englischlehrer der 8. Klasse nickte. »Sie haben den Test im Zimmer des jeweiligen Klassenlehrers geschrieben. Manche haben also bei ihrem Sozialkundelehrer geschrieben, manche bei ihrem Biologielehrer, und manche bei ihrem Mathelehrer«, verkündete er. »Nur meine Klasse hat bei mir geschrieben. Ich unterrichte die 5. bis 8. Klasse in Englisch.«

Ich sah mir die Testergebnisse der Schüler an, die zufällig im Zimmer des Englischlehrers geschrieben hatten. Der Unterschied war nicht zu übersehen: Von den Schülern, die in dem Raum geschrieben hatten, in dem auch sonst der Englischunterricht stattfand, hatten deutlich mehr die Anforderungen erfüllt oder sogar übertroffen. Sie hatten einfach mehr geschrieben. Die Umgebung und die Anwesenheit ihres Englischlehrers hatten sie daran erinnert, was bei einem Essay von ihnen erwartet wurde. Die anderen Lehrer erwarteten in ihren Fächern keine langen Antworten von den Schülern, und deshalb schrieben die Schüler kürzere Aufsätze.

Aus dieser Erfahrung entspann sich eine Diskussion um unterschiedliche Erwartungen in unterschiedlichen Fächern und von unterschiedlichen Lehrern. Warum derart große Unterschiede gerade in jenem Jahr und bei diesen Schülern auftraten, konnte niemand mit Sicherheit sagen. Vielleicht hatten in anderen Jahren die Stundenpläne anders ausgesehen. Vielleicht reagierten diese Schüler auch besonders stark auf wechselnde Umgebungen.

Wenn ich auf meinen Reisen mit Lehrern und Schulleitern über dieses Thema spreche, fordere ich sie auf, verschiedene Möglichkeiten in Erwägung zu ziehen. Man sollte meinen, dass Transfer für Schüler kein Problem sein sollte, wenn ausreichend geübt und wiederholt wurde. In den meisten Fall ist er auch kein Problem. Doch bei einigen Schülern kann es länger dauern, bis sie zum Transfer in der Lage sind. Wie lange es dauert, den Stoff sicher im semantischen Gedächtnis zu verankern, ist von Schüler zu Schüler unterschiedlich. Eichenbaum (2003) schreibt, dass wir aus dem Erlebten jene Bedeutungen extrahieren, die dann fest im semantischen Gedächtnis verankert werden. Weil sich Schüler im Hinblick auf die Entwicklung ihres Gehirns, ihre Aufmerksamkeitsspanne, ihre Motivation und ihre Erlebnisse stark unterscheiden, sollten wir in Prüfungen, bei denen so viel auf dem Spiel steht, alles dafür tun, dass Schüler ihr ganzes Potenzial ausschöpfen können.

> Wenn Schüler etwas an einem bestimmten Ort lernen, können sie es am selben Ort möglicherweise leichter wieder abrufen.

Der Einfluss bestimmter Prüfungsformen

In diesem Zusammenhang sollte man sich noch einmal die beiden wichtigsten Formen der Leistungsüberprüfung vor Augen halten. Die *formative* Leistungsrückmeldung erfolgt im Laufe einer Unterrichtseinheit und dient dazu, den Schülern Feedback zu geben und so den Lernprozess zu unterstützen. Dafür kommen schriftliche Tests ebenso in Frage wie persönliche Gespräche, praktische Übungen oder Portfolios. Eine *summative* Leistungsrückmeldung dagegen ist eine Bilanz am Ende einer Unterrichtseinheit, wie viel die Schüler in einem bestimmten Zeitraum gelernt haben. Dabei kann es sich um eine Klassenarbeit ebenso handeln wie um eine zentrale Vergleichsarbeit. Beide Formen der Leistungsüberprüfung sollten sich an den Zielen des Lehrplans orientieren. Im Sinne des Transfers sollten sie nicht auf Faktenwissen beschränkt sein. Im

Mittelpunkt sollte vielmehr das konzeptuelle Verständnis stehen (Bransford, Brown und Cocking 1999).

Praktische Leistungsüberprüfung

Wenn die Schüler ihr Wissen im Rahmen einer praktischen Prüfung unter Beweis stellen, dann hängt es von der Form dieser Leistungsüberprüfung ab, wie gut sie Gedächtnisinhalte abrufen können. Danielson (2002) unterscheidet zwischen *spontanen* und *vorstrukturierten* Leistungstests. Ein Beispiel für einen spontanen Leistungstest ist die informelle Beobachtung eines Schülers im Rahmen der Übungsphase. Die Ergebnisse kann man in Form von kurzen Notizen festhalten oder anhand eines Bewertungsschemas einordnen. Die Frage ist, ob ein solcher Leistungstest benotet werden sollte. In »How to grade for learning« spricht O'Connor sich dafür aus, dass nur das Endergebnis des Lernprozesses benotet werden sollte, nicht die Versuche auf dem Weg, dieses Niveau zu erreichen. Außerdem empfiehlt er, zu Beginn einer neuen Unterrichtseinheit die Art der Benotung mit den Schülern zu besprechen.

Bei einer *vorstrukturierten* Leistungsüberprüfung werden die Schüler schon im Vorfeld einbezogen. Zur Orientierung sollte man ihnen ein Bewertungsschema an die Hand geben, sodass sie genau wissen, nach welchen Kriterien sie bewertet werden. Unter diesen Bedingungen sind die Schüler in aller Regel gut vorbereitet und haben keine Probleme, den Stoff abzurufen. Aber vergessen Sie nicht: So wie manche Schüler Prüfungsangst haben, haben manche möglicherweise Angst, vor anderen etwas vorzuführen, und diese Angst kann das Abrufen der notwendigen Informationen blockieren, auch wenn das »Publikum« nur aus den Klassenkameraden besteht. Da Wahlmöglichkeiten stressmindernd wirken, ist es möglicherweise hilfreich, die Schüler auswählen zu lassen, welche Art von praktischer Leistungsüberprüfung sie bevorzugen. Diejenigen, die sich beim Sprechen vor Publikum schrecklich unwohl fühlen, ziehen es vielleicht vor, ihr Wissen auf andere Weise zu demonstrieren, etwa in Form eines Essays oder eines Films.

Traditionelle Tests

Bei *schriftlichen* Tests müssen die Schüler im Regelfall allein arbeiten. Außerdem gibt es ein Zeitlimit, und Hilfsmittel wie Notizen sind nicht zugelassen. Mit anderen Worten: Die in den Prüfungsfragen enthaltenen Hinweise müssen als Anknüpfungspunkt für das Abrufen von Fakten, Konzepten und Verfahren ausreichen. Entscheidend ist daher, das richtige Testformat zu wählen, damit der Test relevante Ergebnisse liefert. Beispielsweise eignen sich offene Fragen besser, wenn es darum geht, die Fähigkeit zu abstraktem Denken (analysieren, anwenden und evaluieren) einzuschätzen. Andere

Formate sind dafür besser für das Abfragen von Faktenwissen, prozeduralem Wissen und konzeptuellem Wissen geeignet (Stiggins 2001; Danielson 2002).

Mithilfe von *geschlossenen Verfahren* wie Multiple-Choice-, Zuordnungs- und »Wahr oder falsch?«-Aufgaben kann man am besten überprüfen, ob die Schüler in der Lage sind, Fakten und einzelne Begriffe abzurufen. Allerdings ist es auch möglich, solche Tests so zu formulieren, dass man am Ergebnis ablesen kann, wie gut die Schüler analysieren, anwenden und evaluieren können.

Bei *offenen Aufgaben* müssen die Schüler die Antworten selbst formulieren. Beispiele hierfür sind Lückentests und Aufsätze. Mit diesem Aufgabentyp kann man das Verständnis für größere Zusammenhänge, Problemlösefähigkeiten und das Beherrschen anderer Denkprozessen auf höherem Abstraktionsniveau überprüfen.

> Das richtige Prüfungsformat kann darüber entscheiden, ob Gedächtnisinhalte erfolgreich abgerufen werden können oder nicht.

Wenn das Abrufen misslingt

Was tun, wenn Sie sich an die sieben Schritte gehalten haben, einige Schüler aber immer noch nicht in der Lage sind, die Informationen und Kenntnisse abzurufen, die Sie von ihnen erwarten? Die folgenden Fragen sollten Sie sich im Verlauf einer Unterrichtseinheit immer wieder stellen:

1. **Haben Sie vom Ende her geplant?** Hatten Sie von Anfang an das Ende im Sinn? Wenn Sie die Leistungsüberprüfung auf der Grundlage von Erwartungen, dauerhaften Einsichten und essenziellen Fragen entworfen haben, dann werden Ihre Schüler weniger Probleme haben, den Stoff abzurufen. Manchmal neigen wir dazu, im Verlauf einer Unterrichtseinheit die Richtung zu wechseln. Verknüpfen Sie das, was Sie unterrichten, immer wieder mit den »fünf E's« aus der Einleitung: Erwartungen, Einsichten, essenzielle Fragen, Erfolgskontrolle und Evaluation.
2. **Haben Ihre Schüler ausreichend Gelegenheit, über den Stoff zu reflektieren?** Oder sind Sie in Zeitdruck und lassen die Reflexion zu kurz kommen? Überprüfen Sie Ihre Haltung zur Reflexion: Es heißt, unsere Lehrpläne gingen viel zu sehr in die Breite und viel zu wenig in die Tiefe. Lassen Sie Ihren Schülern Zeit, durch Reflexion in die Tiefe zu gehen und den Stoff ganz zu durchdringen.
3. **Sorgen Sie für ausreichend Verstärkung?** Studien haben gezeigt, dass eine der effektivsten Wege, die Leistung von Schülern zu verbessern, Verstärkung im Unterricht ist (Cotton 2000). Überprüfen Sie, ob Sie Ihren Schülern ausreichend Feedback geben, um Missverständnisse aufzuklären und das Wissen sicherer im Gedächtnis zu verankern. Lassen Sie die Schüler sich gegenseitig evaluieren, und setzen Sie Lernsoftware ein, bei der die Schüler unmittelbares Feedback bekommen.

4. **Variieren Sie die Übungsmethoden, um unterschiedlichen Bedürfnissen gerecht zu werden?** Differenzierung ist ungeheuer wichtig. Überprüfen Sie, ob Sie bei Übungen die Bedürfnisse unterschiedlicher Lerntypen berücksichtigen. Wenn Sie feststellen, dass Sie etwas noch einmal erklären müssen, dann versuchen Sie auf Lerntypen einzugehen, die beim ersten Mal möglicherweise zu kurz gekommen sind. Helfen Sie Ihren Schülern, ihre Stärken auszuschöpfen und ihre Schwächen auszugleichen.
5. **Stimmen die Abstände zwischen Wiederholungsphasen?** Schauen Sie sich die Abbildung zum richtigen Zeitpunkt von Wiederholungsphasen im sechsten Kapitel noch einmal an. Achten Sie darauf, dass Sie im Verlauf einer Unterrichtseinheit regelmäßig wiederholen. Wenn Sie Zweifel daran haben, dass die Schüler alles verstanden haben, dann schieben Sie noch eine zusätzliche Wiederholungsübung ein, bevor Sie im Stoff weitergehen.
6. **Reflektieren Sie Ihren Unterricht.** Ich kann mich nicht erinnern, je das Gefühl gehabt zu haben, eine Unterrichtseinheit sei perfekt gewesen. Immer habe ich beim Unterrichten etwas Neues dazugelernt, und jedes Mal habe ich es anders gemacht als beim letzten Mal. Besser werden können wir nur dadurch, dass wir unseren Unterricht reflektieren und Veränderungen daran vornehmen. Machen Sie sich keine Selbstvorwürfe, wenn Sie etwas noch einmal erklären müssen. Studien belegen, dass manche Schüler Inhalte nur aufnehmen können, wenn sie sie mehrfach erklärt bekommen (Cotton 2000).

Wie sich das Abrufen auf das Gedächtnis auswirkt

Um neue Verknüpfungen herzustellen, müssen wir Inhalte aus dem Langzeitgedächtnis ins Arbeitsgedächtnis holen. Erst dann kann unser konzeptuelles und prozedurales Verständnis auf neue, ungewohnte Situationen angewandt werden. Wenn wir etwas gut gelernt haben, so Squire und Kandel (1999), dann ist das Vergessen ein allmählicher Prozess. Gedächtnisinhalte entstehen dadurch, dass wir aus dem Erlebten Bedeutungen extrahieren. Durch die Vielzahl von Übungen und Wiederholungen werden die Inhalte gefestigt, können aber danach wieder modifiziert werden, sei es durch neue Informationen oder den Übungsprozess selbst. Gedächtnisinhalte können auch durch die Art und Weise verdreht werden, wie sie abgefragt werden.

Jedes Mal, wenn wir eine Information aus dem Gedächtnis abrufen, wird sie umgewandelt und wiederholt. Wenn wir die richtigen Übungsmethoden angewendet haben, mit deren Hilfe wir die Gedächtnisinhalte umgestalten und abstraktere Denkprozesse anwenden konnten, dann können wir auf diesen Lernerfahrungen aufbauen und die Informationen in ähnlichen Situationen erneut anwenden.

Ob wir eine Information abrufen können, hängt von vielen Faktoren ab: wie oft wir den Stoff geübt haben, in welchem Abstand wir ihn wiederholt haben, wie tief die Schüler ihn durchdrungen haben, wie viel Zeit wir uns für Reflexion genommen haben und auf welche Weise und wie häufig die Schüler Verstärkung erfahren haben.

Denkanstöße

- Die Fähigkeit, Informationen schnell und leicht abzurufen, gibt Schülern Selbstvertrauen. Wie können Sie dieses Gefühl bei jedem einzelnen Schüler Ihrer Klasse verstärken?
- Manche Schüler brauchen von Natur aus länger, den Stoff zu verarbeiten und abzurufen. Wie trägt die Gestaltung des Klassenzimmers dazu bei, für diese Schüler ein optimales Umfeld zu schaffen, in dem sie den Stoff gut abrufen und Prüfungen erfolgreich bestehen können?
- Und als Dauerfrage: Ist das, was Sie als Beweis dafür akzeptieren, dass Ihre Schüler den Stoff dauerhaft verstanden haben, auf Ihren Unterricht abgestimmt?

8. Kapitel: Umsetzung

> Dass effektivere Lehrer effektivere Unterrichtsmethoden einsetzen, versteht sich im Grunde von selbst. Vermutlich ist es aber auch so, dass effektive Lehrer über ein breiteres Spektrum von Unterrichtsmethoden verfügen.
>
> Robert Marzano, *What works in schools*

Carolyn macht auch in diesem Schuljahr mit ihren Schülern eine Schreibwerkstatt. Sie weiß, dass Schreiben ein Prozess ist. Im Rahmen der Schreibwerkstatt werden die Schüler sehen, wie sich ihr Schreiben verändert. Durch verschiedene Übungen und die Besprechung ihrer Texte in Gruppen sollen die Schüler lernen, bessere Texte zu produzieren.

Im Lauf der Jahre hat Carolyn ihre eigenen Bewertungsschemata entwickelt. Texte von Schülern zu bewerten bereitet ihr längst keine Schwierigkeiten mehr. Eines Tages kommt der neue Schulleiter zu ihr und drückt ihr einen Flyer in die Hand. Es ist die Einladung zu einem Workshop zum Thema Schreibwerkstatt. Der Schulleiter möchte, dass sie und einige andere Lehrer der Schule daran teilnehmen.

Was sie in dem Workshop lernt, ist für Carolyn ein ziemlicher Schock. Das Bewertungsraster ihres Bundeslandes unterscheidet sich erheblich von ihrem. Ihr war gar nicht bewusst, dass sie vieles nicht bewertet, was in den neuen Bildungsplänen als wichtig erachtet wird. Da sie bisher nur in Jahrgangsstufen unterrichtet hat, in denen keine Vergleichsarbeiten stattfanden, hatte sie große Freiheiten. Gemessen an ihren Standards machen ihre Schüler jedenfalls gute Fortschritte beim Schreiben. Doch im Lauf des Tages wird ihr immer mehr bewusst, wie viel sie nicht weiß.

Am nächsten Tag kehrt Carolyn in ihr Klassenzimmer zurück. In Händen hält sie das offizielle Bewertungsraster und einen ganzen Stapel von Handouts, in denen die einzelnen Punkte erklärt sind. Sie verfügt zwar über alle nötigen Informationen, aber die praktische Umsetzung kommt ihr wie eine Herkulesaufgabe vor. Als sie den Schülern die Bewertungsschemata austeilt und erklärt, fallen ihr erste Parallelen zu ihrem eigenen Raster auf. Außerdem stellt sie Verbindungen zwischen den Bildungsstandards und dem fest, was sie den Schülern im Rahmen der Schreibwerkstatt beigebracht hat. Es dauert viele Wochen, aber am Ende fügt sich alles zusammen. Sie stellt jetzt andere Erwartungen an die Texte ihrer Schüler. Die Lernziele für ihre Schüler sind andere geworden, und nach vielen praktischen Erfahrungen wird ihr die neue Art des Unterrichts zur Gewohnheit.

Wir haben alle schon erlebt, wie es ist, wenn man sich von der beunruhigenden Erkenntnis, gar nichts zu wissen, zum Bewusstsein der eigenen Kompetenz vorarbeitet. Folgenden Spruch habe ich zum ersten Mal gehört, als ich noch auf der Highschool war: Im ersten Jahr wissen Highschool-Schüler nichts und wissen nicht, dass sie nichts wissen. Im zweiten Jahr wissen sie nichts und wissen, dass sie nichts wissen. Im dritten Jahr wissen sie viel, wissen aber nicht, dass sie es wissen. Im letzten Jahr wissen sie viel und wissen, dass sie es wissen.

Genauso ist es auch bei Pädagogen und in jedem anderen Beruf. Bevor wir mit wissenschaftlich fundierten Lernmodellen und Lehrmethoden in Kontakt kommen, wissen wir nichts. Wenn wir uns damit beschäftigen, merken wir, wie viel wir nicht wissen. Wenn wir angefangen haben, uns entsprechend weiterzubilden, das neu Gelernte aber noch nicht in der Praxis angewendet haben, wissen wir nicht, dass wir etwas wissen. Schließlich erfahren wir im Klassenzimmer, dass wir etwas wissen. Wir entwickeln ein Bewusstsein für unsere Kompetenz.

Ein Überblick über die sieben Schritte

Etwas wiederholt zu hören ist gut für unser Gehirn. Zumindest sage ich das jedes Mal zu meinen Schülern, wenn ich mich wiederholt habe. Im Folgenden finden Sie eine kurze Zusammenfassung des Wichtigsten zu jedem Schritt – als Gedächtnisstütze, worauf es beim gedächtnisorientierten Unterricht ankommt.

1. Schritt: Erreichen

Wahrscheinlich müssen Sie Ihre Methoden, die Aufmerksamkeit von Schülern zu steuern und sie zu motivieren, gar nicht »runderneuern«. Viele Ihrer derzeitigen Unterrichtspläne müssen Sie vermutlich nur hier und da ein wenig tunen. Vergessen Sie nicht: Schüler spricht alles an, was neu ist. Vor allem Jugendliche reagieren in erster Linie auf Neues und auf Emotionen (Feinstein 2004). Im ersten Kapitel haben Sie gelernt, dass folgende Punkte dabei helfen können, Schüler zu erreichen. Sie dienen dazu, Informationen im sensorischen Gedächtnis zu speichern – der erste Schritt auf dem Weg zur langfristigen Speicherung, und damit zum Transfer:

- Aufmerksamkeit
- Motivation
- Emotion
- Bedeutung
- Beziehungen
- Neuartigkeit
- Advance Organizer
- Relevanz

> Wenn Sie Ihre Schüler nicht erreichen, können Sie als Lehrer nichts erreichen.

2. Schritt: Reflektieren

Damit die Schüler Verknüpfungen erstellen können, müssen wir ihnen Zeit lassen. Dieser Schritt erinnert uns daran, dass wir als Pädagogen bewusst mit Wartezeit, Aufmerksamkeitsspannen und Zeit zum Reflektieren umgehen müssen. Reflektieren ermöglicht es den Schülern, ihr Gedächtnis nach Vorwissen zu durchforsten, das sie zum jeweiligen Thema vielleicht schon besitzen. Indem sie die neuen Informationen im Arbeitsgedächtnis verarbeiten, stellen sie Verbindungen zwischen den neuen Informationen und den Inhalten des Langzeitgedächtnisses her. Auf diese Weise können sie einen »Aufhänger« ausfindig machen, mit dem sie die neuen Informationen verknüpfen können. Für die praktische Umsetzung habe ich die »sieben Wege zum reflektierten Lernen« vorgeschlagen:

- Fragen
- Visualisieren
- Lerntagebuch führen
- Mit Denkanstößen arbeiten
- PMI-Diagramme benutzen
- Kooperieren
- Reflexion über vier Ecken

Reflektieren ist kein Luxus, sondern eine Notwendigkeit.

3. Schritt: Rekodieren

Solange die Informationen sich noch im Arbeitsgedächtnis befinden, muss man den Schülern Gelegenheit geben, sie in eigene Worte zu fassen. Studien zufolge können wir etwas besser im Gedächtnis behalten, wenn wir es selbst formuliert haben. Können die Schüler ein Konzept mit eigenen Worten erklären, so ist es an der Zeit, die Informationen ins Langzeitgedächtnis zu übertragen. Haben sie es dagegen noch nicht ganz verstanden, so kann der Lehrer Missverständnisse ausräumen oder den Sachverhalt noch einmal erklären. In dieser Phase haben wir Gelegenheit, auf Grundlage wissenschaftlicher Erkenntnisse die Leistungen unserer Schüler zu verbessern. Um den Stoff zu rekodieren, empfehle ich folgende Methoden:

- Interpretieren
- Veranschaulichen
- Klassifizieren

- Inhaltsangabe erstellen
- Schlussfolgerungen ziehen
- Vergleichen
- Erklären
- nicht sprachliche Darstellungsformen

Selbst generierte Gedächtnisinhalte kann man leichter abrufen.

4. Schritt: Verstärken

In dieser Phase des Lernprozesses geben wir unseren Schülern Rückmeldung, ob sie die Fakten, Konzepte oder Verfahren verstanden haben. Indem wir ihre Rekodierungsversuche beurteilen, ohne sie zu benoten, und ihnen in angemessener Weise Feedback geben, können wir Missverständnisse ausräumen. Die drei Arten von Feedback, die im vierten Schritt zum Einsatz kommen, sind:

- motivierendes Feedback
- informierendes Feedback
- entwicklungsförderndes Feedback

Feedback spielt bei Lernprozessen eine entscheidende Rolle.

5. Schritt: Üben

Sobald die Schüler die zu lernenden Konzepte, Fakten und Verfahren mit ihren eigenen Worten korrekt wiedergeben können, ist es an der Zeit, mit der Übertragung ins Langzeitgedächtnis zu beginnen. Es gibt fünf Gedächtnispfade, verschiedene Lernstile und viele unterschiedliche Intelligenzen, die wir dabei nutzen können. Bei manchen Fakten ist mechanisches Üben sinnvoll, aber vertiefendes Üben unterfüttert die Lerninhalte mit mehr Bedeutung. Der Stoff sollte wiederholte Male geübt werden. Durch das korrekte Rekodieren ist im Gehirn der Schüler zwar ein neuronales Netz entstanden, aber damit die Gedächtnisinhalte dauerhaft gespeichert werden, müssen sie mehrmals wiederholt und verarbeitet werden. In diesem Schritt werden die Informationen aus dem Arbeitsgedächtnis im gesamten Gehirn verteilt, sodass sie leichter zugänglich sind.

Wichtige Inhalte aus diesem Kapitel:

- mechanisches Üben
- vertiefendes Üben
- Schlaf

- Verteilen der Übungen über einen längeren Zeitraum
- Hausaufgaben
- unterschiedliche Gedächtnispfade
- unterschiedliche Lernerfahrungen (»Episoden«)

Je intensiver wir uns mit neuen Inhalten auseinandersetzen, desto besser können wir uns an sie erinnern.

6. Schritt: Wiederholen

Während beim Üben Informationen im Langzeitgedächtnis gespeichert werden, stellt Wiederholen die Gelegenheit dar, diese Informationen abzurufen und im Arbeitsgedächtnis zu verarbeiten. Das Ergebnis dieses Verarbeitungsprozesses kann dann wiederum im Langzeitgedächtnis abgespeichert werden. Wichtig ist der Zeitpunkt von Wiederholungsphasen. Zu Beginn einer Unterrichtseinheit sollten die Abstände kurz sein und dann allmählich länger werden. Dabei sollte man die folgenden Punkte beachten:

- Stimmen Sie Wiederholungsübungen auf den Unterricht und die Leistungsüberprüfung ab.
- Überprüfen Sie, ob die Inhalte korrekt abgespeichert wurden.
- Sorgen Sie dafür, dass Ihre Schüler Gelegenheit zu Denkprozessen auf höherem Abstraktionsniveau haben, wie Analyse und Evaluation, und dass sie möglichst eigene Ideen entwickeln können, ihr Wissen anzuwenden.
- Festigen Sie bestehende Netzwerke.
- Üben Sie zur Vorbereitung auf wichtige Arbeiten (Vergleichsarbeiten, Abi-Klausuren) ähnliche Fragen unter ähnlichen Bedingungen.
- Gestalten Sie Ihren Unterricht so, dass Schüler keinen Anreiz haben, in letzter Minute zu pauken.

Ohne Wiederholung geht ein Großteil der Informationen verloren.

7. Schritt: Abrufen

Die Krönung des Gedächtnisprozesses ist die Fähigkeit, auf Inhalte des Langzeitgedächtnisses zuzugreifen, sie ins Arbeitsgedächtnis zu holen und mit ihrer Hilfe Probleme zu lösen. Das funktioniert dann am besten, wenn der Kontext und die Stichworte zum Zeitpunkt des Lernens mit dem Kontext und den Stichworten zu dem Zeitpunkt übereinstimmen, an dem wir uns zu erinnern versuchen. In diesem Schritt geht es vor allem um:

- die Form der Leistungsüberprüfung
- bestimmte Stichwörter/Anknüpfungspunkte
- Wiedererkennungstechniken
- Methoden des Erinnerns
- Stress

Das Abrufen von Gedächtnisinhalten kann von bestimmten Anstößen abhängig sein.

Metakognition

Im Laufe dieses Prozesses entdecken die Schüler Schritt für Schritt, wie Lernen und Gedächtnis funktionieren. Dadurch beginnen sie beim Lernen automatisch zu reflektieren und Metakognition zu betreiben. Es gibt zwei Phasen der Metakognition. Die erste ist vom Wissen über Denkprozesse gekennzeichnet, also vom Nachdenken über unser Denken. Die zweite ist von der Überwachung und Steuerung kognitiver Prozesse charakterisiert (Anderson u.a. 2001). Neuere Studien lassen darauf schließen, dass in den Lernprozessen von Schülern beide Phasen eine wichtige Rolle spielen (Bransford u.a. 1999).

Die sieben Schritte, die ich in diesem Buch dargelegt habe, sind in beiden Phasen hilfreich. Ich habe immer wieder die Bedeutung des Reflektierens betont, nicht nur als zweiten Schritt, sondern als Prozess, der sich an jeden Schritt, jede Übung und jede Wiederholung anschließen sollte. Die Angewohnheit, darüber zu reflektieren, was wir wissen, was wir nicht wissen und wie wir uns mangelndes Wissen am besten aneignen können, wird uns dabei helfen, Informationen auf der angemessenen Stufe zu verarbeiten. Unser Ziel lautet, Inhalte sicher im Langzeitgedächtnis abzuspeichern, sodass wir auch zum Transfer in der Lage sind. Die Schritte geleiten uns durch den Gedächtnisprozess, und wenn wir wissen, auf welcher Stufe wir gerade sind beziehungsweise wo im Gedächtnis sich bestimmte Fakten, Konzepte und Verfahren befinden, dann können wir zum nächsten Schritt übergehen. (Zur Wiederholung sind die sieben Schritte in Abb. 22 noch einmal dargestellt.)

In der ersten Schulwoche bringe ich meinen Schülern bei, was beim Lernen und Erinnern in unserem Gehirn vorgeht. Ich erkläre ihnen die Schritte, die Inhalte auf dem Weg ins Langzeitgedächtnis zurücklegen müssen, und spreche mit ihnen über Mnemotechniken. Ich teste mit einfachen Aufgaben ihr Gedächtnis, um ihnen Erfolgserlebnisse zu vermitteln. Vor jeder neuen Unterrichtseinheit vergewissere ich mich, dass die Lernziele klar sind, und erläutere den Prozess, durch den wir die neuen Fakten, Konzepte und Verfahren im Langzeitgedächtnis verankern werden. Ich fordere die Schüler auf, darüber nachzudenken, wie sie denken.

Oftmals fragen wir unser Gegenüber, was er oder sie denkt. Das kann sarkastisch gemeint sein (»Was denkst du dir dabei?«) oder eine echte Frage (»Was denkst du gerade?«). Ich stelle lieber die Frage: »*Wie* denkst du?« Ich möchte, dass sich meine Schüler ihrer Denkprozesse bewusst sind und dass sie diese artikulieren können. Sobald sie erklären können, wie sie denken, werden sie anfangen, sich selbst infrage zu stellen, und Metakognition und metakognitive Steuerung setzen ein.

Schritt	Kennzeichen	Gedächtnisprozess
1. Erreichen	• Aufmerksamkeit • Motivation • Emotion • Lernstile	sensorisches Gedächtnis → Kurzzeitgedächtnis
2. Reflektieren	• Fragen • Kooperieren • Visualisieren	Kurzzeitgedächtnis → Arbeitsgedächtnis
3. Rekodieren	• selbst generieren • Symbole finden • Dialog	Arbeitsgedächtnis
4. Verstärken	• Feedback • noch einmal durchnehmen • neu erklären	Arbeitsgedächtnis, emotionales Gedächtnis
5. Üben	• viele Male üben • mechanisches Üben • vertiefendes Üben • richtige Abstände	Arbeitsgedächtnis → Langzeitgedächtnis
6. Wiederholen	• Abstimmung auf den Unterricht • vorhersehbare Probleme • unvorhersehbare Probleme	Langzeitgedächtnis → Arbeitsgedächtnis → Langzeitgedächtnis
7. Abrufen	• Leistungsüberprüfung • Stichworte/Anstöße • Stress/Prüfungsangst	Langzeitgedächtnis → Arbeitsgedächtnis, emotionales Gedächtnis

Abb. 22: Die sieben Schritte auf dem Weg ins Gedächtnis

Ich habe eine Wenn-dann-Tabelle entwickelt, mit deren Hilfe Sie überprüfen können, auf welcher Stufe des Gedächtnisprozesses sich ein Schüler befindet und was der nächste Schritt sein sollte (siehe Abb. 23). Schüler können diese Tabelle auch benutzen, um sich selbst einzuschätzen. Wenn Schüler mit ihren eigenen Gedächtnisprozessen und Stärken erst einmal wirklich vertraut sind, dann können sie selbst entscheiden, was als Nächstes zu tun ist.

Zu Metakognition und metakognitiver Steuerung kommt es immer dann, wenn man sich selbst fragt: »Wie denke ich?«

Wenn ein Schüler den Stoff nicht wiedererkennt, ...	... dann gehen Sie zurück zum 1. Schritt, Erreichen.
Wenn ein Schüler die Fakten, Konzepte und Verfahren nicht mit eigenen Worten wiedergeben, aber Ihre wiederholen kann, ...	... dann gehen Sie zurück zum 2. Schritt, Reflektieren.
Wenn ein Schüler den Stoff im Rahmen einer Wiederholung nicht abrufen kann, ...	... dann gehen Sie zurück zum 3. Schritt, Rekodieren.
Wenn ein Schüler den Stoff im Rahmen eines Übungstests nicht abrufen kann, ...	... dann führen Sie einen Wiedererkennungstest durch.
Wenn ein Schüler den Stoff wiedererkennen, aber nicht abrufen kann, ...	... dann gehen Sie zurück zum 3. Schritt, Rekodieren, und versuchen es mit einer anderen Rekodierungsstrategie.
Wenn ein Schüler den Stoff rekodieren kann, aber Schwierigkeiten mit Übungen hat, ...	... dann gehen Sie zurück zum 4. Schritt, Verstärken, und geben Sie entwicklungsförderndes Feedback.
Wenn ein Schüler den Stoff anwenden, analysieren und evaluieren kann, ...	... dann machen Sie weiter mit dem 5. Schritt, Üben, und wählen komplexere Übungen, die kreatives Denken erfordern. Oder gehen Sie über zu Wiederholung und Leistungsüberprüfung und dann weiter im Stoff.

Abb. 23: Eine Wenn-dann-Tabelle, mit der Sie überprüfen können, mit welchem Schüler Sie weiterarbeiten sollten

Lehrer und aktuelle Forschungsergebnisse

Das Wissen und die Fähigkeiten eines Lehrers können sich erheblich auf die Leistungen von Schülern auswirken (Darling-Hammond 1997). Insofern ist es problematisch, wenn der Lehrer selbst nur unzureichend mit dem Stoff vertraut ist. Andere Studien haben gezeigt, dass die Erwartungen des Lehrers die Leistung von Schülern verbessern oder verschlechtern können (Danielson 2002). Diese Erwartungen sind natürlich umso höher, je mehr Fachwissen ein Lehrer mitbringt und je größer sein Arsenal an Vermittlungsstrategien ist.

Oft höre ich von Lehrern: »Das Warum interessiert mich nicht. Sagen Sie mir einfach, was ich tun soll.« Ich bin jedoch der festen Überzeugung, dass nur das Warum unsere Motivation aufrechterhalten kann, das Richtige zu tun. Nur weil ich weiß, dass das Herausarbeiten von Gemeinsamkeiten und Unterschieden Schülerleistungen wirklich deutlich verbessern kann (Marzano, Pickering und Pollack 2001), suche ich permanent nach Strategien, Schülern diese Methode beizubringen.

Jeder, der im Bildungsbereich tätig ist, sollte mit den wissenschaftlichen Ergebnissen zu Unterrichtsmethoden vertraut sein, ebenso wie mit den Erkenntnissen der Kognitionswissenschaft zur Funktionsweise des Gehirns. Für Peterson (2000) ist die Gedächtnisforschung ein Bereich der Neurowissenschaften, dessen Ergebnisse sich im Klassenzimmer unmittelbar in die Praxis umsetzen lassen.

Schenck (2000) zufolge ist die Leistung zu 75 Prozent davon abhängig, was vor Wiederholung und Leistungsüberprüfung passiert. Die Note eines Schülers beruht zu drei Vierteln auf Motivation, Aufmerksamkeit, Rekodieren, Verstärken und Üben. Die restlichen 25 Prozent verteilen sich auf die Wiederholungsphase und die Prüfung selbst.

Pädagogen müssen Zugang zu aktuellen Studien und Fachpublikationen haben, die ihnen neue Wege aufzeigen, das Gedächtnis und die Kenntnisse ihrer Schüler zu verbessern. Als Lehrer sind Sie ein Experte für Lernprozesse. Vorausgesetzt, Sie verfügen über das nötige Grundlagenwissen, dann sind Sie in der Lage, die richtigen Methoden auszuwählen, um Ihre Schüler zu begeistern und ihnen neue Einsichten zu vermitteln. Experimentelle Studien können Ihnen wertvolle Hinweise und einen Überblick über aktuelle Forschungstrends geben. Fallstudien stellen neue Unterrichts- und Prüfungsmethoden vor, von denen Sie sich inspirieren lassen können. Auf viele Jahre angelegte Querschnittsstudien dienen dazu, herauszufinden, inwieweit die Leistungen einer ganz bestimmten Gruppe (etwa der Schüler einer bestimmten Jahrgangsstufe) vom Unterricht und anderen Faktoren abhängig sind. An anderen Studien kann man zum Beispiel ablesen, wie einzelne Variablen sich gegenseitig beeinflussen.

Wenn sich ein Schulamt für die Fortbildung von Lehrern engagiert, so ist das ein Zeichen, dass es nicht nur an der Verbesserung der Leistungen von Schülern interessiert ist, sondern dass es den Lehrern auch das nötige Rüstzeug vermitteln möchte. Das bedeutet nicht, dass es die Lehrer für inkompetent hält. Vielmehr ist das ein Hinweis auf eine Lerngemeinschaft, die stets offen dafür ist, neue und bessere Methoden zu lernen, um Schülern Einsichten zu eröffnen.

Im Rahmen eines einzigen Workshops kann man vielleicht ein paar Strategien lernen, die einen gut durch den Montag bringen, aber eine längerfristig angelegte Fortbildung, bei der die Teilnehmer Feedback bekommen, wird viel eher eine Veränderung eingefahrener Gewohnheiten bewirken und die Entwicklung effektiverer Methoden fördern, die den Lehrern allmählich in Fleisch und Blut übergehen. Wenn Hindernisse auftauchen, das wissen Lehrer aus eigener Erfahrung, verfällt man allzu leicht in alte, lieb gewordene Gewohnheiten – selbst wenn diese ineffektiv sind. Dass für bleibende Einsichten häufiges Üben und Feedback nötig sind, gilt nicht nur für unsere Schüler, sondern auch für uns.

Und noch ein letzter Punkt, den man nicht unterschätzen sollte: Wir als Lehrer wissen in der Regel sehr gut, was wir nicht wissen, und deshalb sollte unsere Stimme Gewicht haben, wenn es um die Frage geht, welche Fortbildungsmaßnahmen notwendig sind.

Lehrer sollten sich mit aktuellen Forschungsergebnissen zu der Frage auseinandersetzen, wie Lernen, Gedächtnis und Transfer im Gehirn funktionieren.

»Durchsteigen« oder »Durchfallen«?

Wenn ein Schüler nicht in der Lage ist, den Stoff zu behalten und den vom Lehrplan eingeforderten Standard zu erfüllen oder zu übertreffen, sollte er das Jahr dann wiederholen müssen? Kann die Alternative in unserer Leistungsgesellschaft wirklich nur heißen: »Durchsteigen« oder »Durchfallen«? In Deutschland müssen jährlich rund 250 000 Schüler eine Klasse wiederholen – so viele, wie in keinem vergleichbaren Industrieland. Die KMK forderte schon 2006, Sitzenbleiben müsse überflüssig gemacht werden. Nach Ergebnissen der PISA-Studie, so die damalige Präsidentin Ute Erdsiek-Rave, könnten bei 15-jährigen Sitzenbleibern auch nach einer »Ehrenrunde kaum Erkenntnisgewinne« festgestellt werden.

Diese Einschätzung deckt sich mit anderen Forschungsergebnissen. Die Leseforscherin Sally Shaywitz (2003): »Das Wichtigste ist: Lassen Sie das Kind das Jahr nicht wiederholen ... Nichtversetzung ist ineffektiv.« Ihren Forschungen nach stehen Schüler, denen eine »Ehrenrunde« erspart wurde, schulisch wie emotional besser da.

Die Lesespezialistin Debra Johnson (2001) hat die aktuelle Literatur zum Thema Versetzung oder Nichtversetzung gesichtet. Dabei hat sie festgestellt, dass sich die Nichtversetzung negativ auf das Verhalten, die Einstellung und die Fehltage von Schülern auswirkt. Die aktuelle Forschung und Praxis legen fünf Strategien nahe, die über die Alternative »Versetzung oder Nichtversetzung« hinausweisen:

- **Das Lernen intensivieren:** Wir sollten hohe Standards, eindeutige Ziele und abwechslungsreiche Lehrpläne entwickeln, kenntnisreiche und fähige Lehrer ausbilden, Lernerfahrungen mit Lebensweltbezug ermöglichen.

- **Die Unterrichtsqualität durch Lehrerfortbildung verbessern:** Mithilfe einer kontinuierlichen, sinnvollen Lehrerfortbildung lassen sich Schülerleistungen deutlich verbessern.
- **Das Repertoire erweitern:** Wir sollten Leistungsrückmeldungen »unterwegs« zum festen Bestandteil unserer Unterrichtsreihen machen, Binnendifferenzierung nutzen und gehirnfreundlichen Unterricht praktizieren.
- **Leitungsüberprüfungen als Rückmeldung einsetzen:** Neben summativer Leistungsüberprüfung am Ende von Unterrichtseinheiten sollten wir zwischendurch auch formative Leistungsüberprüfungen durchführen, als Feedback für Schüler und Lehrer.
- **Frühzeitig intervenieren:** Wir sollten uns mehr Zeit für die Stoffvermittlung nehmen und auf alternative Lehrmethoden zurückgreifen.

Das Ziel dieses Buches ist, dass Schüler »durchsteigen« – dass sie genügend sinnvolle Informationen behalten, um ihre Leistungen zu verbessern und nicht »durchzufallen«. Ein Schuljahr wiederholen zu müssen kann eine traumatische Erfahrung sein. Sevener (1990) zufolge löst die Aussicht, nicht versetzt zu werden, bei Schülern fast so viel Stress aus wie der Gedanke, einen Elternteil zu verlieren oder zu erblinden. Der Abgleich der Erwartungen von Lehrern und Schülern, Reflektieren, Üben, Verstärken und Wiederholen liefern allen Beteiligten wichtige Informationen. Unser Ziel ist, dass die Schüler den Stoff behalten und Transfer leisten können.

Erfolg ist ein Selbstläufer – bei Lehrern wie Schülern

Je mehr unsere Schüler behalten, umso mehr werden sie davon überzeugt sein, dass sie ein gutes Gedächtnis haben, und werden sich umso mehr anstrengen, um weiter dazuzulernen. Lassen Sie Ihre Schüler beschreiben, wie sie etwas gelernt haben, was ihnen Spaß macht und worin sie besonders gut sind. Zeigen Sie ihnen, dass Lernprozesse einem Muster folgen. Jeder Schritt, den sie auf dem Weg zum Langzeitgedächtnis zurücklegen, baut auf dem vorherigen auf. Veranschaulichen Sie auf jeder Stufe den Erfolg der Schüler, indem Sie sie verstärken und ihnen informierendes Feedback in Form einer grafischen Darstellung geben. Führen Sie den Schülern ihren Erfolg plastisch vor Augen.

Auch Sie werden ein Erfolgserlebnis haben, wenn Ihre Schüler erfolgreich sind. Der Erfolg wird zum Selbstläufer werden, weil die Schüler immer wissbegieriger und Sie immer vertrauter mit Lern- und Gedächtnisprozessen werden. Sie werden schneller erkennen, wo die Probleme der einzelnen Schüler liegen, und es wird Ihnen leichter fallen, sie zu lösen.

Machen Sie den ersten Schritt!

Denkanstöße

- Wenn Sie im Verlauf Ihrer eigenen Lernkurve die sieben Stufen eine nach der anderen erklimmen, dann denken Sie über Ihr eigenes Denken nach. Welche Schritte fallen Ihnen am leichtesten? Wo können Sie sich Hilfe holen, um eine schwierige Stufe zu bewältigen?
- Wie vertraut sind Sie mit aktuellen Forschungsergebnissen? Vielleicht können Sie an Ihrer Schule einen Lesezirkel gründen?
- Haben Sie bei Fortbildungsfragen ein Mitspracherecht? Denken Sie über Ihre Bedürfnisse nach und vergleichen Sie sie mit denen Ihrer Kollegen.
- Gibt es in Ihrem Kollegium eine hohe Fluktuation? Welche Mentorenprogramme gibt es, an denen Sie teilnehmen könnten?
- Könnten Sie sich vorstellen, mit einigen Kollegen ein Team zu bilden, in dem alle sich gegenseitig dabei unterstützen, die Stoffvermittlung gleichermaßen auf die Anforderungen der Bildungspläne und auf die Merkmale gedächtnisorientierten Lernens auszurichten, damit möglichst viele Schüler ihre Leistungen verbessern?

Anhang A: Das Gehirn

Dieser Anhang gibt einen Überblick über die wichtigsten Teile des Gehirns und deren Funktionen. Er soll Ihnen dabei helfen, Gedächtnisprozesse besser zu verstehen.

Die verschiedenen Hirnlappen

Das Gehirn lässt sich in vier Hirnlappen einteilen (siehe Abb. 24). Außerdem besteht es aus einer linken und einer rechten Hemisphäre, sodass es von jedem Hirnlappen zwei Hälften gibt. Die linke Hemisphäre wird mit Details assoziiert, während die rechte sich eher auf das »große Ganze« konzentriert. Da Gedächtnisinhalte in unterschiedlichen Teilen des Gehirns gespeichert werden, ist es interessant zu wissen, in welchen Teilen bestimmte Funktionen beheimatet sind:

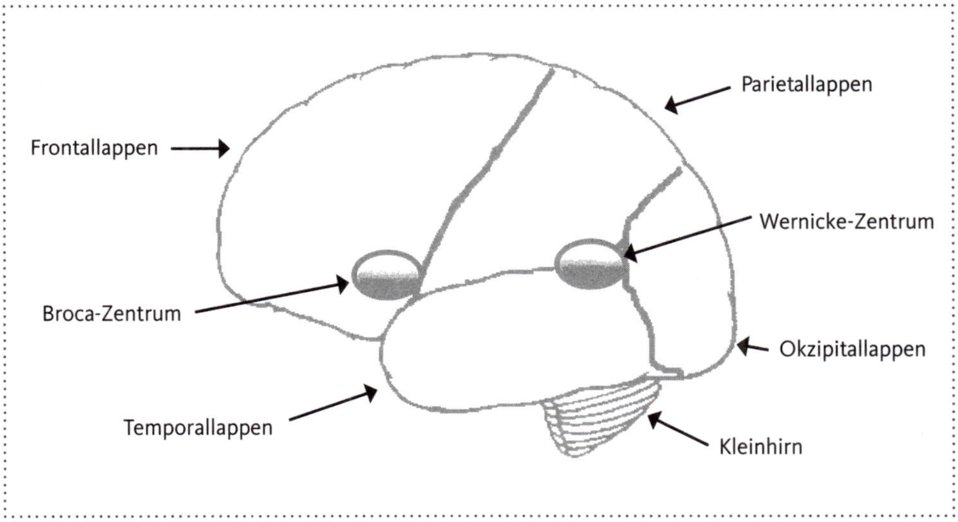

Abb. 24: Die vier wichtigsten Hirnlappen, das Wernicke-Zentrum und das Broca-Zentrum

- **Parietallappen:** Die Parietal- oder Scheitellappen liegen im oberen Bereich des Hinterkopfes. Hier ist das räumliche Denken angesiedelt, die Fähigkeit, Sinneseindrücke zu verarbeiten, und ein Teil unserer Problemlösefähigkeiten.
- **Okzipitallappen:** Die Okzipital- oder Hinterhauptslappen befinden sich in der Mitte des Hinterkopfes. Sie verarbeiten visuelle Reize. Hier werden Erinnerungen an

Menschen und Dinge gespeichert, damit neue optische Eindrücke und Informationen entschlüsselt werden können.

- **Temporallappen:** Die Temporal- oder Schläfenlappen befinden sich an den Seiten des Kopfes, oberhalb der Ohren. Sie sind verantwortlich für akustische Informationen, teilweise für Gedächtnis und Sprache.
- **Frontallappen:** Die Frontal- oder Stirnlappen liegen im vorderen Bereich des Kopfes und hinter der Stirn. Diese große Hirnregion ist für exekutive Funktionen zuständig, wie das Arbeitsgedächtnis, Denkprozesse höherer Ordnung, zielgerichtetes Planen und Entscheidungsfindung.

Der Inhalt unseres Gedächtnisses verteilt sich auf die unterschiedlichen Hirnlappen.

Die wichtigsten Strukturen des Gehirns

Im Gehirn gibt es zahlreiche Strukturen mit unterschiedlichen Funktionen, die am Gedächtnisprozess beteiligt sind (vgl. Abb. 24 und 25). Auf den ersten Blick erfüllt jede dieser Strukturen eine ganz bestimmte Aufgabe, aber in Wirklichkeit ist das Gehirn ein System mit vielen Untersystemen. An der Lösung komplexer Aufgaben wie Lernen und Gedächtnis sind viele verschiedene Hirnareale beteiligt.

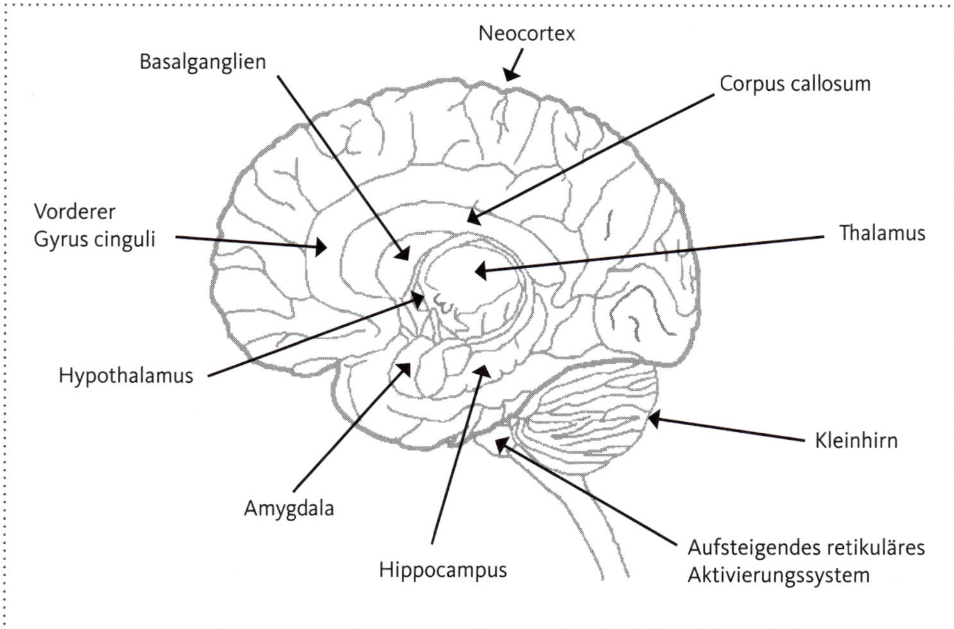

Abb. 25: Die wichtigsten Strukturen des Gehirns

- **Amygdala:** Die Amygdala ist ein mandelförmiges Gebilde in der Mitte des Gehirns. Es gehört zu einem Abschnitt, den man als »limbisches System« bezeichnet. Die Amygdala verarbeitet Gefühle. Sie filtert aus Sinneseindrücken den emotionalen Gehalt heraus und katalogisiert und speichert ihn.
- **vorderer Gyrus cinguli:** Dieser Teil des Gehirns, der zum Frontallappen gehört, wird mit Aufmerksamkeit, Emotionen, Motivation und Gedächtnis assoziiert.
- **Basalganglien:** Die Basalganglien liegen unterhalb der Großhirnrinde und sind Teil des Belohnungssystems, spielen aber auch für das Gedächtnis eine wichtige Rolle. Forschungsergebnisse deuten darauf hin, dass die Basalganglien der zentrale Ort für das Lernen von Abläufen sind (Quartz und Sejnowski 2002).
- **Broca-Zentrum:** Das Broca-Zentrum befindet sich unmittelbar hinter der linken Schläfe und wird mit der Sprachproduktion in Verbindung gebracht, einschließlich von Wortschatz, Satzbau und Grammatik (also mit der aktiven Verwendung von Sprache).
- **Kleinhirn:** Das Kleinhirn sitzt im hinteren Teil des Gehirns, unterhalb der Okzipitallappen. Lange hat man angenommen, dass es ausschließlich für das Gleichgewicht zuständig sei. Neuere Forschungen haben jedoch gezeigt, dass es wichtig für die Steuerung von Bewegungen und Denkprozessen ist.
- **Hippocampus:** Der Hippocampus befindet sich unmittelbar neben der Amygdala und gehört ebenfalls zum limbischen System. Er hat seinen Sitz tief im Temporallappen und verarbeitet den sachlichen Gehalt von Sinneseindrücken. Er spielt eine zentrale Rolle, wenn es darum geht, Inhalte aus dem Kurzzeitgedächtnis ins Langzeitgedächtnis zu überführen.
- **Neocortex:** Der Neocortex, die äußerste Schicht des Großhirns, ist etwa drei bis sechs Millimeter dick. Hier wird in den verschiedenen Hirnlappen ein Großteil der Gedächtnisinhalte gespeichert.
- **Nucleus accumbens:** Der Nucleus accumbens ist ein wichtiger Teil des Belohnungszentrums. Er befindet sich in der Mitte des Gehirns und ist gut mit der Amygdala vernetzt.
- **aufsteigendes retikuläres Aktivierungssystem:** Dieses Nervensystem im Hirnstamm regelt den Grad der Aktivierung des Gehirns. Es verbindet die Frontallappen, das limbische System, den Hirnstamm und die Sinnesorgane. Außerdem kommuniziert es mit dem Hippocampus, der eingehende Informationen mit Erfahrungswerten aus der Vergangenheit vergleicht und Ereignisse dementsprechend als neuartig oder alltäglich einstuft (Ratey 2001).
- **Thalamus:** Der Thalamus befindet sich in der Mitte des Gehirns und wird von manchen als Teil des limbischen Systems betrachtet. Diese zentrale Struktur filtert alle eingehenden Sinneseindrücke und leitet sie an den zuständigen Hirnlappen in der Großhirnrinde weiter.
- **Wernicke-Zentrum:** Diese Region in der linken Hemisphäre ist für das Sprachverständnis zuständig (also für das passive Sprachverstehen).

> Am Speichern und Abrufen von Gedächtnisinhalten sind zahlreiche Systeme des Gehirns beteiligt.

Der Informationsfluss

Alle Sinneseindrücke gelangen über den Hirnstamm in unser Gehirn. Eine Ausnahme bilden Gerüche, die direkt im limbischen System verarbeitet werden. Das ist der Grund, weshalb Gerüche so starke Erinnerungen wecken können – sie dringen unmittelbar zur Amygdala und zum Hippocampus vor.

Eine erste Filterung eingehender Informationen erfolgt im aufsteigenden retikulären Aktivierungssystem. Dort werden sie gesichtet, damit das Gehirn entscheiden kann, auf welche Reize es sich konzentrieren soll. Welchen Kriterien folgt es dabei? An oberster Stelle steht das Überleben (haben Sie schon einmal versucht, sich zu konzentrieren, wenn Sie Hunger hatten?), als Nächstes kommen neuartige Reize – und dann zeigt sich die Macht der bewussten Entscheidung. Wir können unsere Aufmerksamkeit auf alles richten, was wir wollen. Während ich hier am Computer sitze und tippe, nehme ich gar nicht wahr, wie die Tasten sich anfühlen – es sei denn, ich konzentriere mich ganz bewusst darauf. Befände sich dagegen Sirup auf einer der Tasten, würde mein Gehirn seine Aufmerksamkeit sofort diesem neuen (und klebrigen) Sinneseindruck zuwenden. Wir werden uns noch ausführlicher mit diesem System beschäftigen, wenn wir zum Thema Aufmerksamkeit kommen.

Das aufsteigende retikuläre Aktivierungssystem gibt die Informationen weiter an den Thalamus. Der Thalamus stellt eine Verbindung zwischen Informationen und der zuständigen Hirnregion her: Visuelle Eindrücke werden zum Okzipitallappen weitergeleitet, akustische Informationen gehen an den Temporallappen und so weiter. Jeder dieser Hirnlappen hat einen eigenen Assoziationscortex, in dem die Information eingeordnet und mit bereits gespeicherten Informationen verglichen wird. Danach gelangt die Information ins Zentrum des Gehirns zurück, wo sie vom Hippocampus und der Amygdala gefiltert wird. Handelt es sich um eine sachliche Information, dann wird sie im Hippocampus zwischengespeichert, bis sie im Langzeitgedächtnis im Neocortex abgelegt werden kann. Außerdem wird sie im Hippocampus katalogisiert, damit sie später wieder auffindbar ist. Handelt es sich um eine emotionale Information, so geschieht das Gleiche in der Amygdala. Katalogisierte Informationen werden an die zuständigen Areale verteilt, wo sie dauerhaft gespeichert werden.

Zellen

Das knapp anderthalb Kilo schwere Gehirn, über das jeder von uns verfügt, besteht aus verschiedenen Arten von Zellen. Zu etwa zehn Prozent besteht das Gehirn aus

Nervenzellen oder *Neuronen* (vgl. Abb. 26). Diese Zellen sind lernfähig und speichern Informationen. Sie können über elektrochemische Impulse Verbindung miteinander aufnehmen und bilden Netzwerke aus. Diese Netzwerke sind der Speicherort von Gedächtnisinhalten.

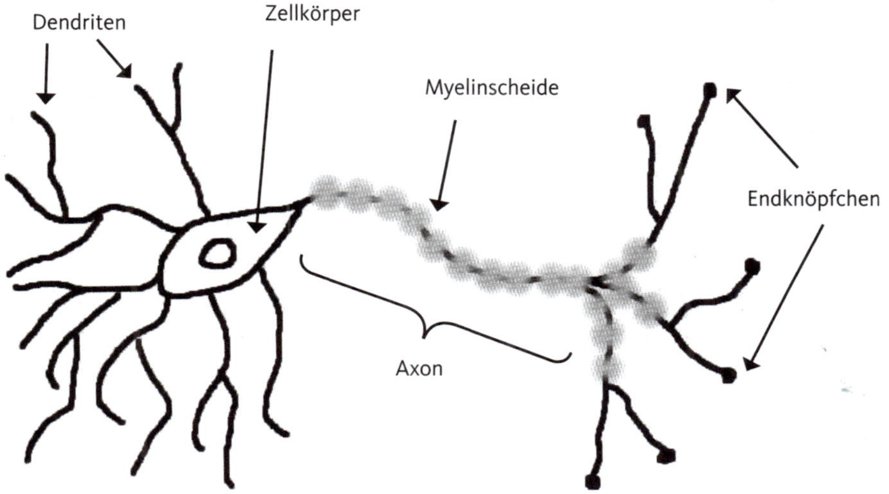

Abb. 26: Die Nervenzelle

Jedes Neuron verfügt über sogenannte *Dendriten.* Über diese Dendriten, die man mit den Ästen eines Baumes vergleichen könnte, empfängt das Neuron Informationen von anderen Nervenzellen. Die Information oder Botschaft wird von Rezeptoren entgegengenommen, an den *Zellkörper* weitergegeben und über das *Axon* weitergeleitet. Das Axon könnte man mit dem Stamm eines Baumes vergleichen, denn jede Nervenzelle hat nur ein einziges Axon, kann aber Tausende von Dendriten haben. Am Ende verzweigt sich das Axon in verschiedene *Endknöpfchen*, sodass die Botschaft an mehrere andere Neuronen weitergegeben werden kann. Die Informationsübertragung erfolgt in Form chemischer Botenstoffe, sogenannter *Neurotransmittern.* Der Botenstoff überquert den Zwischenraum zwischen zwei Nervenzellen, die *Synapse*, und dockt an einem Dendriten des anderen Neurons an.

Wenn Neuronen miteinander kommunizieren, so spricht man auch von »feuern« (vgl. Abb. 27). Zwar ist in Nervenzellen permanent eine geringe elektrische Aktivität zu beobachten. Dennoch bezeichnet man es als »Ruhezustand«, wenn Neuronen nicht gezielt und rhythmisch feuern. Feuern mehrere Neuronen gleichzeitig und im gleichen

Rhythmus, so spricht man von einem *neuronalen Netz*. Derartige Netze stellen die Muster und Programme unserer Gehirne dar. Wenn wir einen bestimmten Gedächtnisinhalt abrufen wollen, setzt das voraus, dass ein bestimmtes neuronales Netz feuert. Solche Netze gibt es in unserem Gehirn zu Tausenden.

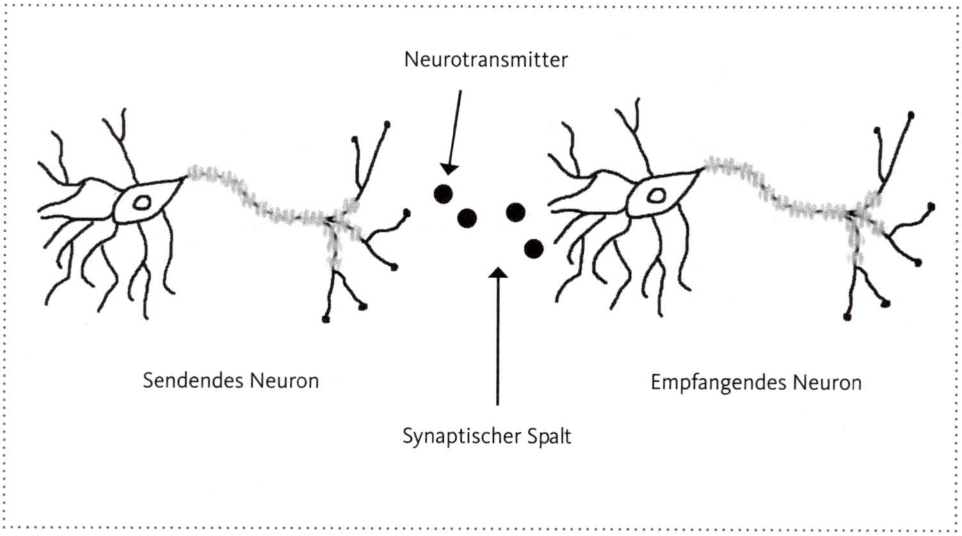

Abb. 27: Die Kommunikation zwischen zwei Nervenzellen

Die übrigen 90 Prozent der Gehirnzellen heißen *Gliazellen*. Griechisch *glia* bedeutet »Leim« und beschreibt viele der Funktionen, die diese Zellen erfüllen. Sie versorgen die Neuronen mit Nährstoffen, dienen ihnen als Stütz- und Isoliergewebe, und erledigen den Abtransport von Abfallstoffen. Sie sind Voraussetzung für stabile Verbindungen zwischen den Neuronen. Ohne sie wäre die Speicherung von Informationen beeinträchtigt.

Ein Typ von Gliazellen ist darauf spezialisiert, Nervenfasern zu isolieren und so die Übertragung von Nachrichten zu beschleunigen. Diese Isolierschicht heißt *Myelin*. Dabei handelt es sich um ein weißes Lipid, mit dem die Axone erst im Laufe der Gehirnentwicklung ummantelt werden (Eliot 2001). So sind bei der Geburt nur jene Hirnregionen bereits »myelinisiert«, die mit Hören, Bewegung und dem Saugreflex zu tun haben. Die letzte Hirnregion, die myelinisiert wird, ist der präfrontale Cortex, der Teil des Frontallappens unmittelbar hinter der Stirn. Sobald die Axone auch in diesem Bereich ummantelt sind, fallen Denkprozesse höherer Ordnung, wie Entscheidungsfindung und Zukunftsplanung, sehr viel leichter. Allerdings ist der Prozess der Myelinisierung häufig erst Ende 20 oder gar Anfang 30 abgeschlossen!

Botenstoffe

Die Kommunikation zwischen Neuronen und die Entstehung von neuronalen Netzen beruht auf einem elektrochemischen Prozess. Innerhalb von Neuronen erfolgt die Erregungsleitung elektrisch, aber zwischen zwei Nervenzellen kommen chemische Botenstoffe ins Spiel. Von diesen Botenstoffen, den sogenannten *Neurotransmittern*, gibt es im Gehirn Dutzende. Um Ihr Gedächtnis nicht überzustrapazieren, konzentriere ich mich hier auf einige wenige.

- **Acetylcholin:** Dieser Botenstoff ist unerlässlich, um Informationen im Langzeitgedächtnis abzuspeichern. Der Acetylcholinspiegel ist im Schlaf deutlich erhöht, was die Theorie unterstützt, dass sich Gelerntes in bestimmten Schlafphasen tiefer in das Gedächtnis einprägt.
- **Dopamin:** Der Neurotransmitter Dopamin erfüllt im Gehirn mehrere Aufgaben. Viele Dopaminrezeptoren befinden sich in den Basalganglien, die Teil des Belohnungssystems sind. Dieses System hat großen Einfluss darauf, wie wir langfristige Entscheidungen treffen und welche Gedächtnisinhalte wir dabei berücksichtigen (Halber 2003).
- **Endorphin:** Dieser Botenstoff wird in der Regel mit dem »Endorphinkick« assoziiert, dem euphorischen Gefühl, das sich bei körperlicher Anstrengung einstellen kann. Er spielt aber auch für Lernen und Gedächtnis eine wichtige Rolle.
- **GABA (γ-Aminobuttersäure):** Das ist ein hemmender Neurotransmitter, der das Gehirn vor Überstimulierung schützt. Ein zu niedriger Spiegel geht mit Gefühlen der Überforderung einher (Whitaker 1999).
- **Glutamat:** Dieser stimulierende Botenstoff aktiviert Systeme, die an Lern- und Gedächtnisprozessen beteiligt sind.
- **Noradrenalin:** Das Gehirn braucht Noradrenalin, um neue Gedächtnisinhalte abzuspeichern und ins Langzeitgedächtnis zu verfrachten. Noradrenalin ist der wichtigste stimulierende Neurotransmitter und beeinflusst Motivation, Aufmerksamkeit und Konzentration.
- **Serotonin:** Serotonin ist ein beruhigender Neurotransmitter. Er spielt eine wichtige Rolle für die Steuerung von Lernen und Gedächtnis, aber auch von Appetit und Körpertemperatur. Ein niedriger Serotoninspiegel führt zu Schlaflosigkeit und Niedergeschlagenheit, aggressivem Verhalten und erhöhter Schmerzempfindlichkeit. Ein ausgeglichener Serotoninhaushalt wirkt sich positiv auf die Aufmerksamkeit und das Treffen guter Entscheidungen aus.

Gedächtnisinhalte werden in neuronalen Netzen gespeichert, die chemisch über Neurotransmitter miteinander kommunizieren.

Auf der Suche nach dem Gedächtnis

Das sensorische Gedächtnis

Jede Information, die das Gehirn erreicht, stammt von einem unserer fünf Sinne: Geschmackssinn, Geruchssinn, Sehvermögen, Hörvermögen oder Tastsinn. Sinneseindrücke sind flüchtig, sie währen nur Sekunden – gerade lang genug, dass unser Gehirn das Erlebte wahrnehmen kann. Nachdem der Thalamus neue Eindrücke an den jeweiligen Assoziationscortex weitergeleitet hat, gelangen sie zurück in das Areal des Hippocampus, wo die Wahrnehmungen wieder zusammengeführt werden, damit ein Gesamteindruck entsteht. Wenn wir diesem Gesamteindruck unsere Aufmerksamkeit zuwenden, dann geht er in die nächste Stufe des Gedächtnisprozesses über, das Kurzzeitgedächtnis (Arden 2008).

Das Kurzzeitgedächtnis

Wenn wir Sinneseindrücken bewusst unsere Aufmerksamkeit widmen, können wir sie ungefähr 20 Sekunden lang festhalten. Manchmal wird zwischen Kurzzeit- und Arbeitsgedächtnis nicht weiter unterschieden. Im engeren Sinn bezeichnet »Kurzzeitgedächtnis« den Prozess, mit dessen Hilfe wir die Telefonnummer eines Restaurants lang genug im Kopf behalten können, bis wir sie gewählt haben. Werden wir bei diesem Prozess gestört, dann vergessen wir die Nummer und müssen sie noch einmal nachschlagen. Das Kurzzeitgedächtnis kann bis zu sieben Informationseinheiten ungefähr 20 Sekunden lang speichern.

Das Arbeitsgedächtnis

Das Arbeitsgedächtnis verschafft uns den Raum und die Zeit, Informationen aus dem Kurzzeitgedächtnis zu holen und zu verarbeiten, die wir für komplexe kognitive Aufgaben benötigen (Baddeley 1999). Wenn es gelingt, die Kapazität des Arbeitsgedächtnisses von Schülern zu erhöhen, so schneiden sie bei standardisierten Tests besser ab (Klein und Boals 2001). Oft greift das Arbeitsgedächtnis auf Inhalte des Langzeitgedächtnisses zurück, um neue Informationen mit bereits Gelerntem in Beziehung zu setzen. Im Arbeitsgedächtnis können Informationen stunden-, tage-, ja wochenlang gespeichert werden. Damit diese Informationen im Langzeitgedächtnis abgelegt werden, müssen wir sie in irgendeiner Weise mit Bedeutung erfüllen. Anders ausgedrückt: Im Gehirn muss eine Verbindung zwischen neuen Inhalten und bereits gespeicherten hergestellt werden.

Im Unterricht nutzen unsere Schüler ihr Arbeitsgedächtnis, um Mathematikaufgaben zu lösen, Aufsätze zu schreiben und Geschichten und Texte zu lesen. Sie haben verschiedene Informationen im Kopf und verarbeiten diese, um neue Gedanken zu entwickeln, Hypothesen zu formulieren und Probleme zu lösen.

Das Langzeitgedächtnis

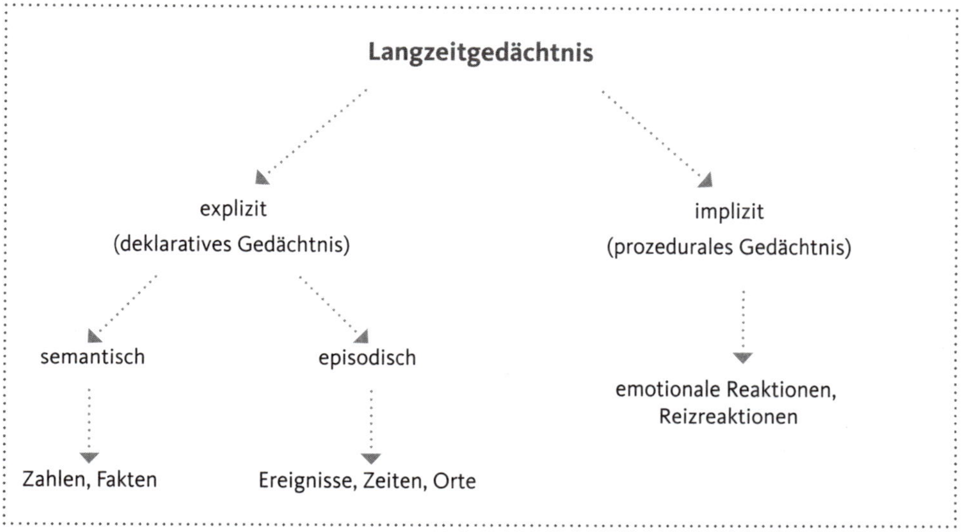

Abb. 28: Funktionen des Langzeitgedächtnisses

Eine Information gilt als langfristig abgespeichert, wenn ein detailliertes Abbild von ihr fest im Gedächtnis verankert ist. Solche Gedächtnisinhalte sind dauerhaft. Voraussetzung dafür ist, dass in unserem Gehirn ein neuronales Netz aufgebaut und oft genug benutzt wird, dass es leicht aktiviert werden kann, um die Information abzurufen.

Was geschieht mit völlig neuen Informationen? Was, wenn es keinerlei Vorwissen gibt, mit denen sie verknüpft werden könnten? Diese Frage höre ich häufig. Neue Inhalte können auf unterschiedlichen Wegen ins Langzeitgedächtnis überführt werden. Beispielsweise ist es hilfreich, Informationen mit Musik oder Bewegungen zu verknüpfen. Eine starke emotionale Komponente kann dafür sorgen, dass etwas nicht vergessen, sondern gespeichert wird. Manchmal können Informationen besser erfasst und gespeichert werden, wenn wir Gemeinsamkeiten und Unterschiede hervorheben.

Um komplexe kognitive Aufgaben zu lösen, brauchen unsere Schüler Zugang zu einer großen Menge an Wissen. Aufgaben, bei denen es um Textverständnis oder komplexe Verfahren geht, stellen hohe Anforderungen an das Arbeitsgedächtnis. Das Arbeitsgedächtnis ist also mehr als nur vorübergehend gespeicherte Informationen, sondern greift auch auf Informationen zurück, die zu einem früheren Zeitpunkt im Langzeitgedächtnis gespeichert worden sind. Wenn ein Schüler beispielsweise eine Geschichte liest, muss er die bereits eingeführten Personen vor Augen haben, damit er versteht, auf wen sich ein Pronomen bezieht. Außerdem muss er über Kontextinformationen verfügen, um die Informationen in dem Satz, den er gerade liest, in das bereits Gelesene integrieren zu können. Dabei interagieren Langzeit- und Arbeitsgedächtnis.

Das Langzeitgedächtnis kann man in zwei Bereiche einteilen: in das explizite und das implizite Langzeitgedächtnis. Diese Bereiche lassen sich weiter unterteilen nach bestimmten Arten von Gedächtnisinhalten (siehe Abb. 28).

> Damit Gedächtnisinhalte dauerhaft gespeichert werden, müssen sie mehrere Prozesse durchlaufen

Das explizite Gedächtnis

Immer dann, wenn wir uns zum Ausüben einer Tätigkeit bewusst eine frühere Erfahrung in Erinnerung rufen müssen, bedienen wir uns des expliziten Gedächtnisses (Graf und Schacter 1985). Vielleicht kann man diesen Teil des Gedächtnisses besser verstehen, wenn man ihn sich als *direktes* Gedächtnis vorstellt (Baddeley 1999). Das explizite Gedächtnis besteht aus bewusst gelernten, dauerhaft gespeicherten Informationen. Es umfasst das semantische Gedächtnis ebenso wie das episodische. Obwohl die Inhalte in beiden Fällen über die gleiche Hirnstruktur gelernt werden, den Hippocampus, handelt es sich um unterschiedliche Gedächtnisformen. Offenbar sendet der Hippocampus bestimmte Informationsmuster so oft, bis sie im zuständigen Areal des Neocortex dauerhaft verankert sind.

Für Pädagogen ist es wichtig, den Unterschied zwischen dem episodischen und dem semantischen Gedächtnis zu kennen. Tulving (1999) zufolge hat das *episodische* Gedächtnis mit Erinnern zu tun, das *semantische* dagegen mit Wissen. Sich an etwas zu erinnern setzt grundsätzlich voraus, dass man es weiß, aber wenn man etwas weiß, heißt das nicht automatisch, dass man sich daran erinnert. Wir können uns beide Gedächtnisformen zunutze machen, um unseren Schülern dabei zu helfen, bessere Leistungen zu erzielen. Beide Arten von Gedächtnis können durch eine Vielfalt unterschiedlicher Sinneseindrücke gefördert, ihr Inhalt über viele verschiedene Wege abgerufen werden.

Sowohl im semantischen wie auch im episodischen Gedächtnis sind Fakten gespeichert, die wir bewusst wiedergeben können. Man spricht deshalb auch vom *deklarativen Gedächtnis* (Bourtchouladze 2002).

Das episodische Gedächtnis

Tulving (1985) bezeichnet das episodische Gedächtnis als autonoetisch, was so viel heißt wie »von sich selbst wissend«. Diese Art von Gedächtnis umfasst Orte und Beschreibungen von Menschen und Ereignissen. Die hier gespeicherten »Episoden« sind Geschichten mit einem Anfang und einem Ende, bei denen Zeit und Ort eindeutig definiert sind. Es sind Ereignisse in der Vergangenheit, an die wir uns bewusst erinnern können. Die Inhalte des episodischen Gedächtnisses werden über den Hippocampus abgespeichert. Dort werden die verschiedenen Ereignisse, Erfahrungen und Orte katalogisiert.

Eine Studie an Taxifahrern in London gibt Hinweise darauf, wie wir auf unser Gehirn Einfluss nehmen und neue Gedächtnisinhalte hinzufügen können. Bevor man in London Taxi fahren darf, muss man sich zwei Jahre lang vorbereiten – und jede Straße, jeden Platz, jede Sehenswürdigkeit, jedes Hotel, jeden Club innerhalb eines Zehn-Kilometer-Radius rund um Charing Cross lernen. Die entsprechende Prüfung heißt schlicht »The Knowledge« und gilt als eine der anspruchsvollsten Prüfungen der Welt. Aufnahmen der Gehirne von Taxifahrern zu Beginn und am Ende der Vorbereitungszeit zeigen, dass der Hippocampus innerhalb dieser zwei Jahre größer wurde. Mit zunehmender Fahrpraxis veränderten sich die Gehirne der Fahrer weiter (Thomas 2000).

Das episodische Gedächtnis ist kontextabhängig. Wenn wir etwas an einem bestimmten Ort lernen, so haben Studien gezeigt, dann können wir es am gleichen Ort leichter abrufen (Baddeley 1999).

Das semantische Gedächtnis

Das semantische Gedächtnis ist *noetisch* (»wissend«, bewusst). Sein Inhalt ist nicht notwendigerweise an Zeit und Raum gebunden, sondern kontextunabhängiges Wissen über Fakten, Sprache oder Begriffe. Gespeichert wird er ebenfalls über den Hippocampus. Da diese Hirnregion zu klein ist, um alle im semantischen Gedächtnis abgelegten Informationen zu speichern, gibt sie diese an das zuständige Areal im Neocortex weiter. Dieser Prozess braucht Zeit (und Schlaf!). Außerdem katalogisiert der Hippocampus die Informationen, damit sie leicht abgerufen werden können. Die meisten Forscher sind der Ansicht, dass der Hippocampus ab einem bestimmten Punkt nicht mehr benötigt wird, um auf die Gedächtnisinhalte zuzugreifen. Bis es so weit ist, können allerdings Tage, Monate oder sogar Jahre vergehen (Siegel 2006).

Die Inhalte des semantischen Gedächtnisses werden nicht auf einmal gelernt, sondern durch Wiederholung. Gelernt werden ausschließlich die Informationen; sind sie einmal im Gedächtnis verankert, vergessen wir in der Regel, wie und wann wir sie gelernt haben.

Unser Bildungssystem arbeitet hauptsächlich mit dem expliziten Gedächtnis.

Das implizite Gedächtnis

Das implizite Gedächtnis wird manchmal auch als *nicht deklaratives* Gedächtnis bezeichnet. Im Gegensatz zu zielgerichtetem, explizitem Lernen erfolgt implizites Lernen beiläufig und unbewusst. Es handelt sich um *indirektes* Lernen (Baddeley 1999). Manche dieser Gedächtnisinhalte waren zunächst explizit, wurden dann aber durch Wiederholung implizit. Ein Beispiel: Bei einem Prozess wie dem Autofahren rufen wir uns nicht gezielt die Anweisungen unseres Fahrlehrers ins Bewusstsein. Neben dem prozeduralen Wissen gehören zum impliziten Gedächtnis auch emotionale Reaktionen, Fähigkeiten und Gewohnheiten sowie Reizreaktionen:

- **Das prozedurale Gedächtnis:** Das ist unser »praktisches« Gedächtnis. Es ist zeitlos und funktioniert, ohne dass wir uns bewusst an das Gelernte erinnern. Obwohl es gelegentlich als motorisches Gedächtnis bezeichnet wird, beinhaltet es nicht nur Bewegungsabläufe (Levine 2002). An dieser Gedächtnisform sind die Basalganglien und das Kleinhirn beteiligt.
  Im prozeduralen Gedächtnis werden Abläufe gespeichert, die wir häufig wiederholen. Das können Bewegungsabläufe sein, wie Fahrrad zu fahren oder einen Schuh zu binden, oder auch mentale Abläufe, wie das Erzählen einer Geschichte vom Anfang bis zum Ende oder die Anwendung eines wissenschaftlichen Verfahrens.
  So haben wir uns angewöhnt, »Bitte« und »Danke« zu sagen, indem wir gelernt haben, was unsere Gesellschaft als höfliche Umgangsformen erachtet.
- **Das emotionale Gedächtnis:** Wenn wir uns die Amygdala in der Mitte des Gehirns noch einmal anschauen, so fällt auf, wie nah sie am Thalamus liegt. Einige sagen, beide seien nur ein einziges Neuron voneinander entfernt (Goleman 1996). Das impliziert, dass der emotionale Bereich unseres Gehirns eingehende Informationen sehr schnell filtert – noch bevor sie in den Neocortex gelangen, wiedererkannt und weiterverarbeitet werden können. Informationen, die eine emotionale Reaktion auslösen, werden daher von der Amygdala geprüft und gespeichert. Die Amygdala reagiert also auf emotionsbefrachtete Informationen, ohne dass uns das überhaupt bewusst wird.
- **Reizreaktionen:** Bei einer Reizreaktion handelt es sich um eine reflexartige Reaktion auf einen ganz bestimmten Reiz. Etwa so, wie man automatisch seine Hand von einer heißen Herdplatte nimmt. Oder wie man unwillkürlich »Gesundheit« sagt, sobald jemand niest. Wenn wir unseren Schülern Gegensatzpaare beibringen, dann werden diese häufig ebenfalls »automatisiert«. Ich sage »heiß«, und die Schüler antworten »kalt«. Weitere Beispiele für diese Art des Lernens sind Lernkarteien oder Rap-Songs (Jensen 1998).

> Das implizite Gedächtnis ist unter Umständen leistungsfähiger und dauerhafter als das explizite Gedächtnis.

Anhang B: Graphic Organizer – Methoden zur visuellen Veranschaulichung

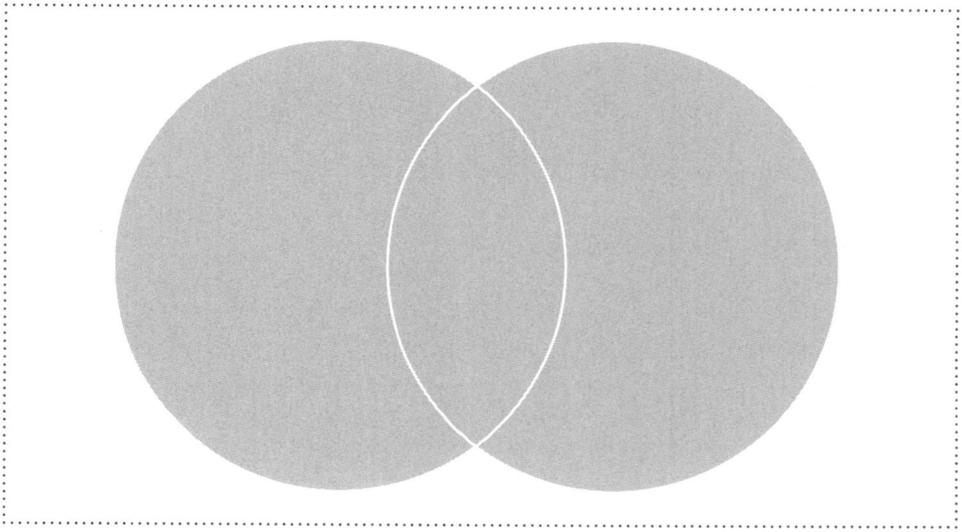

Abb. 29: Mengendiagramm

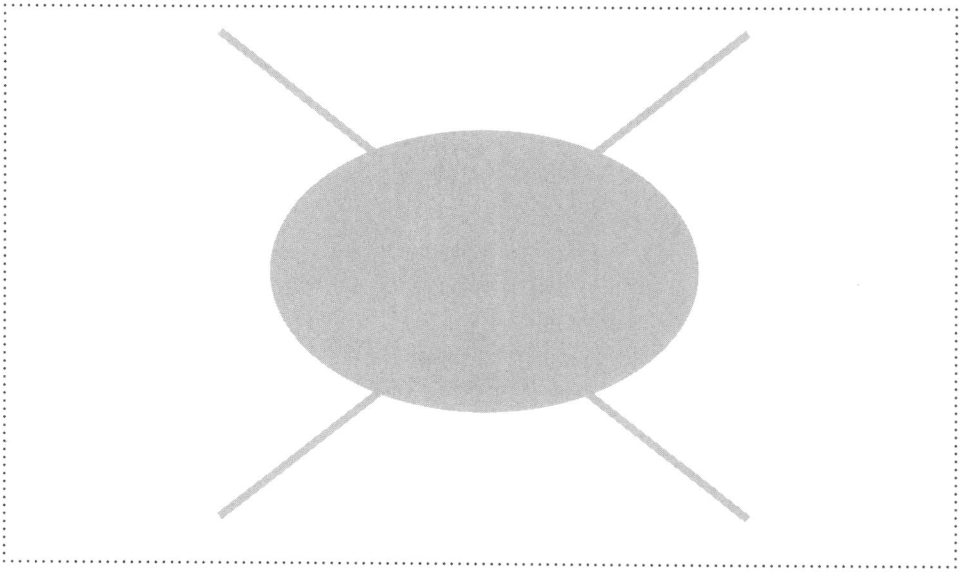

Abb. 30: Mindmap

B (Bekanntes)	L (zu Lernendes)	W (wie lernen?)	G (Gelerntes)	A (Anwendung)

Abb. 31: BLWGA-Diagramm (nach Ogle 1986)

Abb. 32: T-Diagramm

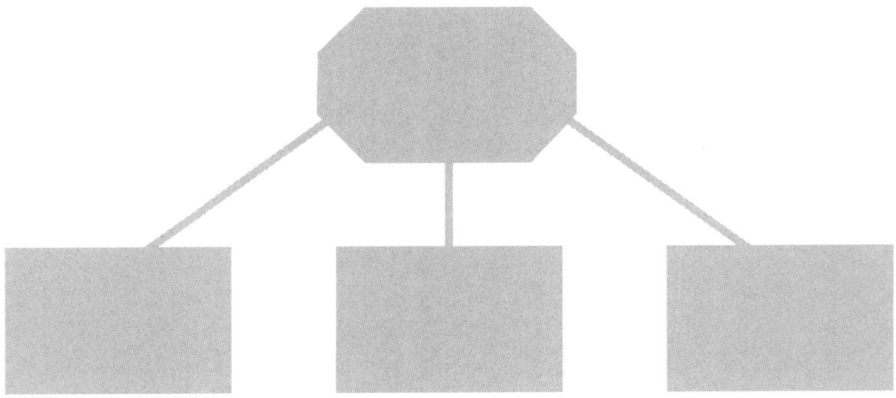

Abb. 33: Hierarchiediagramm

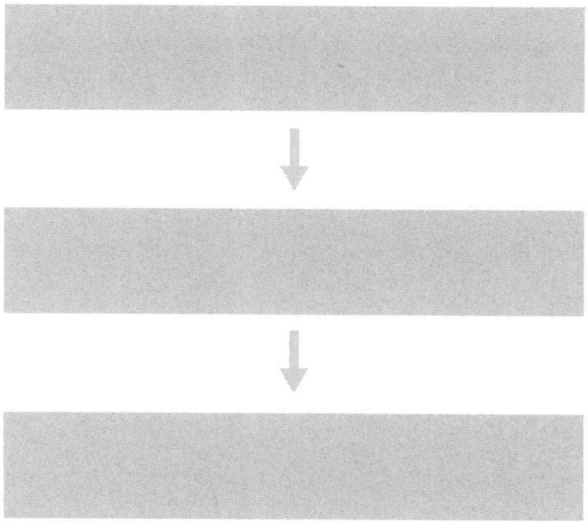

Abb. 34: Fließdiagramm

Plus	Minus	Interessant

Plus: Was war bei dem Referat gut verständlich?

Minus: Womit hattest Du Schwierigkeiten? Was hat Dir nicht gefallen?

Interessant: Worüber würdest Du gerne mehr erfahren?

Abb. 35: PMI-Diagramm

Abb. 36: Ursache-Wirkungs-Schema

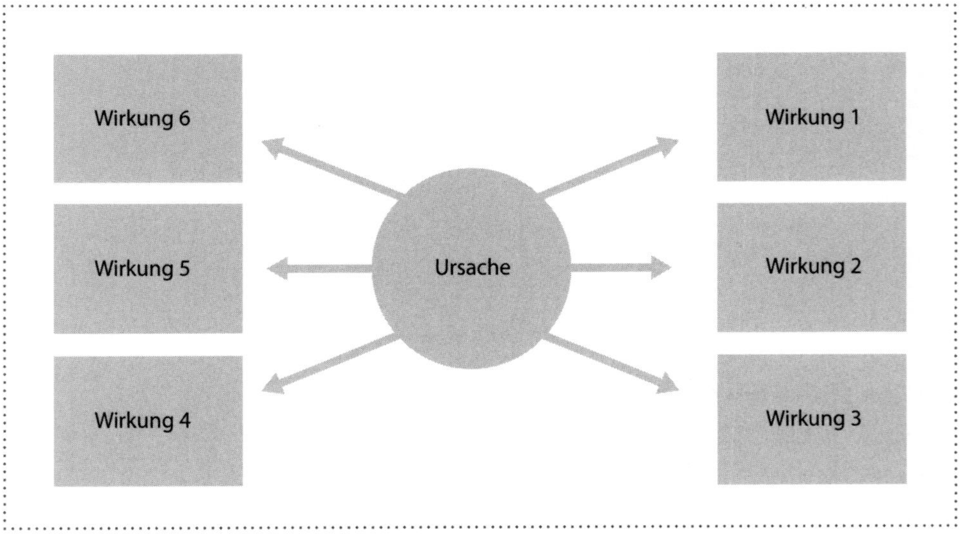

Abb. 37: Ursache-Wirkungs-Diagramm

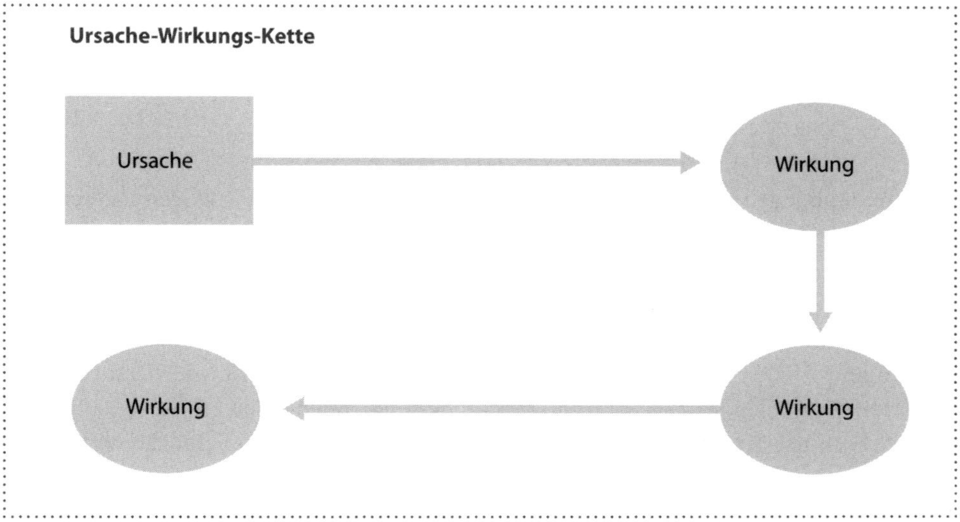

Abb. 38: Ursache-Wirkungs-Kette

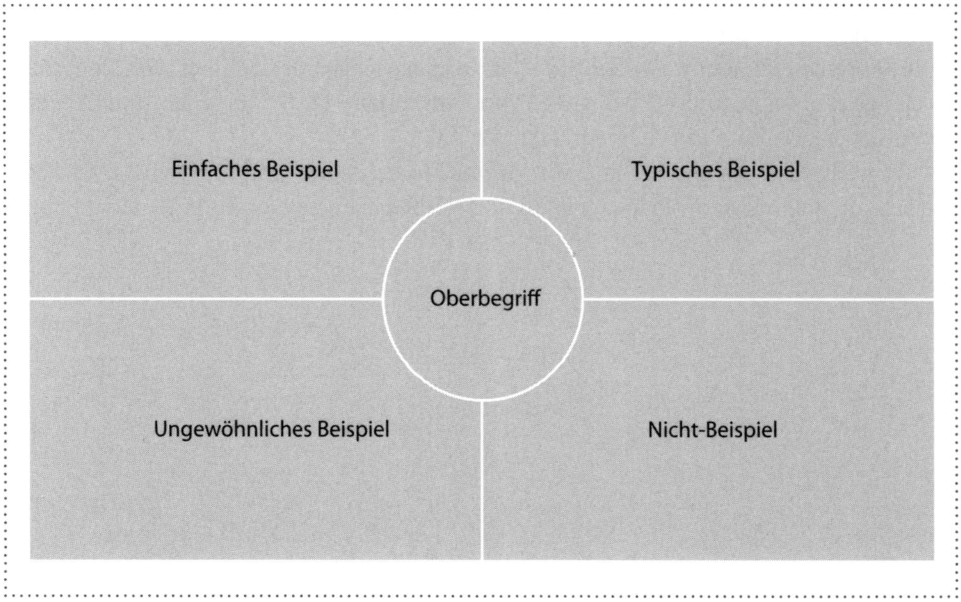

Abb. 39: Beispiel-Organizer

Danksagung

Eine unglaubliche Gruppe von Freunden, Wissenschaftlern und Kollegen hat viel Zeit und Energie investiert, damit dieses Buch entstehen konnte. Viele sind unermüdlich auf der Suche nach Antworten auf all die Fragen, die wir uns in Bezug auf das Funktionieren (oder Versagen) unseres Gedächtnisses stellen. Ich danke Daniel Schacter für seine Forschungen und seine wunderbaren Bücher, für die Zeit, die er sich für die Prüfung meines Sieben-Stufen-Modells genommen hat, sowie für Rat und Ermutigung.

Bob Marzano, Jane E. Pollack und Debra Pickering haben einen großartigen Beitrag zur Erforschung der Frage geleistet, wie man die Leistungen von Schülern verbessern kann. Dank ihrer Arbeit sind wir alle bessere Pädagogen. Ein steter Quell der Unterstützung sind meine Freunde und Kollegen am Two Rivers Professional Development Center. Besonders danken möchte ich Gail Owen, die sich immer wieder für mich Zeit genommen und mich ermuntert hat.

Ich danke dem Team von der ASCD (Association for Supervision and Curriculum Development), vor allem Carolyn Pool und Scott Willis, für ihre Unterstützung, Ermutigung und Mitarbeit.

Außerdem stehe ich in der Schuld aller »meiner Kids«: der Schüler, von denen ich so viel gelernt habe, und in der Schuld von Tausenden von Lehrerinnen und Lehrern, deren Lebensweg sich mit meinem gekreuzt hat.

Und schließlich möchte ich meiner Mutter Mollie Broms und meinem Mann Scott danken, die meine Manuskripte gelesen und Verbesserungsvorschläge gemacht haben.

Literatur

ACT, Inc. (2004), *Test preparation*, www.act.org/aap/testprep/(Abruf am 3. August 2010).

Anderson, J. R. (2000), *Learning and memory. An integrated approach* (2. Auflage), Wiley, New York.

Anderson, L., Krathwohl, D., Airasian, P., Cruikshank, K., Mayer, R., Pintrich, P., Raths, J. & Wittrock, M. (Hrsg.), (2001), *A taxonomy for learning, teaching, and assessing*, Longman, New York.

Andreason, N. (2001), *Brave new brain*, Oxford University Press, New York.

Arden, J. (2008), *Gedächtnistraining für Dummies. So bringen Sie Ihre grauen Zellen auf Trab,* Wiley-VCH, Weinheim.

Arendal, L. & Mann, V. (2000), *Fast ForWord Reading. Why it works*, Scientific Learning, Berkeley, CA.

Armstrong, T. (1993), *Seven kinds of smart*, Plume, New York.

ASCD (2001), *The brain and math* (Videoreihe), Alexandria, VA.

ASCD Research Brief (Mai 2004), Retention and student achievement, Vol. 2 (11), ascd.org/publications/researchbrief/v2n11/toc.aspx (Abruf am 3. August 2010).

Atkins, S. & Murphy, K. (1993), Reflection: A review of the literature, in: *Journal of Advanced Nursing 18* (8), S. 1188–1192.

Baddeley, A. (1999), *Essentials of human memory*, Psychology Press, East Sussex, GB.

Bangert-Drowns, R. L., Kulik, J. A. & Kulik, C.-L. (1983), Effects of coaching programs on achievement test performance, in: *Review of Educational Research 53*, S. 571–585.

Beidel, D. C. & Turner, S. M. (1999), Teaching study skills and test-taking strategies to elementary school students, in: *Behavior Modification 23*, S. 630.

Blakeslee, S. (2000), Sleep on it may be a lesson worth heeding, *New York Times,* 30. April 2000.

Bloom, F., Beal M. F. & Kupfer, D. (Hrsg.), (2003), *The Dana guide to brain health*, Dana, New York.

Boud, D., Keough, R. & Walker, D. (1985), *Reflection. Turning experience into learning*, Kogan Page, London.

Bourtchouladze, R. (2002), *Memories are made of this*, Columbia University Press, London.

Bransford, J., Brown, A. & Cocking, R. (Hrsg.), (1999), *How people learn. Brain, mind, experience, and school*, National Academy Press, Washington, DC.

Brophy, J. (1987), Synthesis of research on strategies for motivating students to learn, in: *Educational Leadership*, Oktober 1987, S. 40–48.

Bruning, R. H., Schraw, G. J. & Ronning, R. (1999), *Cognitive psychology and instruction*, Prentice-Hall, Upper Saddle River, NJ.

Burke, K. (1999), *How to assess authentic learning* (3. Auflage), SkyLight, Arlington Heights, IL.

Burmark, L. (2002), *Visual literacy. Learn to see, see to learn*, ASCD, Alexandria, VA.

Burrows, D. (1995), The nurse teacher's role in the promotion of reflective practice, in: *Nurse Education Today*, *15* (5), S. 346–350.

Butler, R. (1987), Task-involving and ego-involving properties of evaluation: Effects of different feedback conditions on motivational perceptions, interest and performance, in: *Journal of Educational Psychology 79* (4), S. 474–482.

Buzan, T. (1974), *Use both sides of your brain*, Penguin, London.

Cahill, L. (2004), *Ten things every educator should know about the amygdala*, Präsentation auf der Winter Learning Brain Expo, San Diego, CA.

Caine, R. & Caine, G. (1994), *Making connections. teaching and the human brain*, ASCD, Alexandria, VA.

Carter, C., MacDonald, A., Ursu, S., Stenger, A., Ho Sohn, M. & Anderson, J. (2000), *How the brain gets ready to perform*, Vortrag auf der 30. Jahrestagung der Society of Neuroscience, November 2000, New Orleans.

Carter, R. (1998), *Mapping the mind*, University of California Press, Los Angeles.

Casanova, U. & Berliner, D. (1986), Should students be made test-wise? in: *Instructor 95* (6), S. 22 f.

Chapman, C. & King, R. (2000), *Test success*, Zephyr, Tucson, AZ.

Chappuis, S. & Stiggins, R. (2002), Classroom assessment for learning, in: *Educational Leadership 60* (1), S. 40–43.

Ciardiello, A. (1998), Did you ask a good question today? Alternative cognitive and metacognitive strategies, in: *Journal of Adolescent & Adult Literacy 42*, S. 210–219.

Cohen, J. (1999), *Educating minds and hearts*, ASCD, Alexandria, VA.

Colbert, B. & Knapp, P. (2000), *This sucks. You're stupid. Giving negative feedback*, Vortrag anlässlich der Midwest Clinic Conference des William Mitchell College of Law, 18. Oktober 2000.

Comer, J. (2003), Transforming the lives of children, in: M. Elias, H. Arnold & C. Hussey (Hrsg.), *EQ + IQ = Best leadership practices*, Corwin, Thousand Oaks, CA.

Connellan, T. (2003), *Bringing out the best in others*, Bard Press, Austin, TX.

Cooke, V. (1991), *Writing across the curriculum. A faculty handbook*, Centre for Curriculum and Professional Development, Victoria, Kanada.

Costa, A. & Kallick, B. (2000), Describing 16 habits of mind, http://instituteforhabitsofmind.com/what-are-habits-mind (Abruf am 3. August 2010).

Cotton, K. (2000), *The schooling practices that matter most*, ASCD, Alexandria, VA.

Covey, S. (2000), *Die sieben Wege zur Effektivität. Ein Konzept zur Meisterung Ihres beruflichen und privaten Lebens*, Campus, Frankfurt/Main.

Cowan, N. (2001), The magical number 4 in short-term memory. A reconsideration of mental storage capacity, in: *Behavioral and Brain Sciences 24*, S. 87–114.

Crannell, A. (1994), *Writing in mathematics with Dr. Annalisa Crannell*, http://edisk.fandm.edu/annalisa.crannell/writing_in_math/guide.html (Abruf am 3. August 2010).

Crew, J. (1969), The effect of study strategies of the retention of college text material, in: *Journal of Reading Behavior 1* (2), S. 45–52.

Crossland, R. & Clarke, B. (2002), *The leader's voice: How your communication can inspire action and get results!*, Select Books, New York.

Crowley, K. & Siegler, R. (1999), Explanation and generalization in young children's strategy learning, in: *Child Development 70* (2), S. 304–316.

Damasio, A. (2000), *Ich fühle, also bin ich. Die Entschlüsselung des Bewußtseins*, List, München.

Danielson, C. (2002), *Enhancing student achievement*, ASCD, Alexandria, VA.

Darling-Hammond, L. (1997), *The right to learn: A blueprint for creating schools that work*, Jossey-Bass, San Francisco.

DeFina, P. (2003), *The neurobiology of memory. Understand, apply, and assess student memory*, Vortrag anlässlich der Learning and the Brain Conference, Cambridge, MA.

Dewey, J. (2002), *Wie wir denken. Eine Untersuchung über die Beziehung des reflektiven Denkens zum Prozess der Erziehung*, Pestalozzianum, Zürich.

Dickman, M. & Blair, N. (2002), *Connecting the brain to leadership*, Corwin, Thousand Oaks, CA.

Dweck, C. (2000), *Self-theories: Their role in motivation, personality, and development*, Essays in Social Psychology, Philadelphia.

Dye, L. (2000), Critical hours: Study shows why getting up too early may be counterproductive, *ABCnews.com*, http://abcnews.go.com/Technology/story?id=97955&page=1 (Abruf am 3. August 2010).

Eichenbaum, H. (2003), *The neurobiology of learning and memory*, Vortrag anlässlich der Learning and the Brain Conference, Cambridge, MA.

Eliot, L. (2001), *Was geht da drinnen vor? Die Gehirnentwicklung in den ersten fünf Lebensjahren*, Berlin-Verlag, Berlin.
Engle, R. W., Kane, M. J. & Tuholski, S. W. (1999), Individual differences in working memory capacity and what they tell us about controlled attention, general fluid intelligence and functions of the prefrontal cortex, in: A. Miyake & P. Shah (Hrsg.), *Models of working memory: Mechanisms of active maintenance and executive control*, Cambridge, S. 102–131.
Erlauer, L. (2003), *The brain-compatible classroom*, ASCD, Alexandria, VA.
Feinstein, S. (2004), *Secrets of the teenage brain*, Brain Store, San Diego, CA.
Fogarty, R. (1997), *Brain compatible classrooms*, SkyLight, Arlington Heights.
Gamon, D. & Bragdon, A. (2001), *Learn faster and remember more*, Bragdon, South Yarmouth.
Gardner, H. (1991), *Abschied vom IQ. Die Rahmentheorie der vielfachen Intelligenzen*, Klett-Cotta, Stuttgart.
Gazzaniga, M. (1999), *The mind's past*, University of California Press, Berkeley, CA.
Gelb, M. (1998), *Das Leonardo-Prinzip. Die sieben Schritte zum Erfolg*, vgs, Köln.
Giannetti, C. & Sagarese, M. (2001), *Cliques*, Broadway, New York.
Giedd, J. (2002), Inside the teenage brain, in: *Frontline*, Public Broadcasting Service, Boston, www.pbs.org/wgbh/pages/frontline/shows/teenbrain/(Abruf am 3. August 2010).
Glasser, W. (1999), *Choice theory*, Perennial, New York.
Goldberg, E. (2002), *Die Regie im Gehirn. Wo wir Pläne schmieden und Entscheidungen treffen*, VAK-Verlag, Kirchzarten bei Freiburg.
Goleman, D. (1996), *Emotionale Intelligenz*, Hanser, München/Wien.
Goleman, D. (1999), *EQ² – Der Erfolgsquotient*, Hanser, München/Wien.
Goleman, D., Boyatzis, R. & McKee, A. (2002), *Emotionale Führung*, Econ, München.
Good study habits and academic performance: Findings from the NAEP 1994 U.S. History and Geography Assessments (1997), Vol. 2 (4), http://nces.ed.gov/pubs97/web/97931.asp (Abruf am 3. August 2010).
Gordon, B. & Berger, L. (2003), *Intelligent memory*, Viking, New York.
Graf, P. & Schacter, D. L. (1985), Implicit and explicit memory for new associations in normal subjects and amnesic patients, in: *Journal of Experimental Psychology: Learning, Memory, and Cognition 11*, S. 501–518.
Graham, R. (1999), Unannounced quizzes raise test scores selectively for mid-range students, in: *Teaching of Psychology 26* (4), S. 271–273.
Halber, D. (2003), Basal ganglia are brain's Dr. Jekyll and Mr. Hyde, in: *MIT Tech Talk, 47* (23).
Hamann, S. B., Ely, T., Grafton, S. & Kilts, C. (1999), Amygdala activity related to enhanced memory for pleasant and aversive stimuli, in: *Nature Neuroscience 2*, S. 289–293.
Kempcke, G. u.a. (1984): *Handwörterbuch der deutschen Gegenwartssprache*, Berlin.
Harvey, S. & Goudvis, A. (2000), *Strategies that work*, Stenhouse, York, ME.
Hattie, J. (1999), *Influences on student learning*, Antrittsvorlesung, Lehrstuhl für Pädagogik der University of Auckland, www.education.auckland.ac.nz/uoa/home/about/staff/j.hattie/hattie-papers-download/influences (Abruf am 3. August 2010).
Higbee, K. (1996), *Your memory: How it works and how to improve it*, Marlowe, New York.
Jacobs, H. (1997), *Curriculum mapping*, ASCD, Alexandria, VA.
Jensen, E. (1998), *Teaching with the brain in mind*, ASCD, Alexandria, VA.
Jensen, E. (2001), *Arts with the brain in mind*, ASCD, Alexandria, VA.
Johnson, D. (2001), *Critical issue: Beyond social promotion and retention—Five strategies to help students succeed*, www.ncrel.org/sdrs/areas/issues/students/atrisk/at800.htm (Abruf am 3. August 2010).
Johnson, D., Johnson R. & Holubec, E. (2005), *Kooperatives Lernen, kooperative Schule. Tipps – Praxishilfen – Konzepte*, Verlag an der Ruhr, Mülheim an der Ruhr.
Johnson, G. (2000), Learning requires sleep, *St. Louis Post-Dispatch*, 21. April 2000.

Johnson, N. (1995), *Active questioning*, Pieces of Learning, Beavercreek, OH.
Johnson, S., Baxter, L., Wilder, L., Pipe. J., Heiserman, J. & Prigatano, G. (2002), Neural correlates of self-reflection, in: *Brain 125*, S. 1808–1814.
Kahn, P. (2002), *Advice on using examples of ideas*, www.palgrave.com/skills4study/subjectareas/maths/examples.asp (Abruf am 3. August 2010).
Keeley, M. (1997), *The basics of effective learning*, nicht veröffentlichtes Manuskript, Bucks County College, www.bucks.edu/~specpop/memory.htm (Abruf am 3. August 2010).
Kemmis, S. (1985), Action research and the politics of reflection, in: D. Boud, R. Keogh & D. Walker (Hrsg.), *Reflection. Turning nursing into learning*, Kogan Page, London.
Kempcke, G. u.a. (1984): *Handwörterbuch der deutschen Gegenwartssprache*, Berlin.
Kenyon, G. (2002), Mind mapping can help dyslexics, *BBC News*, http://news.bbc.co.uk/1/hi/education/1926739.stm (Abruf am 3. August 2010).
Kerry, S. (2002), Memory and retention time, www.education-reform.net/memory.htm (Abruf am 3. August 2010).
Klein, K. & Boals, A. (2001), Expressive writing can increase working memory capacity, in: *Journal of Experimental Psychology: General 130*, S. 520–533.
Kohn, A. (1993), *Punished by rewards*, Houghton Mifflin, New York.
LeDoux, J. (2003), *Das Netz der Persönlichkeit. Wie unser Selbst entsteht*, Walter, Düsseldorf/Zürich.
Leonard, J. (2004), What are essential questions and how are they created?, *The Ihouse*, www.lth3.k12.il.us/inquiryhouse/index.htm (Abruf am 28. Juli 2010).
Levine, M. (2002), *A mind at a time*, Simon & Schuster, New York.
Levine, M. (2003), *The myth of laziness*, Simon & Schuster, New York.
Lewis, T., Amini, B. & Lannon, R. (2000), *A general theory of love*, Random House, New York.
Loveless, T. (2003), *The Brown Center report on American education*, Brookings Institution, Washington, DC.
Marzano, R. (1992), *A different kind of classroom: Teaching with dimensions of learning*, ASCD, Alexandria, VA.
Marzano, R. (1998), *A theory based meta-analysis of research on instruction*, Aurora, CO.
Marzano, R. J., Pickering, D. J., Norford, J., Paynter, D. & Gaddy, B. (2001), *A handbook for classroom instruction that works*, ASCD, Alexandria, VA.
Marzano, R. J., Pickering, D. J. & Pollack, J. (2001), *Classroom instruction that works*, ASCD, Alexandria, VA.
Maslow, A. & Lowery, R. (Hrsg.), (1978), *Psychologie des Seins. Ein Entwurf*, Kindler, München.
Mason, D. & Kohn, M. (2001), *The memory workbook*, New Harbinger, Oakland, CA.
Mateika, J., Millrood, D. & Mitru, G. (2002), The impact of sleep on learning and behavior in adolescents, in: *Teachers College Record* 104 (4), S. 704–726.
National Education Association (2003), *Balanced assessment: The key to accountability and improved student learning*, Washington, DC.
Northwest Regional Educational Laboratory (NWREL), (2002), *Research you can use to improve results*, zusammengestellt von Kathleen Cotton vom NWREL, Portland, OR, und veröffentlicht von der ASCD, 1999, www.eric.ed.gov/ERICWebPortal/search/detailmini.jsp?_nfpb=true&_&ERICExtSearch_SearchValue_0=ED432048&ERICExtSearch_SearchType_0=no&accno=ED432048 (Abruf am 3. August 2010).
O'Connor, K. (1999), *How to grade for learning*, SkyLight, Arlington Heights, IL.
Ogle, D. (1986), The K-W-L: A teaching model that develops active reading of expository text, *The Reading Teacher 39*, S. 564–570.
Olivier, C. & Bowler, R. (1996), *Learning to learn*, Fireside, New York.
Paul, R. (1993), *Critical thinking: How to prepare students for a rapidly changing world*, Foundation for Critical Thinking, Santa Rosa, CA.

Payne, R. (2001), *A framework for understanding poverty,* Aha Process Inc., Highlands, TX.
Performance Management. (1994), *Feedback is critical to improving performance,* Office of Personnel Management, Washington, DC.
Perkins, D. (1995), *Outsmarting IQ,* Free Press, New York.
Perry, B. (2000), How the brain learns best, *Instructor Magazine,* http://teacher.scholastic.com/professional/bruceperry/brainlearns.htm (Abruf am 3. August 2010).
Peterson, S. (2000), *The nature of the young brain. How the young brain learns* (Tonbandaufnahme), ASCD, Alexandria, VA.
Pinker, S. (1998), *Wie das Denken im Kopf entsteht,* Kindler, München.
Popham, W. J. (2001), *The truth about testing. An educator's call to action,* ASCD, Alexandria, VA.
Quartz, S. & Sejnowski, T. (2002), *Liars, lovers, and heroes. What the new brain science reveals about how we become who we are,* HarperCollins, New York.
Rabinowitz, J. C. & Craik, F. I. M. (1986), Specific enhancement effects associated with word generation, in: *Journal of Memory and Language 25,* S. 226–237.
Ratey, J. (2001), *Das menschliche Gehirn. Eine Gebrauchsanweisung,* Walter, Düsseldorf u.a.
Restak, R. (2000), *Mysteries of the mind,* National Geographic, Washington, DC.
Richards, R. (2003), *The source for learning & memory strategies,* Linguisystems, East Moline, IL.
Rodgers, C. (2002), Defining reflection: Another look at John Dewey and reflective thinking, in: *Teachers College Record* 104 (4), S. 842–866.
Rogers, S., Ludington, J. & Graham, S. (1997), *Motivation and learning,* Peak Learning Systems, Evergreen, CO.
Rowe, M. B. (1973), *Teaching science as continuous inquiry,* McGraw-Hill, New York.
Rowe, M. B. (1986), Wait time: Slowing down may be a way of speeding up, in: *Journal of Teacher Education 37* (1), S. 43–50.
Sapolsky, R. (1996), *Warum Zebras keine Migräne kriegen. Wie Streß den Menschen krank macht,* Piper, München.
Schacter, D. (1999), *Wir sind Erinnerung. Gedächtnis und Persönlichkeit,* Rowohlt, Reinbek bei Hamburg.
Schacter, D. (2005), *Aussetzer. Wie wir vergessen und uns erinnern,* Lübbe, Bergisch Gladbach.
Schenck, J. (2000), *Learning, teaching and the brain,* Knowa, Thermopolis, WY.
Schmoker, M. (1999), *Results. The key to continuous school improvement* (2. Auflage), ASCD, Alexandria, VA.
Senge, P., Cambron-McCabe, N., Lucas, T., Smith, B., Dutton, J. & Kleiner, A. (2000), *Schools that learn,* Doubleday, New York.
Sevener, D. (1990), Retention. More malady than therapy, in: *Synthesis, 1* (1), S. 1–4.
Shaywitz, S. (2003), *Overcoming dyslexia,* Knopf, New York.
Siegel, D. (2006), *Wie wir werden, die wir sind. Neurobiologische Grundlagen subjektiven Erlebens und die Entwicklung des Menschen in Beziehungen,* Junfermann, Paderborn.
Singer-Freeman, K. (2003), *Working memory capacity. Preliminary results of research in progress,* unveröffentlichtes Manuskript, Purchase College, State University of New York, www.purchase.edu/departments/AcademicPrograms/faculty/KarenSingerFreeman/singerfreemanresearchresults.aspx (Abruf am 3. August 2010).
Small, G. (2004), *Gegen das große Vergessen. Ein ganzheitliches Gedächtnistraining,* mvg-Verlag, Frankfurt am Main.
Sousa, D. (2001), *How the brain learns,* Corwin, Thousand Oaks, CA.
Sousa, D. (2002), *Is brain research making any difference in school* (Tonbandaufnahme), Summer Learning Brain Expo, Audio Visual Education Network.
Sousa, D. (2003), *How the gifted brain learns,* Corwin, Thousand Oaks, CA.
Sprenger, M. (1999), *Learning and memory: The brain in action,* ASCD, Alexandria, VA.

Sprenger, M. (2002), *Becoming a wiz at brain-based teaching*, Corwin, Thousand Oaks, CA.

Sprenger, M. (2003), *Differentiation through learning styles and memory*, Corwin, Thousand Oaks, CA.

Squire, L. & Kandel, E. (1999), *Gedächtnis. Die Natur des Erinnerns*, Spektrum, Heidelberg/Berlin.

Stahl, R. J. (1994), *Using think-time and wait-time skillfully in the classroom*, ERIC Abstracts, report number EDO-SO-94-3.

Sternberg, R., Grigorenko, E. & Jarvin, L. (2001), Improving reading instruction: The triarchic model, in: *Educational Leadership 58* (6).

Stickgold, R., Whidbee, D., Schirmer, B., Patel, V. & Hobson, J. (2000), Visual discrimination task improvement: A multi-step process occurring during sleep, in: *Journal of Cognitive Neuroscience 12* (2).

Stiggins, R. (2001), *Student involved classroom assessment* (3. Auflage), Merrill-Prentice Hall, Columbus, OH.

Stronge, J. (2002), *Qualities of effective teachers*, ASCD, Alexandria, VA.

Thomas, A. (2000), London cabbies more than the full quid, *News in Science*, www.abc.net.au/science/news/stories/s110277.htm (Abruf am 3. August 2010).

Tileston, D. (2000), *Ten best teaching practices*, Corwin, Thousand Oaks, CA.

Tileston, D. (2004), *What every teacher should know about effective teaching strategies*, Corwin, Thousand Oaks, CA.

Tobin, K. (1987), The role of wait time in higher cognitive level learning, in: *Review of Educational Research 57* (1), S. 69–95.

Tomlinson, C. (1999), *The differentiated classroom. Responding to the needs of all learners*, ASCD, Alexandria, VA.

Tovani, C. (2000), *I read it but I don't get it. Comprehension strategies for adolescent readers*, Stenhouse, Portland, ME.

Tuckman, B. W. (1998), Using tests as an incentive to motivate procrastinators to study, in: *Journal of Experimental Education 66*, S. 141–147.

Tulving, E. (1985), How many memory systems are there?, in: *American Psychologist 40*, S. 385–398.

Tulving, E. (1999), Episodic vs. semantic memory, in: R. Wilson & F. Keil (Hrsg.), *The MIT encyclopedia of the cognitive sciences*, Cambridge, MA.

Vacha, E. & McBride, M. (1993), Cramming: A barrier to student success, a way to beat the system, or an effective learning strategy? in: *College Student Journal*, *27* (1), S. 2–11.

Viadero, D. (2003), Homework not on rise, studies find, in: *Education Week 23* (6), 8. Oktober 2003, S. 16.

Wellington, B. (1996), Orientations to reflective practice, in: *Educational Research 38* (3), S. 307–315.

Wenglinsky, H. (2002), How schools matter: The link between teacher classroom practices and student academic performance, in: *Education Policy Analysis Archives*, *10* (12), 13. Februar 2002, http://epaa.asu.edu/epaa/v10n12/(Abruf am 3. August 2010).

Wheatley, M. (2004), *Simple conversations*, Presentation at the ASCD Annual Conference, New Orleans.

Whitaker, J. (1999), *The memory solution*, Avery, New York.

Wiggins, G. & McTighe, J. (1998), *Understanding by design*, ASCD, Alexandria, VA.

Williamson, A. (1997, July), Reflection in adult learning with particular reference to learning-in-action, in: *Australian Journal of Adult and Community Education*, *37* (2), S. 93–99.

Wong, H. & Wong, R. (1991), *The first days of school*, Wong, Sunnyvale, CA.

Zola, S. (2002), *Brain-based memory in the classroom*, Präsentation auf der Learning Brain Expo, San Diego, CA.

Zull, J. (2002), *The art of changing the brain*, Stylus, Sterling, VA.